Fritz Sitte

Schicksalsfrage Namibia

MAROKKO
TUNESIEN
ALGERIEN
LIBYEN
ARABISCHE
REPUBLIK
ÄGYPTEN
SAHARA
MAURETANIEN
MALI
NIGER
TSCHAD
SUDAN
DJIBOUTI
SENEGAL
GAMBIA
OBERVOLTA
ÄTHIOPIEN
GUINEA-
BISSAU
GUINEA
NIGERIA
SIERRA LEONE
ZENTRAL-
AFRIKANISCHE
REPUBLIK
SOMALIA
LIBERIA
ELFENBEINKÜSTE
GHANA
TOGO
BENIN
KAMERUN
UGANDA
KENIA
ÄQUAT.-GUINEA
GABUN
VOLKSREPUBLIK
KONGO
RUANDA
BURUNDI
ZAIRE
TANSANIA
SANSIBAR
CABINDA
ATLANTISCHER OZEAN
ANGOLA
SAMBIA
MALAWI
MOZAMBIQUE
SIMBABWE
SWA
NAMIBIA
BOTSWANA
NGWANE (SWASILAND)
SÜDAFRIKA
LESOTHO
INDISCHER OZEAN

Von der Sowjetunion
beherrschte, marxistisch
ausgerichtete Länder

Staaten,
die Militärverträge mit
der Sowjetunion haben

Staaten
unter marxistischem
Einfluß

Fritz Sitte

Schicksalsfrage Namibia

VERLAG STYRIA

Sämtliche Dokumentarfotos in diesem Buch
mit Ausnahme des Bildes
von Sam Nujoma (Foto: dpa/Peter Popp)
sowie auf dem Schutzumschlag
wurden vom Autor mit
LEICA M5 und LEICA R3 ELECTRONIC
auf AGFA-Filmmaterial
aufgenommen.

CIP-Kurztitelaufnahme der Deutschen Bibliothek

Sitte, Fritz:
Schicksalsfrage Namibia/Fritz Sitte. –
Graz, Wien, Köln: Verlag Styria, 1983.
ISBN 3-222-11462-5

© 1983 Verlag Styria Graz Wien Köln
Alle Rechte vorbehalten
Printed in Austria
Satz und Druck:
Druck- und Verlagshaus Styria, Graz
Bindung:
Wiener Verlag, Himberg bei Wien
ISBN 3-222-11462-5

FÜR ELSY

INHALTSVERZEICHNIS

Vorbemerkung des Autors

Afrika war seit Beginn der Kolonialzeit für Europa dasselbe wie Südamerika für die USA: der lukrative »Hinterhof«, von dem man weitaus mehr an Bodenschätzen herausholte, als man als Kolonialmacht gab und kolonisierte. Investitionen wurden nicht etwa dort gemacht, wo sie notwendig gewesen wären, sondern nur dort, wo sie profitversprechend schienen. Mit anderen Worten könnte man überspitzt formulieren, daß wir Europäer und unsere Industriestaaten unseren Wohlstand zum überwiegenden Teil auf Kosten der ehemaligen afrikanischen Kolonien aufbauten. Wie ein Makel haftet der böse Geruch dieser Kolonialhypothek noch heute auf uns und drückt sich nicht selten in einem offenen und abgrundtiefen Haß des Schwarzafrikaners gegen den Europäer aus, selbst wenn die ehemaligen afrikanischen Kolonien schon seit Jahrzehnten in ihre Freiheit entlassen und unabhängige souveräne Staaten wurden. Zu vielfältig und gravierend waren die negativen Facetten der einzelnen Kolonialherrschaften. Diese ursprünglich von uns aufgerissene Kluft blieb in vielen Teilen Afrikas bis heute noch unüberbrückbar oder vertiefte sich sogar noch durch nachfolgende Ereignisse.

Feststellen muß man allerdings, daß keine einzige ehemalige Kolonie, die sich ihre Freiheit und Unabhängigkeit mehr oder minder blutig erkämpfen mußte, tatsächlich frei und wirklich unabhängig geworden ist. Kein unterentwickeltes Land war in der Lage, mit eigenem Wissen und eigenem Kapital die Entwicklung voranzutreiben. Genau dort beginnt aber der Teufelskreis der Abhängigkeit abermals, denn die Helferländer geben niemals uneigennützig. Der Wettlauf um Bodenschätze, Schürfrechte, Lizen-

zen, Handelsverträge und der bilaterale Protektionismus
setzten heftig und radikal ein. Heute übersteigt der Rück-
strom der mit hohen Zinsen geborgten Entwicklungshilfe-
mittel bei weitem die in den Entwicklungsländern ver-
sickerten Entwicklungshilfegelder. Die finanzielle Entwicklungshilfe ist mit sehr wenigen Ausnahmen zu einem
makaberen Geschäft geworden. Ganz gleich, wo sich die
Entwicklungsländer ihre Hilfe auch suchten, sie schlitterten
in eine neuerliche Abhängigkeit, die oftmals ärger wurde,
als es jene während der Kolonialzeit war. Ost und West
machen darin keine Unterschiede, Ziel und Methoden
unterscheiden sich kaum. Sozialistische oder kommunistische Länder gehen nach denselben Spielregeln vor wie die
westlich-demokratischen oder »kapitalistischen« Staaten.
Für alle »helfenden« Geber-Länder geht es in erster Linie
um Rohstoffe, strategische Vorteile oder aber um geschütz-
te Absatzmärkte. Alle noch so gut gemeinten und idealisti-
schen Verbesserungswünsche einsatzfreudiger Entwicklungshelfer, Völkerrechtler und Nord-Süd-Strategen blieben unbarmherzig auf der Strecke und mußten einer
nüchternen Realpolitik Platz machen, wenn man die großen
Züge und nicht die winzigen Details dieser Entwicklungs-
hilfeprogramme beobachtet.

Durch den Wegfall des Kolonialismus begann ein
völlig neues Kräftespiel in Afrika sowohl von innen als
auch von außen her. Auf der einen Seite begann der gärende
Tribalismus, der bis dahin durch die Kolonialherren gewaltsam unterbunden worden war, buchstäblich zu explo-
dieren, was bei den willkürlichen Kolonialgrenzziehungen
nicht allzusehr überraschte.

Auf der anderen Seite tauchten in der bis dahin
»europäischen« Hemisphäre Afrikas sowohl die Vereinigten Staaten als auch die Sowjetunion als Konkurrenten auf.
Afrika verlor sein Gleichgewicht und geriet zwischen die
Mühlsteine der großen Blöcke, was zu Spannungen und
blutigen Auseinandersetzungen führte.

Eines der Hauptprobleme in Afrika ist die Minderheit

der Weißen im südlichsten Teil des Kontinentes, im sogenannten »Weißafrika«. Die Portugiesen haben sich aus ihren afrikanischen Überseegebieten (sprich Kolonien) zurückgezogen, weil sie den Krieg gegen die schwarzafrikanischen Befreiungsbewegungen auf Dauer weder gewinnen noch finanziell durchstehen konnten. In Simbabwe (früher Rhodesien) exerziert man ein Modell der Machtteilung zwischen Schwarzen und Weißen vor, das aber – aus den ersten Anzeichen zu beurteilen – in absehbarer Zeit schiefgehen wird. Dieses Experiment beginnt bereits zu zerfallen.

So bleibt die Republik Südafrika mit seinem noch nicht abgenabelten *SWA/Namibia* (Südwestafrika) übrig, das letzte Bollwerk Weißafrikas. Die Zukunft SWA/Namibias ist aber nicht nur für Südafrika, sondern auch für den ganzen freien Westen von außerordentlicher Bedeutung. Aus diesem Grund habe ich mein 13. Buch diesem Problem gewidmet.

In den letzten 30 Jahren habe ich nahezu alle schwarzafrikanischen Länder als Journalist besucht. Ich war dort, als das eine oder andere Land noch »unterdrückte« Kolonie war, und ich war als Augenzeuge bei so mancher Geburtsstunde der frei, unabhängig und souverän gewordenen schwarzafrikanischen Staaten dabei. Ich war monatelang mit den Guerillas der Befreiungsbewegungen (»Rebellen«) im Busch unterwegs, oder ich begleitete, offiziell eingeladen, Regierungstruppen im Kampf gegen die »Rebellen«. Ich weiß daher sehr gut, wovon ich spreche, wenn es um afrikanische Konflikte geht. Ich billige mir deshalb auch ein gewisses Urteilsvermögen in diesen Auseinandersetzungen zu. Wenn man nun das vielumstrittene Problem SWA/Namibia versucht zu beurteilen, darf man Schwarzafrika nicht nur von Safariurlauben her kennen, denn SWA/Namibia gehört nun einmal zu Afrika und kann einzig und allein mit afrikanischen und nie mit europäischen Augen und Maßstäben gemessen werden.

Ich sage dies bewußt etwas provozierend, weil ich im

Gegensatz zu so manchen Entwicklungshelfern, Lehrern, Völkerrechtlern, Friedensmarschierern oder anderen Idealisten und Weltverbesserern diese Konflikte und Probleme so realpolitisch sehe, wie sie sind.

Ich möchte aus innerer und aufrichtiger Überzeugung und mit meiner Afrika-Kenntnis durch meine Darstellung der Hintergründe und Zusammenhänge einen Beitrag für ein besseres Verständnis der vielumstrittenen und für uns enorm wichtigen SWA/Namibia-Frage leisten.

Alltag im Norden

Die Dimensionen Südwestafrikas – oder wie es heute heißt: SWA/Namibias – müssen uns erst durch Vergleiche deutlich gemacht werden. In der Fläche etwa 3,5mal so groß wie die BRD, besitzt es nur eine Einwohnerzahl von zirka einer Million Menschen, die sich allerdings aus elf ethnischen Minderheiten (Völkern) zusammensetzt; ein Konglomerat von grundverschiedenen Rassen innerhalb eines Landes, das – würde man es im gleichen Maßstab auf Europa projizieren – von Amsterdam im Norden bis Rom im Süden reicht. Allein die »feindliche« Nordgrenze gegenüber der marxistischen Volksrepublik Angola, mit einer kleinen Strecke entlang der Sambia-Grenze, entspricht einer Länge, die der Distanz von London nach Rom gleichkommt. Der Boden besteht zu einem Drittel aus gnadenloser Wüste, einem zweiten Drittel aus wüstenähnlichen Gebieten und dem letzten Drittel aus landwirtschaftlich zum Teil nutzbarem Weideboden.

Die Hälfte der SWA/Namibia-Bevölkerung kommt aus den Ovambostämmen im Norden des Landes, das gleichzeitig mit ausreichend Wasser auch das fruchtbarste Gebiet darstellt. Die SWAPO (South West African People's Organization), die Befreiungsbewegung für SWA/Namibia, setzt sich zum überwiegenden Teil aus Ovambos zusammen. Sie hat ihre Operationsbasen in Südwestangola und sickert über die Grenze in das nördliche SWA/Namibia ein, wo sie ihre Anschläge und Guerilla-Aktionen verübt. Etwa 20.000 südafrikanische Soldaten mit der modernsten Kriegsausrüstung sind zusammen mit einigen SWA/Namibia-Bataillonen in diesem nördlichen Grenzstreifen zum Schutz der Bevölkerung stationiert. Diese zirka 200 Kilometer tiefe Grenzzone wird als »Operationsgebiet« oder auch »Kriegszone« bezeichnet, in der außergewöhnliche Sicherheitsmaßnahmen getroffen wurden und faktisch ein Ausnahmezustand herrscht. Dieser »Isolierstreifen« kann aber nicht hermetisch dichtgemacht werden, und selbst 100.000 Soldaten könnten in diesem endlos weiten afrikanischen Gelände keine absolute Sicherheit bringen.

Bittere Ereignisse mit oftmals tödlicher Konsequenz kennzeichnen in einer schier endlosen Reihenfolge den Alltag im Norden SWA/Namibias. Werden willkürlich einige herausgegriffen, sieht das dann so aus:

In der Nähe von Ohopoho, im Kaokoland, wurden nachts zwei Dorfhäuptlinge (»Kapitäne«) von SWAPO-Guerillas vor den Augen ihrer Angehörigen umgebracht, indem man den beiden alten Männern die Kehle durchschnitt. An die vor Entsetzen schreienden und kreischenden Frauen und Kinder wurden anschließend SWAPO-Propagandaschriften verteilt.

Das Ovamboland liegt geographisch am günstigsten für SWAPO-Anschläge. Während eines wolkenbruchartigen Ungewitters überfiel eine schwerbewaffnete SWAPO-Gruppe die kleine Schule in einem Dorf, das kaum 20 Kilometer von der Angola-Grenze entfernt liegt. Dem alten Lehrer schnitt man die Zunge heraus, während 22 Schüler – Buben und Mädchen – mit all ihren Heften, Schulbüchern und Schreibutensilien über die Grenze nach Südangola getrieben wurden. Von dieser Schulklasse blieb nur ein zehnjähriger Junge verschont, der sich gerade in der Toilette befand und sich dort in panischer Angst hinter der Tür versteckt hielt. Die sintflutartigen Regengüsse deckten alle Spuren zu. Zwei Wochen später lag vor der Schule ein Stück Papier mit dem Inhalt: »Eure Söhne und Töchter werden eines Tages als echte Revolutionäre in ihre Heimat zurückkehren, um die Verräter vor Gericht zu stellen. Die Erziehung eurer Kinder haben die Schulen der SWAPO übernommen.«

Vier Soldaten des Ovambobataillons wurden während

des Besuches bei den Eltern in ihrem Heimatdorf erschossen. Anschließend verschleppte man auch die Angehörigen der Toten (in der Nähe von Nkurenkuru), sie wurden nie mehr gesehen. Die SWAPO praktiziert meist eine Art Sippenhaftung, weil dies – wie einer ihrer Funktionäre ganz offenherzig erklärte – abschreckend wirkt.

Zwei Krankenschwestern, die im Krankenhaus von Oshakati arbeiteten, wurden nachts in ihren Dörfern von einer SWAPO-Kommandogruppe aufgegriffen, vor den entsetzten Augen ihrer Angehörigen mißhandelt und anschließend über die Grenze nach Südangola verschleppt. Zwei Männer aus diesen Familien, die es verhindern wollten, wurden am Dorfrand erschossen.

Die SWAPO-Guerillas tragen meist keine Uniform, verbergen ihre Waffen bis zum eigentlichen Einsatz und fallen daher kaum auf. Sie haben ihre Vertrauensleute und Informanten, sie bewegen sich im »Operationsgebiet« buchstäblich nach Maos Lehre: wie der »Fisch im Wasser«.

Allein im Kavangogebiet sind innerhalb der letzten drei Jahre 225 Ovambos von den SWAPO-Leuten entweder an Ort und Stelle umgebracht oder verschleppt worden. Die Guerillataktik ist nach bewährten Methoden ausgerichtet, um in der Bevölkerung Angst und Schrecken zu verbreiten und die Menschen so von der Zusammenarbeit mit den Behörden abzuhalten. Das Land ist zu weit, und die Grenze gegenüber Angola ist zu lang, um die Bevölkerung wirkungsvoll beschützen zu können. So fahren, marschieren, reiten oder fliegen die Südafrikaner und SWA/Namibia-Soldaten bei Tag vorsichtig und mißtrauisch umher, aber im Schutz der Dunkelheit tauchen da oder dort immer wieder bewaffnete SWAPO-Gruppen auf, machen ihre Überfälle und legen unzählige sowjetische Landminen. »Wenn der Hund sich noch so kratzt, der Floh ist längst anderswo im dichten Fell unterwegs...«, verglich achselzuckend ein südafrikanischer Offizier die militärische Lage im Norden SWA/Namibias sarkastisch, aber treffend. So terrorisieren die SWAPO-Ovambos die Ovambos aller

Stämme. Sie erwecken damit sicherlich bei der Zivilbevölkerung keine Sympathien, aber sie zwingen viele Ovambos durch die Angst in ihre Reihen oder machen sie zu nützlichen Handlangern.

Die Bevölkerung zittert aber vor beiden Seiten, denn auch die südafrikanischen Militärdienststellen oder die namibische Polizei gehen ihrerseits scharf gegen die Zivilbevölkerung in diesen Grenzgebieten vor, sobald durchsickert, daß Dörfer oder Einzelpersonen der SWAPO direkt oder indirekt geholfen haben. Es gibt regelrechte »Terroristenjäger« bei Schwarzen und Weißen, die sich auf das Aufspüren und Fangen oder Unschädlichmachen von SWAPO-Guerillas spezialisiert haben. Die SWAPO drangsaliert, verstümmelt, verschleppt und tötet aber nicht nur ihre eigenen Landsleute, sondern sie versucht den Terror auch auf die weiße Zivilbevölkerung auszudehnen.

In der Nähe von Tsumeb wurden nacheinander drei Farmhäuser in der Nacht überfallen, zwei Weiße und vier Schwarze wurden dabei getötet und drei kleine Kinder schwer verletzt. Mit geradezu generalstabsmäßiger Vorbereitung und Planung verlegten die SWAPO-Männer noch zwölf Landminen auf der unasphaltierten Zufahrtsstraße zu den Farmen, so daß nach dem zu spät erfolgten Funkhilferuf ein Polizeiwagen auf eine Mine auffuhr; es gab weitere Verletzte. Die SWAPO beschränkt sich bei ihren Angriffen und Überfällen aber oft nicht nur auf das Töten an sich, sondern sie entfaltet dabei einen abgrundtiefen Haß. So ist bekannt, daß bei Grootfontein vor drei Jahren ein Überfall auf eine größere abgelegene Farm gemacht wurde und dabei den überrumpelten Farmbewohnern – Schwarzen und Weißen – die Bäuche aufgeschlitzt oder Zungen, Nasen und Ohren abgeschnitten wurden. Eine hastig herbeigefunkte Polizeipatrouille fand einen baumlangen, vor Schmerzen brüllenden Ovambo-Farmarbeiter, der mit beiden Händen die aus seinem aufgeschnittenen Unterleib austretenden Gedärme zu halten versuchte. Ein Priester, der unmittelbar nach diesem Überfall Augenzeuge war, meinte erschüttert: »Das sind ja Tiere... das sind ja Bestien... kein Tier tut so etwas mit seinen Artgenossen, wie der Mensch...«

Die Farmer sind daher dazu übergegangen, das Funknetz auszubauen, um sich so gegenseitig beistehen zu können und um die Polizei oder das Militär so schnell als möglich herbeizurufen. Viele Farmer haben ihre Häuser mit handgranatenabweisenden Gittern oder Stahlläden vor den Fenstern und Türen versehen, die nachts geschlossen werden. Außerdem findet man viele Farmhäuser bereits mit teilweise überhohen Drahtzäunen umgeben, und ein Rudel scharfer Hunde macht jede noch so behutsame Annäherung unmöglich. Nachts erhellen Scheinwerfer diese Sicherheitszonen taghell. Alles bekannte Bilder für Eingeweihte, wie man sie noch wenige Jahre zuvor in Angola und Rhodesien sehen konnte.

Der grauhaarige Farmer H. R.*) mit seinem ledergegerbten Gesicht meinte erbittert auf seiner Farm: »Vor einigen Monaten wachten wir um Mitternacht durch das Geschrei unserer Farmarbeiter und das Gebrüll unserer Rinder auf. Als wir dann alle zusammen mit Lampen zu der nahen Weide liefen, bot sich uns ein entsetzliches Bild. Mehr als zwanzig junge Rinder lagen brüllend vor Schmerzen am staubigen Boden und vermochten sich nicht mehr zu erheben. Die SWAPO-Leute hatten mit Macheten die Sehnen an den rückwärtigen Füßen der Tiere durchgehackt. Wir mußten die verwundeten Rinder alle noch in derselben Nacht notschlachten. Ganz abgesehen vom Schaden, den wir dadurch erlitten haben – den uns natürlich niemand ersetzt –, ist es für uns unbegreiflich, daß sich ein Mensch aus Haß zu solch bestialischen Brutalitäten hinreißen lassen kann...«

Das Farmerehepaar M. und W. B.*) hielt sich bei dem Gespräch an den Händen, als wollten sie damit verdeutli-

---

*) Die Farmer baten aus begreiflichen Gründen, ihre Namen nicht zu nennen und nicht zu veröffentlichen.

chen, daß sie niemand trennen könne: »Schon unsere Großeltern waren hier auf dieser Farm, und unsere Kinder wollen gleichfalls hier bleiben. Wir haben das Land urbar und bewohnbar gemacht – wir haben monatelang die Wasserbrunnen gegraben, all unsere Arbeit und Ersparnisse sind in diese Farm investiert. Wir kennen keinen Urlaub und auch weder Luxus noch Reichtum. Dürre und nun schon jahrelang die SWAPO mit ihren Überfällen – drei unserer schwarzen Ovambo-Farmarbeiter wurden bereits umgebracht – können uns von dieser Farm aber nicht vertreiben. Wir sind hier geboren und aufgewachsen, Afrika ist unsere Heimat. Selbst wenn wir dabei zugrunde gehen, aber wir werden unseren Boden bis zum letzten Atemzug verteidigen. Uns interessiert keine UNO und auch keine SWAPO, wir wollen in Frieden arbeiten wie unsere Vorfahren . . .«

Der deutschstämmige Farmer O. G. trägt Narben im Gesicht sowie an beiden Armen. Keine Miene zuckt, er sieht durch mich hindurch, als hätte er alle Gefühlsregungen längst über Bord geworfen, als er erzählt: »Vor einem halben Jahr habe ich meine Frau und mein einziges Kind verloren, eine zehnjährige Tochter, als beide mit dem Wagen zur Schule fahren wollten. Einen Kilometer von hier sieht man noch die Vertiefung in der Straße, wo die Mine explodierte. Als ich zur Stelle kam, sah ich nur mehr die zerfetzten blutigen Körper und den brennenden Wagen. Ich habe das Loch in der Straße so gelassen, weil ich täglich daran erinnert werden will, was damals passiert ist. Ich habe mir geschworen, daß ich bleiben und kämpfen werde. Diesen brutalen Mord wird mir die SWAPO bitter bezahlen – ich lebe nur mehr für diesen Gedanken –, sonst hätte das Leben für mich überhaupt keinen Sinn mehr. Vor zwei Monaten wurde die Farm von der SWAPO in der Abenddämmerung überfallen. Mit zwei Buschmännern, die ich auf der Farm angeheuert habe, verfolgte ich diese angeblichen ›Freiheitskämpfer‹ zwei Tage lang, bis wir die fünf SWAPO-Leute an einem Lagerfeuer stellten. Ich schäme mich nicht zuzugeben, daß wir die Terroristen – für mich sind das keine anderen Elemente – niedergeschossen haben. Mag sein, daß sie mich eines Tages umbringen werden, das ist nicht so wichtig – ich war lange Jahre im Krieg und bin dreimal verwundet worden. Vielleicht aber werde ich diesen Krieg auch noch überleben . . .«

Das junge Farmerehepaar H. und G. M. hat fünf Kinder im Alter von 2 bis 10 Jahren. Die Eltern des jungen Farmers fuhren vor wenigen Monaten mit dem Auto auf eine Landmine und starben wenige Tage nachher im Krankenhaus. Vorsichtig, als würde er jedes Wort zuerst auf die Waage legen, bevor es über seine Lippen kam, erzählte er: »Ich bin von der Ausbildung her eigentlich Bankkaufmann, aber mein älterer Bruder kam bei einem Einsatz in Südangola – gegen die SWAPO – ums Leben. So blieb nichts anderes übrig, als nach dem Minentod meiner Eltern die Farm selbst zu übernehmen, denn verkaufen kann man solch einen Besitz im nördlichen SWA/Namibia kaum mehr. Ich habe mit meiner Frau immer wieder darüber gesprochen, was wir eigentlich tun sollten. Wir müssen ja an unsere Kinder denken. Wenn das alles so weiterläuft wie bisher, steht uns der große Krach möglicherweise noch bevor. Vielleicht werden uns die SWAPO-Leute nur verjagen, oder sie werden uns umbringen. Der ganze Besitz lohnt diesen Einsatz nicht. Unsere Rinderherden kann ich verkaufen, ich habe einen Beruf und kann meine Familie notfalls auch anderswo ernähren. Die Sicherheit und das Leben unserer Kinder gehen da vor, wenn uns auch der Abschied von unserer Farm mehr als nahegehen würde, denn wir hängen an diesem Boden und an dieser Farm. Ich verstehe nur den Westen mit seiner Politik nicht. Der Osten rückt näher und näher, und die Westmächte sehen tatenlos zu, indem sie eine ›Entspannungspolitik‹ verfolgen und ein Stück nach dem anderen verlieren. Es wäre hoch an der Zeit, würde sich der Westen endlich besinnen und in derselben konsequenten Weise reagieren, wie es der Kreml praktiziert.«

Die beiden Brüder E. und F. J. sind »erst« 30 Jahre in SWA/Namibia und betreiben eine Rinderfarm. Sie reden meist gleichzeitig und sind deshalb schwer zu verstehen: »Wir sind nach dem Zweiten Weltkrieg aus der Bundesrepublik Deutschland nach Südwestafrika ausgewandert. Da unsere Gutshöfe in der DDR lagen und wir mit dem Familienschmuck das Startkapital für diese Farm noch in Händen hatten, blieb unser alter Wunschtraum als einzige Alternative offen: Farmer in Südwestafrika zu werden. Nach fünf Jahren fuhren unsere beiden Frauen mit den Kindern nach Deutschland zurück. ›Weil die Kinder in gute Schulen kommen müßten‹, erklärten beide übereinstimmend, als hätten wir hier in Windhoek nicht dieselben Schulmöglichkeiten. Es war aber nur eine Ausrede, denn zwei Jahre später ließen sich unsere Frauen scheiden. Zwei Hereromädchen führen seither für uns den Haushalt. In den beiden letzten Jahren verloren wir zwei Farmarbeiter durch Landminen, die genau bei unserem Farmeingang vergraben worden waren. Drei andere Ovambos auf unserer Farm wurden von SWAPO-Leuten in einer mondhellen Nacht aus ihren Hütten geholt. Man schnitt nicht nur ihnen, sondern auch ihren Familienangehörigen den Hals durch. Seither war es schwer für uns, Farmarbeiter zu bekommen. Wir mußten überhöhte Löhne zahlen, um das Risiko auszugleichen. Unseren Vormann nagelten sie mit einem Jagdmesser an die Lagerhaustüre. Wir waren damals gerade einige Tage in Windhoek, um geschäftliche Dinge zu regeln und Einkäufe zu machen. Den Schock werden wir wohl nie mehr vergessen können . . .«

Der Farmer W. H. L. ist fast 70 Jahre alt und blickt beiseite, wenn er mit jemandem spricht: »Meine Frau ist bereits in Holland, und ich warte nur mehr, bis ich meine restlichen Rinderherden möglichst günstig verkaufen kann. Ich habe mich das ganze Leben lang abgeschuftet und habe nicht die geringste Lust, mich hier noch von den Schwarzen abschlachten zu lassen. Die sind feige und hinterhältig, schleichen sich nachts an die Farmen heran und morden kaltblütig alles, was ihnen in den Weg läuft – auch ihre eigenen Stammesangehörigen. Sie wagen sich nur an die abseits wohnenden Farmer, aber Polizei- oder Militärstationen greifen sie nicht an, weil sie dort eine blutige Abfuhr erleiden. Wir haben uns an der Küste Hollands ein kleines Häuschen mit Blick zum offenen Meer gekauft, die Ersparnisse eines langen harten Farmerlebens. Ich habe genug von Südwest, das sich über kurz oder lang zerfleischen wird. Wir haben in Angola und Rhodesien deutlich genug vor Augen geführt bekommen, was uns auch hier erwartet. Die paar Jahre, die mir noch bleiben, will ich in Ruhe und Frieden erleben – deshalb gehe ich von hier fort –, ich bin sehr müde geworden...«

Der Farmer A. F. ist reichlich nervös und zwinkert immer mit seinen Augen, als wollte er einem Unbekannten ein Zeichen geben. Seine hagere Frau sitzt neben ihm und läßt kein Auge von seinem Mund, während er spricht: »Unsere Ovambos auf der Farm sind uns nach einem SWAPO-Überfall vor drei Monaten davongelaufen, oder die SWAPO-Leute haben sie mitgenommen. Für teures Geld mußten wir uns aus dem Süden ein paar Farmarbeiter als Ersatz anheuern. Ich behandle meine Leute gut und zahle auch keine schlechten Löhne. Vielleicht wäre die SWAPO – falls sie wirklich an die Macht käme – noch nicht der Weltuntergang. Sie würden uns ja auch nachher brauchen, und wenn man korrekt ist und keine Schuld auf sich geladen hat, bestünde vielleicht die Gelegenheit, sich irgendwie mit dieser SWAPO zu arrangieren!? Die Kommunisten in Angola haben zuerst auch alle Portugiesen verjagt, aber nachher kamen sehr viele wieder zurück, weil man sie brauchte, weil die Schwarzen allein ja doch nicht zurechtkommen. Wir haben noch eine zweite kleine Farm in Südafrika, wohin wir im Notfall ausweichen können, wenn hier wirklich alles schiefgehen sollte. Aber lieber würden wir in SWA/Namibia bleiben. Wir werden ja sehen, ob die Südafrikaner diesen Herrn Nujoma (Sam Nujoma ist der Führer der SWAPO) zu Recht verteufelt haben oder ob alles Propaganda war. Ich bin von Haus aus Optimist und werde so lange hier bleiben, als ich eine Chance sehe.«

Im Norden SWA/Namibias sind die Zivilisten – und da besonders die meist einsam und weit auseinander lebenden Farmer – die Leidtragenden.

Krankenwagen, Fahrzeuge, die Kinder in die Schulen bringen, sowie Kraftfahrzeuge der Polizei und Armee sind sowohl gepanzert als auch minensicher. Während der Fahrt muß man nur fest angeschnallt sein, dann kann eine Minenexplosion zwar die Räder des Fahrzeuges wegreißen, aber die Insassen bleiben unverletzt.

Alle Weißen in der Operationszone im Norden – ob Uniformierte oder Zivilisten – tragen stets Waffen bei sich.

Nicht alle Überfälle, Anschläge und Minenopfer werden in den Zeitungen oder im Rundfunk erwähnt, denn man will die Bevölkerung nicht noch mehr beunruhigen und verunsichern, lautet die Erklärung für die spärlichen Informationen.

Ganz grob umrissen, kann man heute die Bevölkerung von SWA/Namibia in drei Kategorien einteilen:

1. Menschen, die ihre Existenz bis zum letzten Blutstropfen verteidigen wollen und vielleicht auch werden, weil sie keine andere Heimat kennen.

2. Menschen, die alles daransetzen wollen, um sich notfalls mit den neuen Machthabern – selbst wenn dies die SWAPO wäre – auf irgendeine Art zu arrangieren.

3. Menschen, die bereits ihre Koffer gepackt haben oder in absehbarer Zeit noch packen wollen, um im richtigen Moment SWA/Namibia verlassen zu können. Viele haben es bereits getan.

Sicherlich sind die beängstigenden Zustände im Norden SWA/Namibias nicht spezifisch für die Hauptstadt Windhoek oder das übrige Land, aber die Entscheidung für die Sicherheit und Zukunft, gleichgültig, wie sie auch ausfallen wird, wird im Norden gefällt werden.

Verdammte Küste

Verwegene kleine arabische und phönizische Schiffe hatten sich wiederholt in alter Zeit entlang der westafrikanischen Küste in die südlichen Regionen gewagt. Viele von ihnen kamen nie mehr zurück. So war es kein Wunder, daß sich allmählich über die südwestafrikanische Küste eine Fülle von Horrorgeschichten bildete. Es hieß, riesige Seeungeheuer, die auch Flügel besaßen und sich sowohl im Wasser als auch in der Luft geschickt bewegen konnten, vernichteten mit Vorliebe Schiffe, die sie zuerst zerdrückten, um anschließend alle darauf befindlichen Lebewesen gierig zu verschlingen. Man berichtete auch von einer gefährlichen Insel vor der südwestafrikanischen Küste, die aus schwarzen Magnetfelsen bestand und alle eisernen Schiffsnägel und andere Bestandteile aus den hölzernen Schiffen zog, was zum sofortigen Untergang führte. Auch von einer Küste mit versengender Sonnenhitze war die Rede, die an Land bereits alles zu braunem Sand verbrannt hätte. Schiffe müßten ständig ihre Planken und Segel mit Wasser übergießen, weil sie sonst unweigerlich in Flammen aufgegangen wären. Ganz geheimnisvoll berichteten diese angeblichen Augenzeugen auch von ganz kleinen gelben Menschen, die sich kaum von der Farbe des Bodens unterscheiden ließen, mit Giftpfeilen auf alles schossen, was nicht zu ihnen zählte. So wurden diese Meeresregionen einerseits gemieden, andererseits lockten sie aber immer wieder Abenteurer an.

Neben diesen schrecklichen Märchen existiert etwas nördlich von Swakopmund auf einem Felsen ein Kreuz aus Stein als erstes authentisches Beweisstück, daß dort vor langer Zeit die ersten Europäer den Boden Südwestafrikas betreten hatten. Auf der Kreuzesinschrift kann man in

Portugiesisch und Latein lesen: »Seit Erschaffung der Welt sind 6684 und seit Geburt Christi 1484 Jahre verflossen gewesen, als der erhabene Don Johann befohlen hat, durch Jakobus Canus, seinen Ritter, dieses Kreuz hier errichten zu lassen.«

Der portugiesische König Johann II. hatte nämlich Schiffe ausgesandt und ihnen die in Portugal hergestellten Steinkreuze mitgegeben, um so die Besitzergreifung für jeden anderen Seefahrer deutlich zu machen. Es ging vor allem um Gold, das man dort finden wollte. Merkwürdig ist, daß später im südlichen Afrika tatsächlich die größten Goldlager der Welt entdeckt wurden. Dieser Ritter Jakobus Canus – in seiner portugiesischen Muttersprache hieß er Diego Cao – hatte eine eigene, damals häufig angewandte Methode, um mit den fremden Völkern bekannt zu werden: Er fing bei seinen Fahrten an verschiedenen Küstenstellen Eingeborene, die in Portugal gut behandelt wurden und denen man die portugiesische Sprache beibrachte. Bei der nächsten Reise nahm man die westafrikanischen Bewohner wieder mit und versuchte durch sie den Kontakt mit den Ureinwohnern aufzunehmen und den Handel in Schwung zu bringen. Manchmal klappte es, öfter aber erlitt man dabei Schiffbruch, weil diese »Heimkehrer« von ihren Stammesangehörigen entweder umgebracht oder verjagt wurden.

König Johann II. verband aber mit diesen »Forschungsreisen« noch einen Plan ganz besonderer Art. Er wollte den »Priesterfürsten Johannes« in Afrika ausfindig machen, denn dieser Priesterkönig sollte – der damaligen Geschichte nach – über ein großes und starkes Mohrenvolk herrschen. Zwei Dutzend ausgesuchter Reitpferde mit königlichem Leder- und Silberzaumzeug sowie einige Ballen teuerster Seide wurden als Geschenke auf die Schiffe verladen, fanden aber keinen Empfänger. Gemeint hatte der Portugiesen-König wahrscheinlich den Negus von Abessinien, doch waren die geographischen Kenntnisse damals zu vage, um zu wissen, daß dieser legendäre

Mohrenkönig von Südwestafrika aus nicht erreicht werden konnte. König Johann II. wollte nämlich mit diesem afrikanischen Christenkönig ein Bündnis zur Bekämpfung der Araber schließen, um deren Handel nach Indien lahmzulegen.

Der König ließ aber nicht locker und schickte 1486 seinen am Hof lebenden Ritter Bartholomäus Diaz mit zwei Schiffen abermals ins südliche Afrika. In Angra Pequena (Lüderitzbucht) setzte der Edle eine früher nach Portugal gebrachte Negerin an Land und ließ von seinen Matrosen auf einem weithin sichtbaren Felsen das Steinkreuz errichten, das heute noch dort steht und sich auf jeder Landkarte als »Diaz-Kreuz« eingezeichnet findet. Diaz geriet in einen zweiwöchigen Sturm, der seine beiden Schiffe weitab nach Westen in den Atlantik abtreiben ließ. Daher nahm er direkten Kurs nach Osten, segelte dabei aber am südlichsten Zipfel von Afrika vorbei. In seinem Logbuch wurde dieses Kap zuerst Sturm-Kap benannt, bis die Portugiesen es später in »Kap der Guten Hoffnung« umtauften, eine Bezeichnung, die bis zum heutigen Tag im Sprachgebrauch der Seefahrer geblieben ist. Nach einer blutigen Meuterei wurde Diaz zur Heimreise gezwungen.

Großes Interesse zeigte 1677 auch die Holländisch-Ostindische-Gesellschaft, die mehrere Schiffe mit Handels- und Tauschwaren belud und herausbekommen wollte, wo die Siedlungsgebiete der Hottentotten endeten und jene der Kaffern begannen. Die Kapitäne hatten strikten Auftrag, alle Lebensgewohnheiten der Eingeborenen zu studieren und herauszufinden, was sie produzieren und was sie brauchen konnten. Der erste Waffenhandel begann aufzublühen, und Sklaven sollten mitgenommen werden, wo es nur möglich war. In diesem Zusammenhang erging die strenge Order an die Schiffsbesatzungen: »Des Morgens und des Abends Gottes heiligen Namen anzurufen darf nicht vergessen werden, weil an Gottes Segen alles gelegen ist. Trunkenheit, Kartenspiel, Täuschen muß entgegengetreten und auf das strengste bestraft werden . . . Wir wollen euch von den Zehen bis zu den Zähnen Sorgfalt und Eifer anbefohlen sein lassen.«

Obwohl zahlreiche Schiffe bereits rund um die Spitze Südafrikas nach Indien fuhren und von der südwestafrikanischen Küste aus von den Engländern Walfischfang betrieben wurde, beschränkten sich alle Forschungsbemühungen der Portugiesen, Engländer und Holländer doch mehr oder minder auf den schmalen Küstenstreifen. Erst Mitte des 18. Jahrhunderts begannen die ersten abenteuerlichen Expeditionen von erfahrenen Jägern, die mit angeheuerten Hottentotten und einem Konvoi von bis zu 20 Ochsenkarren vom Kap aus nach Norden aufbrachen. Von da an häuften sich die Berichte über die verschiedenen fremden Völker der Hererostämme (Dama), die über riesige Rinderherden verfügten, und über deren seltsame Gebräuche und Gewohnheiten. Völkerkundler, Geologen oder Landmesser schlossen sich den Expeditionen an, und wiederholt kam die Kunde von Kupfererzlagern im Norden des Landes, eine Nachricht, die auch durch Gesteinsproben bewiesen werden konnte.

Wagemutige Männer wie Jakobus Coetse, Brink, Patterson, H. J. Wikar, Claas Barend, Hendrik Hop, Gordon, Levaillant, Willem van Reenen, Pieter Brand, Pieter Pienaar und wie sie alle hießen, Wissenschaftler und Abenteurer, liefen einander den Rang in der Erforschung Südwestafrikas ab. Der märchenhafte Tierreichtum lockte Abenteurer an, die Großwild jagen wollten, und speziell das damals schon kostbare Elfenbein zog viele Jäger in seinen Bann. Andere hingegen träumten von Kupfer- und Goldfunden, die nur auf ihre Entdecker zu warten schienen.

Eine entscheidende Phase in der Erschließung und Kolonisierung Südwestafrikas wurde von den Missionaren, die nicht nur an der Verbreitung der christlichen Religion unter unmenschlichen Bedingungen arbeiteten, sondern vor allem auch die erste Schulbildung sowie Krankenpflege zu den Eingeborenen brachten, bestimmt. Da die Missionare zu den Häuptlingen ein Vertrauensverhältnis aufbauen konnten und Einfluß auf sie gewannen, gelang es ihnen auch, bei blutigen Auseinandersetzungen zwischen den einzelnen Stämmen zu vermitteln. Der aus Bremen stammende Johann Heinrich Schmelen war als Missionar im Auftrag der Londoner Missionsgesellschaft bereits 1811 nach Südwestafrika gekommen. Einige Stämme baten wegen der Zugeständnisse von Privilegien sogar um Missionare, die sofort begannen, die Eingeborenensprachen zu lernen. Die ersten richtigen Missionsstationen entstanden um 1814 im Namaland. Da die Londoner Missionsgesellschaft unter permanentem Personalmangel litt, übergab sie 1829 ihre Stationen an die deutsche »Rheinische Mission«. Als es zu Reibereien und Zwistigkeiten zwischen den verschiedenen Missionaren und Missionsgesellschaften kam, einigte man sich auf getrennte Gebiete. So marschierte z. B. Missionar Hahn zu den Hereros, während der bekannte Missionar Kleinschmidt zu der »Roten Nation« — benannt nach ihrer rötlichen Hautfarbe – nach Rehoboth ging. Manchmal versuchten die Missionare, den Stämmen, die sich nur mit der Rinderzucht befaßten, auch Gartenbau und Ackerlandwirtschaft beizubringen. Man scheute keine Mühen und Kosten, um das dafür notwendige Saatgut aus Europa über Südafrika herbeizuschaffen.

Wichtig erschien besonders den deutschen Missionaren, ohne Dolmetsch zu arbeiten. Sie begannen daher auch mit den ersten Bibelübersetzungen in die Eingeborenensprachen. Gerade dieser Umstand hat viel zum gegenseitigen Vertrauen beigetragen. Missionar Krönlein arbeitete regelrechte Wörter- und Grammatikbücher aus, welche später in Berlin gedruckt wurden und für die Missionarschulung von größter Bedeutung waren. Die Missionare Rath und Kolbe mußten während der Stammeskriege zwischen den Nama und Hereros fluchtartig ihre Missionsstationen, umkämpfte Gebiete, verlassen, blieben aber in Südwestafrika.

Durch Zeitungsberichte über die Tätigkeit der deutschen Missionare wurde in Deutschland einiges über Südwestafrika bekannt. Das Interesse begann in der Öffentlichkeit zu wachsen. Indirekt schufen die Missionare so Voraussetzungen für die spätere politische Entwicklung in diesem Teil Afrikas, obwohl dies nicht beabsichtigt war. Der Inspektor der Rheinischen Mission, Fabri, veröffentlichte bereits 1879 ein Buch mit dem Titel: »Bedarf Deutschland der Kolonien?« Er war des öfteren bei den Missionaren in Südwestafrika, diesem staatspolitisch interessanten Niemandsland, gewesen.

Gleichzeitig kamen vom Kap mit Ochsenkarren Schwärme von Händlern zu den Stämmen nach Südwestafrika und brachten Stoffe, Bekleidungsstücke, Nägel, Messer und sonst alles, was primitive und zivilisierte Menschen brauchen konnten. Das Hauptgeschäft für diese Hyänen war jedoch der Verkauf von Branntwein, Waffen und Schießpulver. Das brachte ganz automatisch eine ernste Gefahr mit sich, weil die Eingeborenen nur mit Rindern bezahlen konnten, der begehrtesten Währung im Land. Für zwei Flaschen Pulver mußte man z. B. einen Ochsen geben, und ein Ochsenwagen ohne Gespann kostete je nach Ausführung und Alter 40 bis 60 starke Ochsen.

Nun sind Ansehen und Macht eines Häuptlings (Kapitäns) nur von zwei Faktoren abhängig: von der Anzahl seiner Untertanen und der Größe seiner Rinderherden. Die Händler gingen bei ihren Verkäufen raffiniert vor und gewährten den »Kapitänen« großzügig Kredite in nahezu unbegrenzter Höhe. Sie wußten genau, daß die Schulden eines Tages bezahlt würden. Der Alkohol floß in Strömen, und sowohl die Namas (= Hottentotten) als auch die Hereros (zählen zu den Bantustämmen) rüsteten auf. Wenn ein »Kapitän« in seinem eigenen Kral keine Rinder mehr hatte und er den Händlern mehrere hundert Stück schuldig war, gaben die Händler höflich und vorsichtig zu verstehen, daß bei einem bestimmten Stamm gewaltige Viehbestände gesehen worden waren, die man anscheinend nur

»abholen« müsse. Viehdiebstahl war in Südwestafrika schon seit eh und je die gängigste Art der Umverteilung des Volksvermögens, und derartige Raubzüge hatten trotz Mord und Totschlag – was nicht selten zu regelrechten Kriegen ausartete – nichts Kriminelles an sich. Es herrschte ein seltsamer Ehrenkodex: Der Sieger – also der Stärkere – war im Recht, der Unterlegene aber hatte die Pflicht, Blutrache für die Toten zu nehmen und zu versuchen, den eigenen Viehbestand wieder zurückzuholen.

Die Händler förderten mit ihren Warenangeboten und Krediten diese Viehraubzüge natürlich enorm. Auf den Alkohol wollte man nicht und auf die Waffen und das Pulver konnte man nicht mehr verzichten, weil sonst ein Gegner zu übermächtig und gefährlich geworden wäre: eine Lizitation mit der Angst, die noch bis in unser Atomzeitalter Gültigkeit besitzt.

Dabei muß festgehalten werden, daß sich viele Stämme auf Wanderung befanden und vom Süden, aber auch vom Nordosten nach Südwestafrika strömten. Alle wollten die besten Weidegründe und die ergiebigsten Wasserstellen, um Menschen und Tieren eine Überlebenschance zu geben. In einem Land, in dem die jährlichen Niederschläge zum Teil unter 100 mm liegen, hängt vom Wasser schlechthin die Überlebensfrage ab. Nicht umsonst hatten die ersten Forscher und Jäger von den Eingeborenen bezüglich der Wassersuche einen immer zutreffenden Ratschlag übernommen: »Folge einer Elefantenspur – diese großen, klugen Tiere finden immer Wasser!«

Die Stämme besaßen schon seit jeher ungeschriebene Gesetze, die absolute Gültigkeit besaßen. Der Häuptling herrschte über seine Stammesgenossen und hatte auch das totale Verfügungsrecht über deren Leben und Tod. Ihm allein gehörte das Land. Bei Gerichtsverhandlungen war der Kapitän wohl anwesend, aber einer der alten Weisen des Stammes übernahm die Befragung als Staatsanwalt und Verteidiger in einer Person. Das Urteil fällte der Kapitän. In alter Tradition wurden die Todesurteile auf der Stelle vollstreckt. Ein Handzeichen oder Wort des Häuptlings genügte, und der Scharfrichter trat in Aktion. Je nach Verbrechen wurden die Verurteilten entweder erhängt, mit Speeren durchbohrt, erdrosselt, ertränkt oder mit Keulen erschlagen. Die Scharfrichter waren fast nie aus dem eigenen Stamm, weil sonst trotz Häuptlingsurteil die Blutrache in Anwendung gekommen wäre. Sie waren Knechte oder Sklaven, die man bei Raub- und Kriegszügen von unterlegenen Feindstämmen mitgenommen hatte. Die Hingerichteten durften unter keinen Umständen bestattet werden, sondern man warf den Leichnam einfach in den Busch zum Fraß der Geier und Hyänen. Unverheiratete Mädchen, die vor der Ehe Kinder bekamen, wurden mit trockenem Gras eingewickelt und samt dem Baby verbrannt.

Von der Blutrache konnte man sich aber auch mit Rindern als Schadenersatzleistung loskaufen. Ein äußerst komplizierter Vorgang am Verhandlungsweg, aber immerhin besser, als monate- oder jahrelang in ständiger Todesangst zu leben, um dann von den Bluträchern dennoch umgebracht zu werden.

Eine eigenartige Methode der »Sterbehilfe« für Häuptlinge hatte sich bei manchen Stämmen entwickelt. Der Häuptlingsnachfolger erwürgte den noch amtierenden und auf dem Sterbebett liegenden Häuptling. Das galt nicht etwa als Zeichen und Beweis der Grausamkeit oder des gierigen Machthungers des Nachfolgers, sondern damit wollte man die Seele nicht aus dem Körper entkommen lassen. Blut aus einer Wunde durfte dabei nicht fließen, denn sonst wäre die Mühe vergeblich gewesen, weil die Seele durch die Wundöffnung aus dem Körper »entwichen« wäre. Beim Tod eines Häuptlings wurden sofort Rinder geschlachtet, und das Fleisch verteilte man an die Trauergäste. Die Rinderhäute (Ochsen waren bevorzugt) dienten in frischem, blutigem Zustand als »Sarg«, in den der tote Häuptling eingenäht wurde. Je größer das Ansehen und die Beliebtheit des toten Häuptlings waren, um so mehr

Menschen aus seiner unmittelbaren Umgebung mußten gleichfalls sterben. Zwei bis drei Sklaven, eine oder zwei seiner Lieblingsfrauen oder ihm sonst nahestehende, ehrbare Männer aus dem Stammesrat erdrosselte man, um sie gemeinsam mit dem Häuptling an einem markanten Punkt im Busch – möglichst im Schatten eines Baumes – zu bestatten. Der tote Häuptling sollte im Jenseits nicht auf seine gewohnte Umgebung verzichten müssen. Dies sind recht auffallende Parallelen zu den ägyptischen Pharaonen-Totenkulten.

Auch das »Feuer der Ahnen« hatte bei den Stämmen im südlichen Afrika schon immer eine beachtliche kultische Bedeutung gehabt. Nur dem Stammeshäuptling standen Recht und Pflicht zu, dieses Ahnenfeuer zu entzünden und zu bewahren. Es existierte ein regelrechtes Protokoll für den Fall, daß solche Ahnenfeuer verlöschten, und es kam einem todbringenden Sakrileg gleich, wenn sich ein Unbefugter daran zu schaffen machte.

Ein Grundgesetz schien diese ständig miteinander im Krieg liegenden Völkerschaften zu beherrschen: »Es ist immer erlaubt, Böses zu tun, wenn daraus Gutes entsteht.« Allerdings war man in der Interpretation des »Guten« nicht kleinlich. Gutes entstand für den siegreichen Viehräuber auch, wenn er mit seinem gelungenen Raubzug die eigenen Viehbestände vermehren konnte, ungeachtet der dabei getöteten Menschen.

Man kannte in vielen Gebieten auch eine Art Polizei, die für Recht und Ordnung zu sorgen hatte und speziell bei den großen Markttagen kriminelle Handlungen oder Raufereien unterbinden sollte. In den größeren Stammessiedlungen fand man bereits saubere Gästehütten vor, die auswärtigen Besuchern als Unterkunft dienten. Eigene Sklaven oder Knechte hatten die Aufgabe, die Reitpferde oder Reitochsen der Ankömmlinge in Empfang zu nehmen, sie zur Weide und am Abend wieder in den vor Wildtieren sicheren Kral zu bringen. Ein Mann hielt die ganze Nacht Wache an den wärmenden Feuerstellen. Gefängnisse gab es keine, doch bei Vergehen ließ man die Schuldigen tagelang an die riesigen Räder der Ochsenkarren festbinden, wo sie wie ans Kreuz geschlagen mit ausgebreiteten Armen in der glühenden Sonne oder in den kalten Nächten bewegungslos büßen mußten.

Ein amüsantes Kapitel bildete die »Post«, die Übermittlung von Briefen und Nachrichten. Boten überbrachten sie und genossen besonderen Respekt und hohes Ansehen. Sie waren an ihren langen geschnitzten Stöcken erkennbar, die am oberen Ende gespalten waren. Im Spalt steckte der Brief. Die Stöcke selbst waren meist von oben bis unten mit Köpfen, Schlangen oder anderen Schnitzmotiven verziert. Sie dienten gleichzeitig als Legitimation für den betreffenden Häuptling, der den Boten geschickt hatte, denn die Stammessymbole des Botenstockes waren allgemein bekannt.

In früher Zeit bildete die Postversorgung für die wenigen Missionare und Weißen im Lande ein echtes Problem, denn um Briefe nach Europa zu senden oder Antwortbriefe empfangen zu können, mußte man damals einen Boten hinunter zum Kap senden (oder es fand sich jemand, der die Post gelegentlich mitnahm). Südlich des Oranje-Flusses war in Kommagas die erste offizielle Regierungspoststelle: Von dort oder bis dahin mußte jeder für die Briefbeförderung selbst sorgen. So war es kein Wunder, daß manche Briefe ein bis zwei Jahre von oder nach Europa unterwegs waren.

Wichtig war, daß ein möglichst großes Siegel den Brief verschloß, denn vor diesen geheimnisvollen Dingen hatten alle Boten einen gewaltigen Respekt. Wurde solch ein Brief am Weg stolz herumgezeigt, so neigten die Postbewunderer ihre Köpfe oder machten vor dem Brief und dem Stock einen richtigen Knicks. Das ging mit der Ehrfurcht vor einer derartigen schriftlichen Nachricht so weit, daß diese Boten geradezu ihr Leben für die ihnen anvertrauten Briefe einsetzten. Über Einfluß der Missionare begannen die einzelnen Stämme diesen Kurierdienst auszubauen. In

Kriegszeiten waren einige Häuptlinge mißtrauisch und wollten genau wissen, was in den Briefen stand, die durch ihr Stammesgebiet befördert werden sollten. Das führte manchmal zu neuen Auseinandersetzungen.

Ein deutscher Kaufmann
macht Geschichte

Die Geschichte Südwestafrikas hätte wahrscheinlich ganz anders ausgesehen, wenn nicht der 1834 geborene Bremer Tabakkaufmann Franz Adolf Eduard Lüderitz Ambitionen für Afrika entwickelt hätte. Lüderitz betrieb zuerst in Lagos (Nigeria) eine Faktorei, doch war diesem Versuch kein Erfolg beschieden, weil die britische Kolonialgeschäftswelt dem unerwünschten Deutschen alles Wasser abgrub und ihn schließlich zur Aufgabe zwang. Dieser Mißerfolg entmutigte Lüderitz jedoch keineswegs, ganz im Gegenteil – er suchte nach einer besseren Möglichkeit, in Afrika Fuß zu fassen.

Ein anderer junger Kaufmann aus Bremen, Heinrich Vogelsang, setzte sich mit Lüderitz in Verbindung. Als Dritter im Bunde gesellte sich der nach Arbeit suchende Kapitän Timpe zu den zwei Kaufleuten. Lüderitz suchte nicht nur kommerzielle Interessen in Afrika zu verwirklichen, sondern träumte tatsächlich von einer deutschen »Kolonie«. Die Kolonialfrage war damals in Deutschland häufig im Gespräch. Es gab auch bereits einen »Deutschen Kolonialverein«, in dem diese Frage – daß auch Deutschland Kolonien brauche – leidenschaftlich und nationalbegeistert erörtert wurde. So setzte sich dieses Triumvirat zusammen und stellte anhand von Karten und anderen Unterlagen fest, daß Südwestafrika noch von keiner europäischen Kolonialmacht besetzt worden war und daß das Klima dort für Europäer verträglich und gesund sei. Bald waren die Würfel gefallen, und die drei Männer einigten sich, das Experiment zu wagen. Lüderitz kaufte den alten 260-Tonnen-Schoner »Tilly«, den seit einem vollen Jahr keine Reederei mehr hatte erwerben wollen. Die »Tilly«

wurde vor allem mit Waffen und Munition beladen, denn beides war in Afrika schon damals gesuchte Mangelware, mit der man die allmächtigen Stammeshäuptlinge zum Freund und Partner gewinnen konnte.

Vogelsang war vorausgefahren und traf im Jänner 1883 in Kapstadt ein, wo er emsig bemüht war, alle nötigen Informationen über das relativ unbekannte Niemandsland Südwestafrika zu erhalten. Es galt ja, einen Brückenkopf zu bilden, um von da aus die Kolonialidee zu verwirklichen.

Ein Vierteljahr später traf die »Tilly« in Kapstadt ein und nahm Vogelsang an Bord, um entlang der Küste bis Angra Pequena zu fahren, wo sie am 9. April 1883 Anker warf. Die in der Bucht lebenden englischen Robbenfänger waren von der Ankunft der Deutschen zwar wenig begeistert, als sie erfuhren, daß sie ständig hierbleiben wollten, aber sie konnten nichts dagegen machen.

Vogelsang hatte Kontakte zu den Missionaren der Rheinischen Mission und machte sich mit einer kleinen Karawane auf den Weg zum Namahäuptling Joseph Fredericks, mit dem er eifrig verhandelte. Bereits zwei Tage später unterzeichnete der Häuptling den von Vogelsang vorgelegten Kaufvertrag, mit dem er an die Firma Lüderitz die Bucht von Angra Pequena und das ganze Gebiet im Umkreis von fünf Meilen gegen Bezahlung von 100 Englischen Pfund in Goldmünzen und 200 Gewehren samt dazugehörigem Pulvervorrat verkaufte. Dieser »Meilen«-Vertrag blieb bis in die heutigen Tage eine staatsrechtlich und nicht zuletzt auch moralisch umstrittene Frage. Die Namas kannten nur die englische Meile (= 1,6 Kilometer), während Vogelsang und Lüderitz die 7,4 Kilometer messende geographische deutsche Meile meinten. Man warf nachher den Deutschen vor, daß sie den Namahäuptling bewußt hintergangen hätten. Doch dieser Umstand kam erst viel später ans Tageslicht, als die Verträge schon unanfechtbar waren. Im August 1883 schloß Vogelsang mit Joseph Fredericks einen weiteren Landerwerbsvertrag für das Gebiet an der Küste zwischen dem Oranje-Fluß und dem 26. Breitengrad mit einer Tiefe von 20 Meilen für einen Kaufpreis von 500 Goldpfund und 60 Gewehren mit Pulver ab. Die Namas waren der festen Überzeugung, daß sie damit nur das an der Küste liegende nutzlose Wüstengebiet verkauft hatten, aber durch die falsche Meileninterpretation verloren sie in Wirklichkeit ihre besten Viehweidegründe. Außerdem lagen in diesem Küstenstreifen, wie sich viel später herausstellte, riesige Diamantenfundstellen.

Diese Landgebiete waren vertraglich Privatbesitz von Lüderitz geworden. Verständlich wird dieser Landverkauf der Namas (Hottentotten) an die Deutschen, wenn man die damalige »innenpolitische« Lage in Betracht zieht, derzufolge die Namas mit den Hereros in einem ständigen Krieg lagen und deshalb Waffen und Gold brauchten, um stärker als der Feind zu werden.

Nach diesen Aktivitäten der Deutschen in Südwestafrika und dem Wiederaufflammen der blutigen Stammeskriege wurde die Lage für den Handel und für die Europäer immer unsicherer. Lüderitz wandte sich deshalb an die Regierung des Deutschen Reiches und bat um den Schutz für seine Besitzungen und gleichzeitig um die offizielle Anerkennung als deutsche Kolonie mit Flagge und Verwaltung. Die deutsche Regierung war jedoch nicht für den Kolonialbesitz, weil man sowohl eine erhebliche finanzielle Belastung als auch außenpolitische Schwierigkeiten mit Großbritannien befürchtete.

Bismarck selbst war von diesem Kolonialgebiet nicht angetan und lud Lüderitz zu einer Aussprache ein, bei der er sich den ersten Vertrag und auf der Karte dann auch die entsprechenden Gebietsgrenzen ansah. Die deutsche Regierung nahm Kontakt mit London auf, wo als Botschafter der Sohn des Reichskanzlers, Graf Herbert Bismarck, vorsprach und herausfinden wollte, ob die in Südwest lebenden Europäer auf den Schutz der Briten zählen könnten. Schon etliche Jahre zuvor hatte die Rheinische Mission bei den Engländern dieselbe Bitte vorgebracht, aber die abschlägige Antwort erhalten, daß die Kapprovinz beim Oranje-Fluß ende. London gab jedenfalls eine hinhaltende Antwort und wollte vorerst mit der Regierung in Kapstadt konferieren.

In der Zwischenzeit funktionierte die Nachrichtenverbindung zwischen Lüderitz und Vogelsang nur langsam und mangelhaft. Es gab etliche Schwierigkeiten, als der Brite Spence behauptete, daß er vier vorgelagerte Inseln und auch einen Teil des Festlandteiles von Angra Pequena schon vor dem Kauf durch Lüderitz als Niemandsland in Besitz genommen habe und es für sich beanspruche. Andererseits begannen die Deutschen, in der Lüderitzbucht bei Schiffsentladungen für die dort ansässigen Engländer Zoll einzuheben, worauf das englische Kanonenboot »Boadicea« vor der Bucht auftauchte. Lüderitz versuchte, in Kapstadt direkt bei Generalleutnant Smythe seine Besitzansprüche anzumelden, und erfuhr, daß die Briten die Inseln und einzelne Landesteile von Südwest als Niemandsland in Besitz genommen hätten. Die Streitereien gingen vehement weiter, als Lüderitz in seiner Bucht die englische Fahne einholte und die deutsche Flagge hißte.

Ende November 1883 reiste Lüderitz per Ochsenkarren nach Bethanien, wohin er ein halbes Dutzend Häuptlinge zu einem Treffen eingeladen hatte. Nur ein Teil der Häuptlinge kam, weil schon wieder größere Kriegsvorbereitungen gegen die Hereros im Gange waren. Die Häuptlinge zeigten sich erbost wegen der Verträge, durch die sie wegen der Meileninterpretation viermal mehr Land losgeworden waren als gewollt. Sie hielten Lüderitz auch vor, daß Vogelsang auf der Landkarte ausdrücklich nur das sandige Wüstengebiet und nicht das grüne Weideland gemeint habe. Es seien zwei verschiedene Landkarten verwendet worden, behaupteten die so ums Ohr gehauenen Namahäuptlinge. Daß in dieser strittigen Frage nicht alles mit rechten Dingen zugegangen war und weder Vogelsang noch Lüderitz gegenüber ihren Vertragspartnern diesen »Irrtum« aufklären wollten, ersieht man aus einem Brief von Lüderitz an Vogelsang (26. März 1884), in dem ganz

37

offen steht: ». . . Da in unserem Kaufcontract steht – 20 *geographische* Meilen Inland, so wollen wir diese auch beanspruchen. Lassen Sie Joseph Fredericks aber vorläufig im Glauben, daß es 20 englische Meilen sind . . .«

Die damalige liberale Regierung in London verhandelte mit Berlin und ließ die dringende Forderung der Kap-Regierung – Südwestafrika zu annektieren – unbeachtet. Lediglich den strategisch wichtigen Hafen Walfischbucht mit einem schmalen Streifen beanspruchte die englische Krone. Sie verbot ausdrücklich eine Erweiterung der Kapkolonie nach Norden. Bismarck hatte mehrmals in London rückgefragt, ob Großbritannien einen Gebietsanspruch auf Südwestafrika erhebe, erhielt aber jeweils einen ausweichenden oder hinhaltenden Bescheid.

Erst ein Jahr später, als auch der zweite Vogelsang-Vertrag bereits unterzeichnet war, konnte sich die Kap-Regierung in London durchsetzen. In Berlin traf die Entscheidung Großbritanniens ein, daß London die Festsetzung einer fremden Macht zwischen dem portugiesischen Gebiet von Angola und dem Kapland nicht dulden könne. Bismarck hatte jedoch bereits die Weichen gestellt. Er drückte in der Reichsregierung die Entscheidung durch, Südwestafrika unter den Schutz des Reiches und seiner Flagge zu stellen: zur Kolonie zu erklären.*) Um diesem Entschluß Nachdruck zu verleihen, wurde das deutsche Kriegsschiff S.M.S. »Nautilus« in die Lüderitzbucht beordert. Die britische Kap-Regierung nahm die deutsche Vorgangsweise aber nicht ohne Protest hin und versuchte, noch eiligst eine Annektierung von Südwestafrika nördlich des Oranje-Flusses in Eigenregie durchzuführen. Bismarck blieb jedoch hart und verhandelte abermals direkt mit

---

*) Diese Version des deutschen Widerstandes gegen die Regierung in London stammt authentisch von den Protokollen und Niederschriften des damaligen Kolonialstaatssekretärs Dr. von Lindequist. In der allgemeinen Südwest-Dokumentation findet man nämlich immer nur die Auslegung, daß London von Haus aus auf Südwestafrika verzichtet und das Deutsche Reich zur Annektion dieses Niemandslandes geradezu animiert habe.

London, was letztlich zur Folge hatte, daß London die Oberhoheit des Deutschen Reiches über Südwestafrika – einschließlich der neuen Verträge mit den Swartbooi-Hottentotten – für die nördlichen Gebiete bis zum Kunene anerkannte und auch die Kap-Regierung anwies, alle Handlungen zu unterlassen, die diese Anerkennung unterlaufen könnten. England hatte sich lediglich die Exklave Walfischbucht und zahlreiche der Küste vorgelagerte Inseln als eigenes Hoheitsgebiet vorbehalten; Gebiete, die von unzähligen Pinguinen und anderen Vögeln massenhaft besiedelt waren und durch ihren Guanoreichtum besonders wertvoll schienen.

Die Reichsregierung beschloß nun die offizielle Besitzergreifung der Lüderitz-Landerwerbungen durch einen feierlichen staatsrechtlichen Akt an Ort und Stelle. Spezialkommissar Dr. Nachtigall, ein Kölner Arzt und Afrikareisender, kam mit dem deutschen Kriegsschiff »Möwe« nach Südwestafrika. Gleichzeitig trafen auch die zwei Kriegsschiffe »Leipzig« und »Elisabeth« ein. Am 7. August 1884 brachte ein Dutzend Ruderboote die Schiffsbesatzungen an Land. Die Offiziere wurden dabei standesgemäß von den Matrosen durch das seichte Wasser trockenen Fußes an Land getragen. Mit 21 Salutschüssen wurde dann vor präsentierender Mannschaft die deutsche Flagge gehißt, ebenso an allen Küstenplätzen zwischen dem Kunene- und Oranje-Fluß. Das Deutsche Reich nahm von der neuen Kolonie offiziell Besitz, nachdem Kapitän zur See Herbig folgendes Dokument zur Verlesung gebracht hatte:

»Seine Majestät der Kaiser haben mir befohlen, mit der gedeckten Korvette ›Elisabeth‹ nach Angra Pequena zu fahren, um das dem Herrn Adolf Lüderitz gehörige Territorium an der Westküste Afrikas unter den direkten Schutz Seiner Majestät zu stellen. Das Territorium des Herrn Lüderitz wird nach der amtlichen Mitteilung als sich erstreckend von dem Nordufer des Oranje-Flusses bis zum 26. Grad Südbreite, 20 geographische Meilen landeinwärts angenommen, einschließlich der nach dem Völkerrecht dazugehörigen Inseln. Indem ich diesen allerhöchsten Auftrag zur

Ausführung bringe, hisse ich hiermit als äußeres Zeichen die kaiserliche deutsche Flagge, stelle somit das erwähnte Territorium unter den Schutz und die Oberherrschaft Seiner Majestät des Kaisers Wilhelm und fordere die Anwesenden auf, mit mir einzustimmen in ein dreifaches Hoch – Seine Majestät Kaiser Wilhelm I. lebe hoch!«

Die Anekdote, wonach Franz Adolf Eduard Lüderitz mit seinen Kaufverträgen an Bismarck herangetreten sei und ihn gebeten habe, seinen Landerwerb und Südwestafrika unter deutschen Schutz zu stellen, aber der Reichskanzler nur ablehnend sein Haupt geschüttelt habe, dürfte nicht auf Wahrheit beruhen. Ein alter Geheimrat soll sich zum Ohr des sitzenden Bismarck herabgebeugt und ihm zugeflüstert haben: »Aber, Exzellenz, wo soll unser Adel seine mißratenen Söhne lassen, wenn wir keine Kolonien haben?« Das soll Bismarck überzeugt haben, meinten die boshaften Zeitgenossen.

Lüderitz und Vogelsang kauften noch weitere Gebiete. Alles zusammen verschlang Unsummen, mußten doch Gebäude gebaut und zahlreiche Angestellte in Dienst genommen und bezahlt werden. So ging Lüderitz allmählich der finanzielle Atem aus, denn die Einkünfte aus diesen Besitzungen waren kümmerlich und lagen weit unter den Investitionen. Zuerst versuchte der Kolonialpionier mit einer deutschen Bank den Verkauf seiner Besitzungen durchzuführen, aber die verlangten 500.000 Mark und fünf Prozent Gewinnanteil an allen künftigen Unternehmungen schienen zu hoch gewesen zu sein. Er wies in seinem Offert besonders auf die bereits bekannten und noch zu erwartenden Erzfunde hin, die er als Privatperson nicht ausbeuten könne. Schließlich wurde er mit der »Deutschen Kolonialgesellschaft für Südwestafrika«, hinter der ein Bankenkonsortium stand, das Aktien auflegte, handelseinig. Lüderitz erhielt 300.000 Mark bar ausbezahlt, außerdem für 200.000 Mark Aktienanteile und durfte seine Häuser, Handelsrechte, Waren und den Viehbestand behalten. Faktisch hatte er nur das weite Land verkauft. Lukrativ waren diese

Aktien wahrlich nicht, und die ganze Rettungsaktion hatte eher einen patriotischen Anstrich.

Lüderitz konnte sich nunmehr, unbeschwert von seinen finanziellen Alpträumen, der weiteren Ausdehnung seines Handels sowie der Erforschung des Landes widmen. Das tat er mit Vorliebe selbst, er unternahm verschiedene Fahrten und Expeditionen.

Mit einem aus Deutschland besorgten Faltboot ohne Segelschwert, aber mit zwei Rudern ausgerüstet, fuhr er mit einem Begleiter den Oranje-Fluß abwärts und wollte die See erreichen. Niedrigwasser und Sandbänke zwangen jedoch zur Aufgabe. Ein Trupp Eingeborener trug das Boot bis zur Alexanderbucht, von wo Lüderitz die Fahrt entlang der Küste bis Angra Pequena auf dem Seeweg antrat, wohlversorgt mit Lebensmitteln und Trinkwasser. Bei einem Buren am Fluß hatten sie übernachtet, der dringend von dem Vorhaben abriet, weil die See zu tückisch für solch ein kleines Boot sei. Lüderitz aber beruhigte den Mann lachend und meinte bei der Verabschiedung: »Keine Sorge! Ich kenne mein Land.« Er hoffte, in einer Woche Angra Pequena mit dem Boot erreichen zu können.

Das Meer war in den ersten Tagen spiegelglatt, aber dann kam ein starker Wind auf, der dem Boot wahrscheinlich zum Verhängnis geworden ist. Lüderitz und sein Begleiter blieben verschollen, man fand weder sie noch das Boot. Mit knappen 52 Jahren hatte dieser unternehmungslustige Pionier seinen Tod gefunden. Er hatte von einer deutschen Kolonie mit deutscher Flagge und deutschen Siedlern geträumt und hatte seinen Traum auch verwirklichen können. Der wirtschaftliche Aufschwung Südwestafrikas fand aber erst nach seinem Tod statt. Zu seinem Gedenken wurde nun Angra Pequena in Lüderitzbucht umgetauft, ein Denkmal, das nunmehr auf jeder Landkarte steht, während sein Bronzebild von der äußersten Spitze der Haifischinsel – jetzt mit dem Festland verbunden – auf die offene See hinausblickt.

Geisterstadt und Sündenbabel

Die kleine Cessna flog absichtlich eine weite Runde über die Bahnlinie, die Stadt Lüderitz und die glatte Bucht. Wie in einer Spielzeugschachtel lag die Kirche inmitten der Häuser im prallen Sonnenschein, als das Flugzeug landeinwärts zur breiten, asphaltierten Landepiste einschwenkte. Das kleine, gemauerte Flughafenhäuschen war versperrt, während im Hausschatten ein Wagen auf uns wartete. Es war angenehm kühl am Morgen, eine leichte frische Brise wehte vom nahen Meer über die Sanddünen.

Die Straßen sind blitzsauber in Lüderitz, Bäume und Sträucher sind selten. So herrschen die durch Sonne, Zeit und Wetter verfärbten und geschliffenen Felsen vor. Die »Reichs-Apotheke« liegt genau in der »Bismarckstraße«, die »Lesehalle« ist nicht weit weg von der »Schlachterei« – die Zeit scheint in Lüderitz stillgestanden zu sein. Von der strengen Kirche bis zur Architektur der Häuser ist unverkennbar das Deutschtum abzulesen. Unwillkürlich greift man zum Flugticket, um sich zu vergewissern, wo man ist. Man kann nicht glauben, daß diese kleine Stadt in Afrika und nicht irgendwo in Deutschland steht. Blickt man allerdings etwas genauer hin, so fällt auf, daß auf diesen sauberen Straßen sehr wenige Fahrzeuge fahren und nur wenige Menschen anzutreffen sind. Viele der einst vom hektischen Leben erfüllten Gebäude haben zugenagelte Eingangstüren. Die zerbrochenen Fenster starren wie tote Augen dem Betrachter vorwurfsvoll entgegen. Jeder fremde Neuankömmling fällt in Lüderitz auf, obwohl man schon Versuche unternahm, um draußen auf der Haifischinsel, die schon längst durch einen massiven Damm mit dem Festland verbunden ist, für Zelte und

Wohnwagen Anschlüsse und damit Platz für Touristen zu schaffen.

Einst lebten in Lüderitz – sozusagen die Urzelle der einstigen Kolonie »Deutsch-Südwestafrika« – 7000 bis 8000 Deutschsprachige, heute sind es noch knapp 700, und auch von diesen packen viele bereits ihre Koffer oder warten argwöhnisch auf die weitere Entwicklung in diesem Land.

Wenn man mit den Deutschen, die dort geboren und aufgewachsen sind, spricht, scheint die alte Zeit wieder lebendig zu werden. Diese Männer sind schon über 70 Jahre alt und machen den Eindruck von gesunden, aber übriggebliebenen Fossilen, die noch eine Zeit miterlebt haben, von der wir nur aus alten Geschichtsbüchern wissen. Einem Paul Weiss etwa, dem ein Hotel und etliche Garagen und Häuser gehören, sieht man sein Alter nicht an – die Stürme vom Meer und die Wüstenhitze der nahen gelben Sanddünen haben dieses Gesicht gezeichnet und anscheinend auch konserviert.

Viele dieser Deutschen in Südwestafrika sind während des Zweiten Weltkrieges nach Deutschland gekommen, um dort ihren Wehrdienst zu leisten. Etliche sind gefallen, und andere wieder sind in Gefangenschaft geraten. Wer aber nachher noch am Leben war, fand seinen Weg wieder zurück nach Südwestafrika. Die Briten und Südafrikaner waren tolerant, haben das hier praktizierte Deutschtum verstanden und darüber hinweggesehen, daß sehr viele deutsche Südwester während der Hitlerzeit aus der Entfernung der Ideologie des »Tausendjährigen Reiches« privat oder offen zugejubelt haben. Wandbilder vom deutschen Kaiser bis zu Adolf Hitler findet man selbst heute noch in so mancher Wohnung, als würde man Ahnenkult betreiben. Es heißt nicht umsonst, daß die Deutschen in Südwest viel »deutscher« als die Deutschen in Deutschland sind.

Dennoch ist Lüderitz eine vom Tod bereits gezeichnete Stadt, die zwar nicht sterben will, aber – wenn nicht von irgendwo noch Hilfe im letzten Moment kommt – sterben muß. Für ein Butterbrot könnte man heute in Lüderitz zahlreiche unbewohnte Häuser an den besten Plätzen sowie Grundstücke aufkaufen. Verkaufen wollen viele, doch kaufen niemand. Selbst finanzkräftige Leute scheuen sich aus verständlichen Gründen, ihr Geld in eine sterbende Stadt in einem Land mit so unsicherer Zukunft zu investieren. Wer will sein Geld dort lassen, wo eines Tages vielleicht Enteignung oder Vertreibung drohen?

Die Optimisten in Lüderitz – und das ist noch eine stattliche Gruppe – hegen allerdings einen ganz anderen Wunschtraum: Sollte SWA/Namibia eines Tages wirklich frei und unabhängig werden, ohne unter ein marxistisches System zu fallen, so hätte Lüderitz durch seine geographisch günstige Südlage und durch die Grenznähe zur Südafrikanischen Republik die märchenhafte Chance, ein wahres »Sündenbabel« zu werden. Die etwas doppelbödige, puritanische öffentliche Moral in Südafrika hatte schon seit jeher seine lebensfrohen Bürger in das nahe Mozambique fahren und fliegen lassen, wo die Portugiesen keine Unterhaltungsrestriktionen kannten. So mancher hohe Politiker konnte sich mit bildhübschen schwarzen Mädchen vergnügen, was ihm daheim eine saftige Gefängnisstrafe nach dem Apartheidgesetz eingebracht hätte. Nach der Machtergreifung der marxistischen Regierung in Mozambique erloschen diese Möglichkeiten. Doch die Kurs- und Chartermaschinen fanden blitzschnell ein anderes Ziel: Botswana, den Nachbarstaat im Norden der Südafrikanischen Republik. Gerissene Südafrikaner schafften mit beachtlichem Kapitalaufwand in Gaborone, der unmittelbar an der Grenze zu Südafrika liegenden Botswana-Hauptstadt, ein Vergnügungszentrum mit allen nur erdenklichen Raffinessen. Nicht weit entfernt von Pretoria und Johannesburg, strömen die Südafrikaner in das verheißungsvolle »Ausland«. Gaborone hat sich damit eine zusätzliche Einnahmequelle verschafft, die aber paradoxerweise südafrikanischen Investoren zugute kommt.

In dieser oder ähnlicher Form wollen die Lüderitzer ihre langsam sterbende Stadt vor dem Untergang retten.

Der moderne Flugplatz würde auch die großen Charter-maschinen problemlos landen lassen, und Gebäude wären in großen Mengen für billiges Geld revitalisierbar und ausbaufähig. Insider kennen auch bereits Geldgeber, die aber vorerst die politische Entwicklung abwarten wollen, um dann ein südwestafrikanisches Las Vegas zu verwirklichen. Vorläufig prangen die im deutschen Kolonialstil erbauten Gebäude – selbst wenn sie nur mehr leer dastehen – auf einer SWA/Namibia-Briefmarkenserie und erinnern an die einstige Pracht, um nicht in Vergessenheit geraten zu lassen, von wo aus die Kolonisierung Südwestafrikas begonnen hat.

In der Lüderitzbucht existiert nur ein einziger größerer Arbeitgeber: eine Langustenfischerei mit angeschlossener Fabrik für den Export. Langusten sind ein weltweit begehrter Leckerbissen, der die Herzen der Feinschmecker höher schlagen und die Kassen klingeln läßt. Eine kleine Flotte von Fischkuttern ist sechs Monate ständig unterwegs, um die im Küstengebiet massenhaft vorkommenden Langusten einzufangen – pro Tag etwa 20.000 kg Langusten, wobei 1 kg dieser kostbaren Ware umgerechnet den erstaunlichen Preis von zirka 25 DM kostet. In der Fabrik, in der hauptsächlich Ovambos und nur ganz vereinzelt Weiße arbeiten, werden die Krebse sofort in tote, halbtote und noch lebende Tiere sortiert. Die Lüderitzer Langustenfischer fangen mehr Meerestiere als alle südafrikanischen Fischer zusammen. Die kostbare, tiefgekühlte Ware wird dann nach Japan, Westeuropa und in die USA verschifft, wo man die in Pappkarton verpackten Krebse erst »veredelt« und in Konserven verpackt. Zum geringsten Teil kommt diese SWA/Namibia-Produktion – dann wesentlich verteuert – in Dosen wieder zurück in das südliche Afrika. Warum man die Langusten nicht gleich an Ort und Stelle zu Konserven verarbeitet, weiß niemand. Sechs Monate dauert die Saison, während der knappe tausend Menschen eine relativ gut bezahlte Arbeit finden. Nachher ziehen sie zum Großteil heimwärts in das Ovamboland. Ovambos sind meist sehr sparsam, fast könnte man sagen geizig, sie holen sich kaum Vorschüsse und vertrinken ihren Verdienst auch nicht, wie dies andere Stammesangehörige gerne tun.

Der deutsche Besitzer eines Werkstättenbetriebes erzählte von seinen Erfahrungen, die er mit seinen Ovamboarbeitern gemacht hat. Sie sind äußerst mißtrauisch, auch gegenüber jeder Bank, der sie fast nie ihre Ersparnisse anvertrauen. Der »Baas« (= burisch: der Chef) mußte vor ihren Augen das verdiente Geld in eine versperrbare Kassette legen; dem »Baas« vertrauen sie, bei der Bank sind sie unsicher, ob ihr Geld auch jemals wieder zum Vorschein kommt. Schwarze behalten häufig ihre ursprünglichsten Verhaltensweisen bei. So hocken sie sich einfach auf den Boden, legen den Eßnapf in den Schoß und löffeln so ihre Nahrung. Als man den Beschäftigten zur Bequemlichkeit Tische und Bänke hinstellte, stiegen die Burschen auf die Bänke, setzten sich auf die Tische, legten den Napf in den Schoß und aßen wie bisher ihre Mahlzeiten.

Lüderitz feierte im August 1982 das pompöse 100-Jahr-Jubiläum, zu dem aus allen möglichen Ländern die alten Lüderitzer angefahren kamen. Doch konnte das prunkvolle Jubiläum über den Niedergang der Stadt nicht hinwegtäuschen. Auch die Bucht mit genügend Tiefgang für Hochseeschiffe bildet keine Ausweichmöglichkeit aus dem wirtschaftlichen Desaster. Zwar erinnern sich die alten Deutschen noch an die Zeit des Russisch-Japanischen Krieges, als die Zarenflotte in der Lüderitzbucht vor Anker gegangen war, um Frischwasser, Verpflegung und Kohle aufzunehmen. Doch den Hochseehafen gibt es bereits, der liegt in der Walfischbucht. Mit gewaltigem Kostenaufwand haben die Südafrikaner diesen Hafen mit seinen modernsten Anlagen ausgebaut, und es ist sinnlos für SWA/Namibia, einen zweiten Großhafen zu errichten. Selbst wenn SWA/Namibia unabhängig wird und die Walfischbucht unter südafrikanischer Oberhoheit bleiben sollte, würde die Walfischbucht immer zur Verfügung stehen.

Der Reichtum und die Bedeutung von Lüderitz waren in der Vergangenheit von einem ganz anderen Wirtschaftszweig abhängig, dessen traurige Ruinen man heute noch sehen kann, wenn man mit dem Auto einige Kilometer landeinwärts bis zur Kolmanskuppe fährt. Eine wahre Geisterstadt der einstigen Diamantensucher mit zahlreichen Gebäuden, Schuppen und Werkstättenhallen liegt zwischen den gelben Sanddünen, die bei den offenen Türen in das Innere der Häuser hineinrieseln und bei den Fenstern wieder herausquellen. Die Aufschriften »Bäckerei« und »Schlachterei« kann man trotz Verwitterung noch deutlich lesen. In jüngster Zeit hat der allmächtige Diamantenkonzern C. D. M. einen Fremdenführer eingestellt, der in einem provisorischen Museumsraum Gebrauchsgegenstände der einstigen Bewohner zeigt und erklärt. Ein riesiger Theaterraum ist stummer Zeuge einstiger Aufführungen, für die Spitzendarsteller aus Europa eingeladen worden waren. Eine eigene »Eisfabrik« erzeugte Eisblöcke, und ein langgestrecktes Krankenhaus versorgte Verletzte, Kranke oder Rabauken, die sich gegenseitig halb totgeschlagen hatten.

Dabei hatte alles so harmlos angefangen: Ein Mischling, der bei der Bahn beschäftigt war und in einer armseligen Hütte mit seiner achtköpfigen Familie hauste, hatte eines Tages im offenen Sand einen unscheinbar aussehenden Stein gefunden. Da der Mann drei Jahre lang in der südafrikanischen Diamantenmine Kimberley gearbeitet hatte und deshalb wertlose von wertvollen Steinen unterscheiden konnte, begab er sich nach der Arbeit zum Bahnmeister Stauch, dem er den Stein auf den Tisch legte und gleichzeitig die Vermutung aussprach, daß dies ein Diamant sein könnte. Der Bahnmeister lächelte zuerst und probierte dann an der Fensterscheibe die Härte des angeblichen Diamanten. Viel kam bei der Probe nicht heraus, doch sicherte sich Stauch im Fundgebiet einige Schürffelder. Er erhielt einige Zeit später aus Deutschland die Bestätigung, daß es sich bei dem Stein tatsächlich um einen echten und wertvollen Diamanten handelte. Stauch meldete seinen Fund nun bei den Behörden an, wie es in den gesetzlichen »Kaiserlichen Bergverordnungen« zwingend vorgeschrieben war.

Wie ein Lauffeuer verbreitete sich die Meldung davon; das turbulente Diamantenfieber brach aus. Nicht nur aus der unmittelbaren Umgebung der Lüderitzbucht, sondern auch aus anderen Gebieten Südwest- und Südafrikas strömten die Leute in Scharen herbei. Die Berichte über den Diamantenfund erschienen in europäischen Zeitungen, und so wurde das Diamantenfieber auch dort lebendig. Nicht nur Einzelpersonen kamen angereist, sondern es wurden gleich Gesellschaften gegründet, um die Diamantensuche ertragreicher betreiben zu können. Was niemand für möglich gehalten hatte, schien nun wie ein Wunder: Die Diamanten lagen teils an der Oberfläche des Sandbodens und mußten nur eingesammelt werden. Was verborgen darunter lag, das mußte man schaufeln und sieben.

Zeit war buchstäblich Geld, denn es ging darum, sich ein Schürffeld gegen geringe Abgaben bei den Regierungsstellen sichern zu lassen. Solch ein Claim (= Schürffeld) hatte das Einheitsmaß von vierhundert mal zweihundert Meter. Dieses Rechteck mußte mit Stangen oder Pfählen – die nur bei Tageslicht eingeschlagen oder errichtet werden durften – deutlich sichtbar, einen Meter über den Erdboden herausragend, markiert werden.

Geld oder Ausrüstung war für das Unternehmen anfangs nicht nötig, man mußte sich nur mit der harten Lebensweise abfinden. Ein Wettrennen hatte in dem trostlosen Wüstensand begonnen, vor allem die Schürfgesellschaften wuchsen wie die Schwämme aus dem Boden und begannen mit Arbeiterkolonien ihre Schürffelder systematisch umzugraben und durchzusieben. Die Regierung schaltete sich ebenso ein und sicherte sich zuerst einmal 32 Schürffelder. Außerdem wurden 18.000 Hektar Sandboden zwischen Lüderitzbucht und Aus zum Staatsbesitz deklariert, in dem nur die Regierung die Diamantensuche betreiben durfte. Unter den Diamantenabenteurern befand sich sogar mancher biedere Beamte der Kolonial-regierung, der auf sicherste Stellung und Pension verzichtete und dafür die Schaufel in die Hand nahm, um auch am Reichtum, der im Sande lag, partizipieren zu können.

Lebensmittel und Arbeitsgeräte wurden mit der Nachfrage sprunghaft teurer. Lüderitz blühte auf, Schiffe brachten Waren und Menschen, das Geld begann zu fließen. Wie einst der Goldrausch in Amerika, so grassierte das Diamantenfieber in Südwestafrika, das zwangsläufig auch übles Gesindel anzog und die Kriminalität ansteigen ließ. Zwei Dutzend Schürfgesellschaften gingen dazu über, den verschiedenen Einzelpersonen ihre Schürffelder zu horrenden Preisen abzukaufen und die einstigen Besitzer der Schürfrechte im eigenen Betrieb anzustellen. Die Versorgung wurde für Privatpersonen immer schwieriger, so daß die Gesellschaften die Oberhand bekamen und große Camps mit allen möglichen Erleichterungen schafften, damit ihnen die Arbeiter nicht davonliefen. Bereits im Jahre 1908 wurden in der Nähe der Lüderitzbucht mehr als 42.000 Karat im Wert von 1,250.000 Mark aus dem Sand geholt, und bis zum Ausbruch des Ersten Weltkrieges waren es insgesamt Diamanten im Gegenwert von 165 Millionen Mark. Keine andere deutsche Kolonie hatte sich derart lukrativ erwiesen als Südwestafrika.

In der weiteren Folge errang die Deutsche Kolonialgesellschaft bei den Diamantenschürfrechten gewisse Privilegien, da die Regierung vom Oranje-Fluß bis zum 26. Breitengrad und etwa 100 Kilometer landeinwärts Diamantensperrgebiete errichtete, die nur noch von der Deutschen Kolonialgesellschaft ausgebeutet werden durften, was argen Unmut hervorrief. Außerdem machte sich bereits eine Beunruhigung am deutschen und internationalen Diamantenmarkt bemerkbar, weil das Überangebot an Südwestafrika-Diamanten die Diamantenpreise in den Keller purzeln ließ. Aus diesem Grund wurde eine Organisation »Diamantenregie des südwestafrikanischen Schutzgebie-

tes« ins Leben gerufen, eine Monopolgesellschaft, an deren
Geschäftsstellen alle in Südwestafrika geförderten Diamanten zum Ankauf abgeliefert werden mußten. Pro Gramm
wurden zwischen 30 und 35 Mark an Vorschuß zinsenfrei
bei Übergabe ausbezahlt. Damit hörte sich offiziell jede
Konkurrenz auf, obwohl findige Köpfe mit allem Risiko
doch immer wieder illegale Abnehmer und Aufkäufer aus
Südafrika fanden und dabei bessere Preise erzielten. Mit
jedem Postdampfer mußten die Zweigstellen der »Diamantenregie« ihre angekauften Diamantenvorräte in diebstahl-
sicheren Behältern in die Zentrale nach Berlin abschicken.
Drei Männer zählten den Inhalt und registrierten ihn.

Der Fiskus sicherte sich gleichzeitig mit einem
33,33prozentigen Diamantenausfuhrzoll eine reiche Einnahmequelle. Auf dem Landweg war jede Diamantenaus-
fuhr verboten; wurde jemand dabei erwischt, verfielen alle
Diamanten der Beschlagnahmung, und der Betreffende
wanderte hinter Gitter. Die Diamantenschürfer wurden
außerdem mit einer 66prozentigen Einkommensteuer belegt, von der 70 Prozent Betriebskosten abgeschrieben
werden konnten. Dadurch wollte man völlig abgelegene
oder minder ertragreiche Diamantenfelder interessant machen. In Berlin hortete man die Diamantenmengen und bot
sie je nach Lage der internationalen Diamantenbörse auf
dem Weltmarkt an.

Die Diamanten waren für alle Beteiligten zu einem
lohnenden Geschäft geworden. Am zufriedensten war
damit wohl die Regierung, denn Südwestafrika konnte nun
faktisch mit seinen eigenen Einnahmen die Erschließung
und Verwaltung der Kolonie finanzieren und vorantreiben,
aus Berlin mußte lediglich die Deutsche Schutztruppe
finanziert werden. Südwest erhielt sich selbst. Niemand
hatte in den Anfängen dieser Kolonie erwartet oder erhofft,
daß sich die finanzielle Situation derart günstig entwickeln
würde. Alle anderen Mineralien, vor allem die Kupfervor-
kommen, brachten bei weitem nicht diesen finanziellen
Ertrag.

Die südwestafrikanische deutsche Diamantengeschichte erlebte nach Ende des Ersten Weltkrieges ein etwas kurioses Finale. Sobald nämlich die Briten die Verwaltung von Deutsch-Südwestafrika in die Hand genommen hatten, begannen Verhandlungen über die Ablöse oder Enteignungen der Diamantenfelder. Ein Rechtsanwalt war mit diesen Verhandlungen in Berlin beauftragt. Der Diamantenkonzern Oppenheimer wollte die Felder in Südwestafrika in seinen Besitz bringen. Der Anwalt und ein korrupter Postbeamter spielten in Windhoek dabei eine ausschlaggebende Rolle, weil ein entscheidendes Telegramm still und leise unterschlagen wurde und Oppenheimer so für ein »Butterbrot« die Diamantenfelder in sein Konzerneigentum bringen konnte. Seither scheffelt Oppenheimers Konzern C. D. M. die Diamantenmillionen aus einem absoluten Sperrgebiet, das ohne Erlaubnis des Konzerns weder überflogen noch betreten werden darf und wo sich jeder Besucher – der sich auch nur zur Erde bückt und dabei beobachtet wird – unweigerlich den schärfsten Durchsuchungs- und Kontrollmaßnahmen unterziehen muß. An der Sandoberfläche gibt es schon lange keine Diamanten mehr. In der Zwischenzeit hat man versucht, mit Saugbaggerschiffen aus dem Meer den Sand abzusaugen und nach brauchbaren Diamanten durchzufiltern. Doch konnte durch den Einsatz von modernen Methoden die Diamantenförderung von 63 Millionen Rand (1970) auf 460 Millionen Rand (1978; 1 Rand = zirka 2.– DM) angehoben werden, deren Steuern immerhin 35 Prozent der SWA/Namibia-Staatseinnahmen ausmachen. Kein Wunder, daß die Diamantenbosse hinter den Kulissen in so manchen Fragen, die mit Diamanten absolut nichts zu tun haben, viel mitreden, was in der breiten Öffentlichkeit SWA/Namibias nicht positiv beurteilt wird. Das ausgesprochen negative Image der »Multikonzerne« lastet auch auf dem Diamantensektor in Südwestafrika. So sozial die Konzerne mit allen betriebsinternen Einrichtungen bei der Belegschaft auch sind, so bedenklich wirkt das Ergebnis einer volkswirtschaftlichen Analyse. Außer den Löhnen und der unvermeidlichen Steuerzahlung lassen sie keine Gewinne in SWA/Namibia, sondern transferieren alle Erträge in das sichere Ausland. »Beim Profit hört sich jede nationale Begeisterung auf...«, meinte ganz unbekümmert ein hoher Funktionär des Diamantenkonzerns Oppenheimer C. D. M. und zog bedauernd die Schultern hoch.

Recht merkwürdig scheint es auch, wenn sich in derartigen Großbetrieben bereits maßgebliche Mitglieder der SWA/Namibia-Befreiungsbewegung SWAPO befinden, deren politische Ausrichtung bei der Belegschaft und der Betriebsleitung bekannt ist. Dem Anschein nach versuchen die Konzerne schon, eine vorsichtige Rückversicherung für alle politischen Eventualitäten der Zukunft aufzubauen. Dieser naiven Hoffnung – um für alle Fälle eine ungestörte Weiterproduktion gewährleisten und eine Enteignung vermeiden zu können – stehen angeblich Absprachen oder Zusagen gegenüber.

Die Lebensfähigkeit der Küstenstadt Lüderitz – das historische Kolonialsprungbrett von Adolf Lüderitz – hängt an einem dünnen Faden, und es bedarf anscheinend eines Wunders, daß Lüderitz eines Tages nicht ebenso eine Geisterstadt wird wie die nur wenige Kilometer entfernte Diamantengeisterstadt Kolmanskop (Kolmanskoppe), wo Zeit und Sanddünen alles auslöschen und überdecken...

Aufstände, Kriege und
die »Schutztruppe«

Das Vielvölkerland Südwestafrika war schon seit jeher von Aufständen und Raubkriegen geprägt worden. In erster Linie waren es die Hottentotten (Nama), die vom Süden her unter ihrem legendären Häuptling Hendrik Witbooi vordrangen, einem gerissenen und grausamen Herrscher. Es ging immer um die Rinderherden, das lebende Kapital. Später gingen auch die Hereros unter Führung ihres Häuptlings Samuel Maharero auf Raubzüge. Unzählige kleine und große Kriege prägten die Geschichte dieser jungen deutschen Kolonie und forderten nicht nur zahlreiche deutsche Siedler als Opfer, sondern stellten die Kolonialregierung vor große Probleme.

Major Theodor Leutwein – später erfolgreicher Gouverneur in Deutsch-Südwestafrika – hatte, wie kein anderer vor und nach ihm, feines Fingerspitzengefühl für die Verhandlungstaktik mit den verschiedenen Stämmen bewiesen. Es gelang ihm in vielen Fällen, Frieden zu stiften, zu bewahren oder das ärgste Unheil zu verhüten.

Die deutsche Kolonialverwaltung befand sich zwangsläufig in einem Dilemma, weil sie mit den Häuptlingen sogenannte »Schutzverträge« abschloß, die die Basis für das friedliche Zusammenleben nicht nur zwischen den Weißen und Eingeborenen, sondern vor allem auch zwischen den einzelnen Stämmen bilden sollten. Das wurde zu einem Problem, das immer mächtiger und unlösbarer wurde, je entschiedener man in Berlin den Gebrauch von Waffengewalt ablehnte. Man versuchte daher, einige Offiziere und Unteroffiziere in Kapstadt anzuheuern, die mit Eingeborenen eine Art Exekutive bilden sollten, was sich aber in keiner Hinsicht bewährte.

Reichskommissar Dr. Heinrich Göring, dessen Sohn dann als Luftwaffenmarschall Hitlers in die Geschichte einging, kam in arge Schwierigkeiten und mußte mit seinen wenigen Bewaffneten aus dem Landesinneren an die Küste flüchten. Berlin entsandte zuerst nicht mehr und nicht weniger als 21 Mann »Schutztruppe«, die theoretisch für die Sicherheit eines Landes zuständig waren, das doppelt so groß wie das damalige Deutsche Reich war.

Erst viel später, bei Beginn der großen Aufstände und Kriege, wurde die »Deutsche Schutztruppe« – kenntlich durch ihre auf einer Seite aufgebogenen Schlapphüte – aufgestockt und sogar mit Artillerie und Maschinengewehren ausgerüstet. Die Schutzverträge durften ja nicht nur auf dem Papier bestehen. Konnte man dem Vertragspartner den vertraglichen Schutz nämlich nicht gewähren, war das Vertrauen der Stämme in Gefahr, und es wäre alles in blutiger Anarchie zusammengebrochen, was man mühsam aufzubauen begonnen hatte. Es kam zu militärischen Einsätzen der »Schutztruppe«, die selbst auch starke Verluste erlitt. Wortreich und überschwenglich in den Ausdrücken fand der Schriftwechsel zwischen den Häuptlingen und den Offizieren der Schutztruppe statt.

Diese Dokumente sind fast alle noch unversehrt erhalten geblieben und zeigen deutlich Geist und Einstellung der Verantwortlichen auf beiden Seiten:

Okahandja, den 20. Mai 1890
An den Kapitän Hendrik Witbooi!
Ich höre aus dem Namaland, daß Du beabsichtigst, Krieg gegen die Hereros zu führen, so wie Du das bisher getan hast, Werfte abzuschießen und Beester zu rauben.
Aber die deutsche Regierung kann es nicht lange mehr ansehen, daß Du das Land und Volk, welches unter deutschem Schutz steht, immer und immer beunruhigst, so daß Arbeit, Handel und Wandel leiden. Sie wird dies mit allen Mitteln zu verhindern suchen, um den Frieden, der dem ganzen Land Not tut, wieder herzustellen.
Ich bitte Dich aber, laß ab von dem ewigen Kriegführen, mache Frieden mit den Hereros und ziehe wieder nach

Gibeon! Ich, oder ein später an meine Stelle tretender Kommissar werden gerne bereit sein zu vermitteln, um die Freundschaft herzustellen. Daß die englische Regierung uns in unserem Bestreben, den Frieden herzustellen, beisteht, wirst Du zu Deinem Nachteil erfahren haben, indem sie Deine Munition in British Betschuanaland gestoppt hat.

Daß die deutsche Regierung ganz andere Macht besitzt, Dir zu schaden, wirst Du wohl einsehen. Darum nochmals ersuche ich Dich ernstlich, mache Frieden, wenn Du Dich, Dein Land und Deine Leute erhalten willst.

Indem ich Dich ersuche, mir umgehend nach Rehoboth Antwort zu schreiben, bin ich

gez. Dr. Heinrich Göring e. h.

Die Stammeshäuptlinge vertrugen diesen Ton nicht immer und waren erbost über Vorschriften, die man ihnen in ihrem eigenen Land machen wollte. Bei einem Überfall auf eine deutsche Proviantkolonne wurde der 8ojährige Hendrik Witbooi dann später durch einen Oberschenkelschuß arg verletzt und starb kurz darauf an Blutvergiftung. Die Häuptlinge waren im allgemeinen recht eigenartige Persönlichkeiten mit einem ganz spezifischen Rechtsempfinden. Sie fühlten sich durchaus nicht als Rebellen oder Räuber, sondern sahen es als ihr unverbrüchliches Recht an, zu kämpfen, zu morden und zu rauben. Das Deutsche Reich, der Kaiser oder Reichskanzler, das waren für die Häuptlinge nicht begreifbare Begriffe. Für einen Häuptling zählte nur die Person, die den Vertrag mit ihm unterzeichnet hatte. Dieser Person gegenüber fühlte er sich durch sein Versprechen und seine Unterschrift in Treue verbunden. Wurde der Betreffende aber abgelöst und reiste nach Deutschland zurück, so war für den Häuptling auch der ganze Vertrag hinfällig.

Als Generalleutnant Lothar von Trotha mit 56 Jahren als Oberkommandierender nach Deutsch-Südwestafrika kam, hatte er bereits Kolonialpraxis hinter sich. Er hatte in Deutsch-Ostafrika den Wahehea-Aufstand erfolgreich niedergeschlagen und sich auch bei Unruhen in China einen Namen gemacht. Gouverneur Leutwein galt als zu weich in der Frage der Kriegführung, weil er immer an künftige Situationen der Kolonie dachte. Er hatte auch Vorstellungen von Reservaten, die weißen Siedlern vorbehalten bleiben sollten, genau die entgegengesetzte Ansicht von der der Militärs. Leutwein versuchte auch, Eingeborene durch Eingeborene bekämpfen zu lassen, was im Generalstab absolut keine Billigung fand. Leutwein blieb zwar Gouverneur, als Trotha eintraf, aber der General kümmerte sich um die Administration herzlich wenig und ging unbekümmert um alle Proteste seinen harten Weg, um jeden Widerstand zu brechen, wo er sich ihm entgegenstellte. Die »Schutztruppe« hatte zu dieser Zeit bereits ihren abenteuerlichen Ruf in der Heimat, so daß es an Freiwilligen nicht mangelte. Grundsätzliche Voraussetzung für die Aufnahme waren die Tropentauglichkeit und handwerkliche Berufskenntnisse, die in der Kolonialarmee immer dringender gebraucht wurden. So war es eine Selbstverständlichkeit, daß die Soldaten nicht nur mit ihren Waffen, sondern auch mit ihrem Handwerkszeug den Dienst in der Schutztruppe antraten.

Nachdem die Hottentotten im Süden des Landes in die Knie gezwungen worden waren und Hendrik Witbooi tot war, galt es, die räuberischen Hereros mit ihrem gefährlichen Führer Maharero ein für allemal zu schlagen, damit endlich Friede ins Land käme. Am Waterberg sollte es dann zur entscheidenden Schlacht kommen. Trotha war kein Freund von Verhandlungen oder diplomatischen Methoden, er war Soldat und betonte dies auch immer wieder. Für ihn gab es nur eine Lösung von Problemen, indem man mit Brachialgewalt Ordnung schaffte. So galt es auch nicht, die Hereros am Waterberg zu schlagen, sondern das ganze Volk der Hereros sollte vernichtet und ausgelöscht werden. Der deutsche General befand sich da im argen Widerspruch zur Rheinischen Mission, die zwar weitaus bessere Kenntnisse über die verschiedenen Stämme und deren Probleme hatte, aber auch nicht immer imstande war, die Häuptlinge vom Krieg gegeneinander abzubringen. So versuchte die

Rheinische Mission, an die Hereros einen Hirtenbrief abzuschicken, worin sie aufgefordert wurden, ihre Waffen niederzulegen und Frieden zu halten. Trotha verbot die Weiterleitung des Briefes, worauf sich die Mission direkt an den Reichskanzler in Berlin wandte, von wo dann von Bülow ein Machtwort sprach und Trotha diese Vermittlungsversuche nahelegte. Doch zwischen Kirche und Militär gab es damals in Südwestafrika keine Brücke. Trotha war überzeugt, daß man den bisherigen kriegerischen Umtrieben ein hartes Ende setzen mußte. Er erließ eine Proklamation, deren Inhalt für sich spricht.

Otjisombongwe, den 2. Oktober 1904
»Ich, der große General der deutschen Soldaten, sende diesen Brief an das Volk der Hereros. Hereros sind nicht mehr deutsche Untertanen. Sie haben gemordet, gestohlen, haben verwundeten Soldaten Ohren und Nasen und andere Körperteile abgeschnitten und wollen jetzt aus Feigheit nicht mehr kämpfen. Ich sage dem Volke, jeder, der einen der Kapitäne bei einer meiner Stationen als Gefangenen abliefert, erhält 1000 Mark, wer Samuel Maharero bringt, 5000 Mark. Das Volk der Hereros muß jetzt das Land verlassen. Wenn das Volk dies nicht tut, so werde ich mit dem großen Rohr es dazu zwingen. Innerhalb der deutschen Grenze wird jeder Herero, mit oder ohne Gewehr, mit oder ohne Vieh, erschossen.
Ich nehme keine Weiber und keine Kinder mehr auf, treibe sie zu ihrem Volk zurück oder lasse auf sie schießen. Das sind meine Worte an das Volk der Hereros.

von Trotha«

Aber nicht nur das. Trotha gab an seine Truppen noch einen gesonderten, schriftlichen Befehl, in dem es wörtlich als Erläuterung zur vorstehenden Proklamation hieß:

»Dieser Erlaß ist bei den Appells den Truppen mitzuteilen mit dem Hinzufügen, daß auch der Truppe, die einen Kapitän fängt, die entsprechende Belohnung zuteil wird und daß Schießen auf Weiber und Kinder so zu verstehen ist, daß über sie hinweggeschossen wird, um sie zum Laufen zu zwingen. Ich nehme mit Bestimmtheit an, daß dieser Erlaß dazu führen wird, keine männlichen Gefangenen mehr zu machen, aber nicht zu Greueltaten gegen Weiber und Kinder ausartet. Diese werden schon fortlaufen, wenn zweimal über sie hinweggeschossen wird. Die Truppe wird sich des guten Rufes der deutschen Soldaten bewußt bleiben.

Das Kommando:
gez. von Trotha
Generalleutnant«

Über die Echtheit dieser Proklamation bestehen kaum Zweifel, denn der Reichstagsabgeordnete Bebel hat am 1. Dezember 1906 den Wortlaut im Reichstag verlesen, und der anwesende Leiter der Kolonialabteilung des Außenministeriums – Dernburg – hat mit keinem einzigen Wort widersprochen. Nicht nur der ungeheuerlich anmutende Wortlaut, sondern vor allem die Anwendung und Ausführung kommen einem Holocaust, einem grauenhaften Völkermord gleich. Am Waterberg waren von der Schutztruppe etwa 85.000 Hereros zusammengetrieben und eingekesselt worden, aber nicht nur Krieger, sondern auch Frauen, Kinder und Greise mit all ihrem Vieh. Es gab kein Entrinnen, denn die Deutschen Schutztruppen hatten nur ein »Loch« freigehalten, einen trostlosen Ausweg, der in die nahezu wasserlose Omaheke (Sandfeld) – die Ausläufer der Kalahariwüste – mündete. Das Vieh konnte nicht mitgenommen werden, und die am Rand befindlichen intakten Wasserlöcher waren bereits mit Soldaten besetzt worden, die jeden Näherkommenden unter Feuer nahmen. So begann der Todesmarsch für das Hererovolk, immer wieder unterbrochen von aufpeitschenden Schüssen, gesäumt von zahlreichen Verwundeten und Toten. Immer wieder versuchten die Flüchtlinge, mit harten Gegenständen Löcher in den heißen Boden zu graben, um Wasser zu finden, aber es war vergeblich. Sie starben ohne Erbarmen, die Frauen und Kinder meist zuerst. Aber auch die harten Krieger verloren schnell ihre Kraft, und es kam zu unbeschreiblichen Wahnsinnstaten auf diesem Todesmarsch, wenn die halbverdursteten Menschen sich gegenseitig anfielen und umbrachten, weil sie die Wahnvorstellung hatten, den deutschen Soldaten gegenüberzustehen.

Vom stolzen Hererovolk blieben knappe 15.000 Menschen am Leben, die das Glück hatten, das Blut von erbeuteten Tieren, denen sie die Schlagadern am Hals aufbissen, gierig austrinken, Schlangen essen oder tagelang irgendwelche Pflanzen kauen zu können. Es schien wie ein Wunder, daß überhaupt jemand diesen von Generalleutnant Trotha angeordneten Todesmarsch überstehen konnte.

Es war keine Frage, daß die Hereros hatten bekämpft werden müssen, weil sie einen regelrechten Räuberkrieg entfacht hatten und eine tödliche Bedrohung für alle darstellten. Die dabei aber angewandte Methode schoß weit über das Ziel hinaus. Daß damit dem »heldenhaften« Ruf der Deutschen Schutztruppe kein guter Dienst erwiesen wurde, wagte man erst Jahrzehnte später offen zu sagen. Samuel Maharero erreichte mit einer kleinen Gruppe seiner Getreuen die Ufer des Ngamisees, wo er ohne Häuptlingswürde am 14. März 1923 starb und im selben Jahr in einem verzinkten Sarg nach Okahandja übergeführt wurde. Sein Grab wurde für die Hereros bis zum heutigen Tag zum Wallfahrtsort, denn für sein Volk blieb er der größte Häuptling, den es je im Hereroland gegeben hatte.

Beinahe 2000 Angehörige der Schutztruppe waren gefallen und mehr als 700 Mann an Typhus, Ruhr und Malaria gestorben. 250 deutsche Farmer und deren Angehörige hatten bei Überfällen durch die Eingeborenen den Tod gefunden. Deutschland mußte 435 Millionen Mark in diese militärischen Operationen investieren, das war die traurige Bilanz. Trothas Proklamation fand in der Heimat wenig Verständnis und mußte bald wieder zurückgenommen werden, weil sich die öffentliche Meinung empörte. Er mußte wieder Gefangene machen, die hauptsächlich beim Bahnbau eingesetzt wurden. Durch Aufrufe versuchte man weiters, die Flüchtlinge zu bewegen, ohne Waffen in Auffanglanger zu kommen, wo man ihnen Verpflegung und Kleinvieh zusicherte.

Hatte die deutsche Kolonialregierung zuerst versucht, nach britischen Kolonialrezepten einen Stamm gegen den anderen auszuspielen, so wurde nunmehr ein strenges Verwaltungsregime eingerichtet. Die Eingeborenen mußten ständig Kontrollmarken bei sich tragen – ähnlich den Hundemarken – und durften das Stammesgebiet ohne Erlaubnis der Behörden nicht verlassen. Die Hereros, deren Leben ohne Rinderherden undenkbar war, mußten den Großteil ihrer Rinder abgeben, um ihr Wiedererstarken zu verhindern. Die so erbeuteten Hererorinder wurden für einen Spottpreis an Farmer weitergegeben.

Die ausgeschriebenen Kopfprämien für die Ablieferung von Hererokapitänen in Höhe von 1000 Mark brachten keinen Erfolg, weil die Stämme nicht bereit waren, ihre Häuptlinge für Geld an die deutschen Offiziere auszuliefern. Diese europäische »weiße« Denkart fand bei den Hereros keine Gegenliebe.

Wie an die Hereros hatte der stramme General auch an die Hottentotten eine Proklamation erlassen:

»An die aufständischen Hottentotten:
Der mächtige, große deutsche Kaiser will dem Volk der Hottentotten Gnade gewähren, daß denen, die sich freiwillig ergeben, das Leben geschenkt werde. Nur solche, welche bei Beginn des Aufstandes Weiße ermordet oder befohlen haben, daß sie ermordet werden, haben nach dem Gesetz ihr Leben verwirkt. Dies tue ich Euch kund und sage ferner, daß es den wenigen, welche sich nicht unterwerfen, ebenso ergehen wird, wie es dem Volk der Hereros ergangen ist, das in seiner Verblendung auch geglaubt hat, es könne mit dem mächtigen deutschen Kaiser und dem großen deutschen Volk erfolgreich Krieg haben. Ich frage Euch, wo ist heute das Volk der Hereros, wo sind heute seine Häuptlinge? Samuel Maharero, der einst Tausende von Rindern sein eigen nannte, ist, gehetzt wie ein wildes Tier, über die englische Grenze gelaufen; er ist so arm geworden wie der ärmste der Feldherero und besitzt nichts mehr. Ebenso ist es den anderen Großleuten, von denen die meisten das Leben verloren haben, und dem ganzen Volk der Hereros ergangen, das teils im Sandfeld verhungert und verdurstet, teils von deutschen Reitern getötet, teils von

den Ovambos gemordet ist. Nicht anders wird es dem Volk der Hottentotten ergehen, wenn es sich nicht freiwillig stellt und seine Waffen abgibt. Ihr sollt kommen mit einem weißen Tuch an einem Stock mit Euren ganzen Waffen, und es soll Euch nichts geschehen. Ihr werdet Arbeit bekommen und Kost erhalten, bis nach Beendigung des Krieges der große deutsche Kaiser die Verhältnisse für das Gebiet neu regeln wird. Wer hiernach glaubt, daß auf ihn keine Gnade Anwendung findet, der soll auswandern, denn wo er sich auf deutschem Gebiet blicken läßt, da wird auf ihn geschossen werden, bis alle vernichtet sind.

Für die Auslieferung an Ermordung Schuldiger, ob tot oder lebendig, setze ich folgende Belohnung:

Für Hendrik Witbooi 5000 Mark, Stürmann 3000 Mark, Cornelius 3000 Mark, für die übrigen schuldigen Führer je 1000 Mark. gez. von Trotha

22. April 1905«

Auch diese Kopfpreisaufforderung, für die Auslieferer ein Vermögen, blieb wirkungslos und verlockte keinen einzigen Hottentotten, für die Deutschen den Henkersknecht zu spielen. Die zur Schau gestellte preußische Arroganz fand weder Erfolg noch Verständnis. Ruhmesblatt hat Trotha der südwestafrikanischen Kolonialgeschichte keines beigefügt, obwohl jahrzehntelang niemand wagte, an seinen Methoden Kritik zu üben.

Die Regierung hatte großes Interesse, Farmer ins Land zu bekommen, und förderte alle, die dieses Risiko auf sich nehmen wollten. Man rechnete durchschnittlich mit einem Kapital von etwa 20.000 Mark für eine Farmgründung: für das Material des Hausbaues, die Anschaffung von einigen Tieren als Grundausstattung und die nötigen Werkzeuge und Geräte. Dazu kamen noch der Kaufpreis für das Farmland, etwa 1.00 bis 1.50 Mark pro Hektar, der an die Regierung zu bezahlen war, sowie der Lebensunterhalt für zwei Jahre, weil erst im dritten Jahr mit einem Ertrag gerechnet werden konnte. Deutsche, die als Wehrpflichtige ihren Dienst in der Kolonialarmee absolviert hatten, bezahlten pro ha lediglich 0.30 Mark, und ehemalige

»Schutztruppler« erhielten 5000 Hektar kostenlos über-
eignet. Außerdem standen ihnen staatliche Kredite mit
günstigen Konditionen neben Naturalhilfen in Form von
Hausbaumaterial und Rindern zur Verfügung. Besonders
an Wehr-Farmern war man interessiert, weil diese ehemaligen »Schutztruppler« kampferprobt waren und mit der
Waffe umgehen konnten. Aber auch viele Bauern in
Deutschland entschlossen sich für diesen abenteuerlichen
Weg, der trotz des Risikos einen weitaus besseren Ertrag
und ein freieres Leben versprach.

Feldbau (Ackerbau) war nur in den nördlicheren Gebieten möglich (= 1,1 Prozent der Gesamtfläche SWA/
Namibias), während auf dem überwiegenden Großteil des
Weidelandes Viehzucht (Schaf- und Rinderzucht) betrieben
wurde.

Heute halten etwa 5000 Farmer (mit 50.000 Beschäftigten) fünf Millionen Karakulschafe und fast zwei Millionen
Rinder, die größtenteils für den Export in die Republik
Südafrika sowie nach Europa vorgesehen sind. Farmen mit
einem Ausmaß von 20.000 Hektar – und darüber – sind in
SWA/Namibia keine Seltenheit, doch ist dies bei den oft
geringen Niederschlägen eine Frage des Überlebens. Fut-
termangel und gedrückte Fleischpreise wegen des Überan-
gebotes in den Dürrejahren können manchen Farmer zur
Verzweiflung und an den Rand der Existenz bringen. Es
hat bereits Genossenschaften gegeben, die in SWA/Nami-
bia Fleischverarbeitungsfabriken gebaut haben, weil der
Export von Fleischkonserven bei den hohen Frachtsätzen
weitaus günstiger ist als der sonst übliche Lebendviehex-
port. Doch sind diese Konservenfabriken aus rätselhaften
Gründen zum Teil wieder geschlossen worden, ohne daß
man die Hintergründe kennt. Ob das damit zusammen-
hängt, daß die Eisenbahnen in SWA/Namibia der Republik
Südafrika gehören? Da auch die Vieheinkaufsfirmen aus
Südafrika kommen, sind die Farmer vom südafrikanischen
Markt doppelt abhängig. Ohne diesen Markt aber sind die
namibischen Farmer kaum lebensfähig.

Bis zum bitteren Ende
von Deutsch-Südwestafrika

Sobald die Schutztruppen die Aufstände im Lande endgültig niedergeschlagen hatten, ging die Reichsregierung daran, aus Budgetgründen die Truppenstärke in Südwestafrika radikal zu reduzieren. Noch kurz vor Beginn des Ersten Weltkrieges erhob der deutsche Generalstab warnend seine Stimme und verwies auf die äußerst verwundbare militärische Position in der Kolonie Deutsch-Südwestafrika, die im Kriegsfall den Verlust von Deutsch-Südwestafrika bedeuten könnte, weil mit den verbliebenen geringen Kräften keine wirksame Verteidigung möglich sei. Die Diplomaten winkten jedoch ab und meinten, daß im Kriegsfall über das Schicksal der Kolonien in Europa und nicht in Afrika entschieden würde.

In Deutsch-Südwestafrika bildeten 2000 Mann mit zwei Dutzend Geschützen und zwei uralten Flugzeugen die Streitmacht, die allerdings um weitere 3000 Reservisten verstärkt werden konnte. Das war aber kein Gegengewicht zu Südafrika, das nicht nur die zehnfache Anzahl an Soldaten mobilisieren konnte, sondern dazu eine komplette englische Division am Kap stationiert hatte. Diese waren mit 2500 Kraftfahrzeugen aller Art wesentlich beweglicher als die Schutztruppe der Deutschen. Alle diese Befürchtungen erfüllten sich, als am 1. August 1914 der Erste Weltkrieg ausbrach und wenige Tage später bereits mit der Mobilmachung in Südwestafrika begonnen wurde. Vor allem galt es, die Südgrenze zu Südafrika am Oranje-Fluß abzusichern. Dazu evakuierte man einen 50 km breiten Sicherheitsstreifen.

In einer Parlamentssondersitzung hatten sich die Südafrikaner zur Teilnahme am Weltkrieg auf der Seite

Großbritanniens entschlossen und begannen mit der Mobilmachung. Mit fünf Schiffen landeten die Südafrikaner wenig später in der Lüderitzbucht und drangen, ohne Widerstand vorzufinden, von diesem Brückenkopf aus langsam weiter in die deutsche Kolonie vor. Die Zivilbevölkerung der Hafenstadt wurde auf die Invasionsschiffe verfrachtet und hierauf in Südafrika interniert. Ein südafrikanisches Bataillon überschritt beim Oranje-Fluß die Grenze, erlitt aber bei Sandfontein eine Niederlage und mußte sich ergeben. Die Schutztruppe der Deutschen wurde geteilt, um die bedrohte Südgrenze und auch die langsam von der Lüderitzbucht aus vordringenden Südafrikaner bekämpfen zu können.

Während dieser Zeit ereignete sich in Südafrika ein Burenaufstand, der nicht ohne Folgen auf die weiteren Kampfhandlungen blieb. Gegen den Parlamentsbeschluß – Teilnahme am Krieg durch Südafrika – gab es trotz des positiven Abstimmungsergebnisses in beiden Häusern in weiten Burenkreisen Widerstand, der den südafrikanischen Oberkommandierenden General Beyers zurücktreten ließ. Auf seiner Seite stand auch General Delarey, dessen Chauffeur bei einem Kontrollposten nicht anhielt, worauf geschossen und der General getötet wurde. Es kam zu Unruhen unter den Buren, und etliche Militäreinheiten lehnten sich offen gegen die britische Kap-Regierung auf. Oberstleutnant Maritz, ein sehr enger und vertrauter Freund des Generals, marschierte mit seiner Einheit geschlossen nach Deutsch-Südwestafrika, wo er sich mit den Schutztruppenoffizieren verständigte und auf der Seite der Deutschen blieb.

Aber nicht nur die Südafrikaner bedrängten die Deutschen in Südwestafrika, sondern im Norden machten sich auch die Portugiesen bemerkbar. Die Deutschen waren an der Küste durch die englisch/südafrikanische Seeblockade abgeschnitten, und nur gelegentlich kamen Blockadebrecher bis nach Swakopmund durch. So war es naheliegend, über die Portugiesen im nördlichen Nachbarland Angola eine Hintertüre für den Nachschub zu öffnen. Dazu ritten Oberleutnant Lösch und der Bezirksamtmann Dr. Schultze-Jena in Begleitung von acht schwarzen und vier weißen Soldaten auf offizielle Einladung durch den Kommandanten des Forts Naulila zu Verhandlungen in diese portugiesische Grenzbefestigung. Die ganze Gruppe wurde jedoch von den Portugiesen in einen Hinterhalt gelockt und niedergemacht. Kurz vor Weihnachten übte deshalb ein Regiment der Schutztruppe Vergeltung und eroberte die portugiesische Grenzbefestigung im Handstreich. 185 tote und verwundete Portugiesen blieben liegen, der Rest der Besatzung floh panikartig nach Norden, während die Deutschen 12 Feldkanonen, 15 Tonnen Munition und sonstiges Kriegsmaterial sowie beachtliche Verpflegungsvorräte erbeuteten und über die Grenze zurück nach Südwestafrika transportierten. Mit diesem Vergeltungsschlag trat Ruhe an der Nordgrenze ein, die Portugiesen versuchten nie mehr wieder, militärisch in Aktion zu treten. Andererseits mußte aber auch die Hoffnung begraben werden, über Portugiesisch-Angola, das nicht am Weltkrieg teilnahm, Nachschub hereinzubekommen.

Die südafrikanischen Truppen gingen langsam nach generalstabsmäßigen Grundsätzen vor und landeten in Swakopmund und Walfischbucht, nachdem die Küste von den Deutschen kampflos geräumt worden war, weil man außerhalb des Bereiches der schweren Schiffsartillerie bleiben wollte. Vorsichtig wurde jede errungene Position von den Südafrikanern ausgebaut und abgesichert, dann erst drang man weiter nach Südwestafrika ein. Das Kräfteverhältnis und Übergewicht zwischen den südafrikanischen und deutschen Truppen war generell 10 : 1, und selbst bei kleineren Gefechten wie bei Pforte-Jokalswater-Riet 3 : 1, so daß an einen ernsthaften Widerstand nicht gedacht werden konnte. Die Order aus Berlin lautete, den Vormarsch der Südafrikaner soweit als möglich zu hindern und Zeit zu gewinnen, damit die südafrikanischen Truppen so lange als möglich im südlichen Afrika gebunden bleiben sollten und nicht für den europäischen Kriegsschauplatz abgezogen werden konnten.

Sobald die Südafrikaner mit ihrer Kavallerie Kalkfontein besetzt hatten, trat General Smuts mit seiner Armee den Vorstoß auf Keetmanshoop an, was die Deutschen veranlaßte, rechtzeitig wertvolles Material in den Norden zu evakuieren, damit es nicht in die Hände der Feinde fiel.

Wie die Südafrikaner mit ihrem Burenaufstand fertig werden mußten, machte den Deutschen der Basteraufstand 1915 Schwierigkeiten. Der Name klingt zwar abfällig, doch ist dies die offizielle Bezeichnung (Rehoboth-Baster) für Mischlinge, die von weißen Vätern und Hottentottenmüttern abstammten. Sie bezeichnen sich selbst so und lehnen es ab, als »Farbige« bezeichnet zu werden. Die Ursache für diese Rassenmischung war der akute Frauenmangel. Um 1903/1904 befanden sich in ganz Südwestafrika insgesamt 725 weiße Frauen, die zum überwiegenden Teil schon verheiratet waren. In dieser Not entschlossen sich nicht wenige weiße Männer, eine Lebensgemeinschaft mit einem Hottentottenmädchen einzugehen, was zu den »Bastern« (Mischling) führte, die übrigens eine sehr enge Bindung zu den Missionen hatten, sich gegenüber den Deutschen loyal verhielten und unter der Führung der Schutztruppen an der Niederschlagung so manchen Aufstandes entscheidend mitgekämpft haben. Sobald die südafrikanischen Truppen aber näherkamen, wollten sich die jungen »Baster« auf die andere Seite – zu den Südafrikanern – schlagen, was schließlich in offene Befehlsverweigerung und Rebellion ausartete. Als die Schutztruppe die Bastersoldaten entwaffnen mußte, kam es zu Schießereien. Sechs Farmer fielen diesen meuternden Mischlingen zum Opfer, bis sich im Zuge der Kampfhandlungen gegen die Südafrikaner die deutschen Truppen aus dem Baster-Siedlungsgebiet in den Norden zurückziehen mußten und das Problem so sein Ende fand.

Wieder war der Waterberg zum Schicksalsort bestimmt, wie einst bei der Herero-Vernichtungsschlacht.

Diesmal hatten sich dort die Deutschen verschanzt, während die Südafrikaner mit Fahrzeugkolonnen Wasser und Nachschub durch das wasserlose Sandfeld karrten. Die militärische Lage wurde immer aussichtsloser, und nach einigen vergeblichen Waffenstillstandsversuchen konzentrierte sich die Schutztruppe bei Khorab. Es kam am 4. Juli 1915 zum letzten Gefecht, und am darauffolgenden Tag wurde auch die Minenstadt Tsumeb von den Südafrikanern besetzt. Genau bei Kilometer 500 der Otavibahn fanden schließlich zwischen dem südafrikanischen General Botha und dem deutschen Gouverneur in einem Militärzelt am 9. Juli 1915 die letzten Besprechungen statt. Die Kapitulation und Übergabe wurde in einem 11-Punkte-Abkommen festgelegt, das von Louis Botha (Generaloberkommandierender der Truppen der Union von Südafrika im Felde), Seitz (Kaiserlicher Gouverneur von D. S. W. Afrika) und Franke (Oberstleutnant und Kommandeur der Schutztruppe für S. W. A.) unterzeichnet worden ist.

Spezifisch für die damalige Zeit wurden die Bedingungen ritterlich und fair paraphiert; so hieß es z. B. in Punkt 2: ». . . behalten die Offiziere der aktiven Schutztruppe ihre Waffen und dürfen im Falle der Abgabe ihres Ehrenwortes an dem Platz leben, den sie sich aussuchen. Wenn die Regierung der Union von Südafrika aus irgendeinem Grund den erbetenen Aufenthaltsort nicht genehmigen kann, ist ein anderer Ort zu wählen, gegen den keine Bedenken bestehen.«

Im Punkt 3 wurde festgelegt: »Alle anderen Angehörigen der aktiven Schutztruppe werden unter entsprechender Bewachung an einem von der Unionsregierung auszusuchenden Platz im Schutzgebiet interniert. Jeder aktive Unteroffizier und Mann erhält die Erlaubnis, sein Gewehr, aber keine Munition zu behalten. Je ein Offizier der Artillerie, der übrigen aktiven Truppe und der Polizei erhält die Erlaubnis, gemeinsam mit der Truppe interniert zu werden.«

Das waren noch Sitten, um einen Krieg zu beenden!

Jedenfalls hatte die zahlenmäßig schwache Schutztruppe 35.000 Südafrikaner bis Mitte 1915 in Afrika festgehalten, was der eigentliche Sinn und Zweck des deutschen Generalstabsbefehls war. Die in Uniform angetroffenen Reservisten wurden von den Südafrikanern kurz darauf zu ihren Familien und in ihre Berufe heimgeschickt; nur die Polizei und die aktive Schutztruppe landeten für die Dauer des Weltkrieges in einem Internierungslager bei Aus, in der Nähe der Lüderitzbucht. Die ehemalige Kolonie wurde nunmehr vom südafrikanischen Militär verwaltet und unterstand somit hoheitsrechtlich der Kap-Regierung. 1920 wurde die Hälfte der Deutschen aus Südwestafrika teils auf eigenen Wunsch, teils mit Gewalt nach Deutschland deportiert. Erst nach Beendigung des Ersten Weltkrieges wurde nach dem Friedensvertrag von Versailles 1919/1920 Südwestafrika vom damaligen Völkerbund als »C-Mandat« der Südafrikanischen Union zugesprochen. Unter dem »C-Mandat« verstand man Gebiete, die denjenigen Ländern überantwortet wurden, die sie bei Kriegsende besetzt hielten, mit dem ausdrücklichen Hinweis, daß diese Mandatsgebiete als integrale Bestandteile dieser Länder administriert und soweit als möglich einer Unabhängigkeit und Selbständigkeit nähergebracht werden sollen.

Das war das Ende der abenteuerlich entstandenen deutschen Kolonie Deutsch-Südwestafrika und gleichzeitig der eigentliche Anfang für alle, bis in unsere Gegenwart hineinreichenden Miseren um Südwestafrika/Namibia. Es begannen staats- und völkerrechtliche Haarspaltereien von allen möglichen Seiten. Der Völkerbund existierte nämlich bis April 1946 de facto und de jure als internationales Völkerforum, aber ein halbes Jahr zuvor – am 24. Oktober 1945 – war bereits die UNO gegründet worden. Es scheint aber in keinen Statuten oder Grundsatzerklärungen auf, daß die UNO der offizielle Rechtsnachfolger des Völkerbundes war, was natürlich eine Übergabe von Verantwortungen nach sich gezogen hätte, die Einhaltung von Verpflichtungen betreffend. Es gab verschiedene Länder mit verschiedenen Ansichten in dieser grundsätzlichen Frage. Südafrika war jedenfalls der Überzeugung, daß die UNO *nicht* die Rechtsnachfolgeorganisation des »Völkerbundes« sei. Für die künftige Haltung Südafrikas war dieser Standpunkt, der allerdings von vielen westlichen Staaten nicht geteilt wird, sehr wesentlich, weil viele Beschlüsse davon abgeleitet wurden.

Bereits 1946 gab es einen Versuch Südafrikas, das Problem Südwestafrika auf dem kürzesten Weg zu regeln, als General Smuts der UNO mitteilte, daß Südwestafrika als fünfte Provinz der Südafrikanischen Union voll integriert und angeschlossen werden solle. Der Burengeneral berief sich dabei auf ein Referendum, worin sich die farbige und weiße Bevölkerung 6 : 1 für einen Anschluß an Südafrika ausgesprochen habe. Obwohl einige prominente Engländer als Afrikaexperten herangezogen wurden, um die rechtmäßige und faire Durchführung dieser Volksbefragung zu bezeugen, nahm diese Abstimmung auch im Westen niemand ernst. Die verschiedenen ethnischen Minderheiten befanden sich auf einem derart primitiven Bildungsniveau, daß sie nicht erkennen konnten, was ihre Stimmabgabe eigentlich bedeutete. Dieser plumpe Versuch konnte nicht über die politische Bühne gebracht werden, weil speziell Großbritannien, Frankreich und die USA mit dieser Lösung nicht einverstanden waren.

Es wurde weiter nach einer tragbaren Lösung gesucht, aber man hatte es nicht eilig dabei. 1951 strebte Südafrika mit den Westmächten ein Abkommen an, das später der UNO zur Legalisierung hätte vorgelegt werden sollen. Die Ablehnungsfront war jedoch starr, Südafrika rannte gegen eine Mauer. Dieser Versuch wurde einhellig verworfen und hatte realpolitisch auch keine Chance, den notwendigen internationalen Konsens zu finden.

1958 sollte ein UNO-Ausschuß Südwestafrika bereisen, um zu studieren, wie man die gemeinsame Basis für eine entsprechende Lösung dieses vielschichtigen Problems finden könne. Doch niemand kam.

1962 fand dann tatsächlich durch den für Südwestafrika zuständigen UNO-Vorsitzenden und seinen Stellvertreter ein Besuch in Südwestafrika statt. Die beiden Berichterstatter wurden im UNO-Forum aber wegen ihrer Äußerungen in dieser Frage zurechtgewiesen. Alles lief weiter wie bisher.

1966 gab es einen neuerlichen Höhepunkt, als der Internationale Gerichtshof die Klage abwies, daß Südafrika in Südwestafrika als Unterdrücker auftrete.

Die Folge dieses Urteils war, daß verschiedene Staaten auf eine neue personelle Zusammensetzung des Internationalen Gerichts bestanden. Ein Referendum in Südwestafrika, daß die Bevölkerung des Landes selbst über ihr Schicksal abstimmen könne, wurde mit dem Hinweis abgelehnt, daß die farbige Bevölkerung für eine derartige Abstimmung politisch noch nicht reif genug sei.

Der neubestellte Internationale Gerichtshof entschied aber im nächsten Anlauf, daß Südafrika widerrechtlich Südwestafrika »besetzt« halte. Das war immerhin der erste völkerrechtliche Entscheid in dieser Frage.

1972 traf Dr. Alfred Escher, der persönliche Vertreter des UNO-Generalsekretärs, in Südwestafrika ein und bestätigte in seinem Bericht, daß die ethnischen Minderheiten (er bezeichnete es als »regional identity«) in die Selbstbestimmung einbezogen werden sollten. Er wurde seines Amtes enthoben, und alles blieb, wie es war. Alle Versuche scheiterten, doch es muß zugegeben werden, daß das Unabhängigkeitsproblem SWA/Namibias durch die elf verschiedenen ethnischen Minderheiten weitaus komplizierter ist, als dies bei den anderen schwarzafrikanischen Staaten der Fall war. Da geht es nicht um verschiedene Stämme, die man unter einen Hut bringen muß, sondern in SWA/ Namibia handelt es sich um grundverschiedene »Völker« mit verschiedener Hautfarbe, verschiedener Kultur und historisch gewachsenen abgrundtiefen Feindschaften.

Die UNO und ihre Resolutionen

Die nach Beendigung des Zweiten Weltkrieges vehement einsetzende Entkolonialisierungswelle in Afrika hatte auf politischer Ebene Erfolge und brachte den ehemaligen Kolonien – die darauf völlig unvorbereitet waren – nacheinander Freiheit und Souveränität. Der Haß gegen die ehemaligen weißen Kolonialherren blieb jedoch erhalten oder vermehrte sich um so mächtiger, als diese jungen Staaten merkten, daß sie in neue wirtschaftliche und politische Abhängigkeiten schlitterten. Jedenfalls brachte jeder »befreite« neue Staat in die UNO-Familie eine zusätzliche Stimme, die bei den Abstimmungen höchst selten den westlichen Ländern gegeben wurde und im besonderen gegen Südafrika gerichtet war.

In diesem Zusammenhang wurde das Problem des »C-Mandates« Südafrikas für die ehemalige deutsche Kolonie Südwestafrika wiederholt zur Sprache gebracht. Mit der UNO-Generalversammlungsresolution 2145 vom 27. Oktober 1966 erkannte man das vom Völkerbund verliehene Mandat über das Gebiet Südwestafrika (Namibia) Südafrika ab. Man schuf im darauffolgenden Jahr (Resolution 2248 vom 19. Mai 1967) einen »Rat der Vereinten Nationen für Namibia«, der sich mit diesem Problem nun emsig zu beschäftigen begann. Südafrika verhielt sich eher halsstarrig und ignorierte lange Zeit die Beschlüsse und Resolutionen der UNO-Generalversammlung sowie des Sicherheitsrates. Man machte absolut keine Anstalten, dieses – laut Internationalem Gerichtshof – »widerrechtlich besetzte« Gebiet SWA/Namibia zu verlassen. Die UNO selbst untersuchte und analysierte die Namibia-Probleme durch die folgenden Aktivitäten:

1. Arden-Clark-Good-Offices-Ausschuß von 1958,
2. Carpio-de-Alva-Mission von 1962,
3. Escher-Initiative, die 1972 vom Sicherheitsrat beendet wurde.

Diese Untersuchungen fielen nicht zur Zufriedenheit der UNO aus, man schenkte den Ergebnissen keinen Glauben und maß den Erkenntnissen keine Bedeutung bei.

Mit der UNO-Resolution 3111 im Jahr 1973 und 31/146 aus dem Jahre 1976 der Generalversammlung wurde dann die SWAPO (South West Africa People's Organization) zum »einzigen authentischen Vertreter aller Völker Namibias« erklärt. Als politische Draufgabe und Aufwertung verkündete die UNO-Resolution 31/152 vom 10. Dezember 1976 außerdem noch das »permanente Beobachter-Status-Recht für die SWAPO«. Das waren äußerst gefährliche Entscheidungen mit unterschätzter Langzeitwirkung, die in den nachfolgenden Jahren Schwierigkeiten in den Verhandlungen und Positionen aufwarfen, weil dadurch die Unparteilichkeit der UNO ernstlich in Frage gestellt war. Für die SWAPO brachte dieser amtliche Freiheitsbrief nicht nur eine internationale politische Potenzierung, sondern es begann eine Fülle finanzieller Hilfsquellen verschiedener UNO-Gremien und Staaten aus Ost und West zu fließen. Aufgrund dieser »Blankovollmacht« kam die SWAPO dann zu verschiedenen Verhandlungen nicht nur mit einer gewissen Selbstsicherheit und »staatsrechtlicher« Gleichberechtigung, sondern auch mit unübersehbarer Arroganz. Aus den Verhandlungsprotokollen ist deutlich zu erkennen, daß die SWAPO merken ließ, daß sie es im Grunde genommen nicht nötig habe, über etwas zu verhandeln, das ihr von der UNO ohnehin zugestanden wurde. In einer Konfliktsituation – ganz gleich, wer die daran beteiligten Parteien auch sein mögen – haben aber *alle* Seiten ein legitimes Verlangen nach einem über der Sache stehenden Schiedsrichter. Das ist im Grunde genommen ja eine der Hauptfunktionen der UNO. Diese Schiedsrichterrolle im Falle SWA/Namibia hat die UNO aber durch die alleinige Anerkennung und Legalisierung der SWAPO abgegeben. Sie wurde in dieser eskalierenden Auseinandersetzung selbst Partei auf der einen, der SWAPO-Seite. Daß diese UNO-Anerkennung nur durch die Generalversammlung und nicht durch den Sicherheitsrat erfolgte, ist ein »politisch-kosmetischer« Fehler, der in den Auswirkungen völlig belanglos bleibt. In der Realpolitik macht es kaum mehr einen Unterschied, ob ein Staat eine Resolution oder Vollversammlung nicht beachtet oder ob Beschlüsse, Sanktionen oder sonstige Maßnahmen des UNO-Sicherheitsrates ignoriert und umgangen werden.

Man kann Südafrika den Vorwurf nicht ersparen, daß es in dieser politischen Frage allzu lange burisch-stur und untätig verharrte und erst 1975 mit einer Eigeninitiative begann, dem weltweiten internationalen politischen Druck nachzugeben und zumindest *eine* Alternative dem sanktionierten SWAPO-Machtanspruch entgegenzustellen: die »Turnhallenkonferenz«. In dieser sind alle elf ethnischen Völkergruppen von SWA/Namibia vertreten. Nicht nur die verschiedenen UNO-Resolutionen hingen zu der Zeit düster am politischen Himmel, sondern auch das Erkenntnis des Internationalen Gerichtshofes 1971, daß die Anwesenheit der Südafrikaner in SWA/Namibia illegal und ungesetzmäßig sei. Wegen der südafrikanischen Apartheidpolitik zogen auch gemäßigte und demokratische Länder jetzt mehr oder minder zögernd zur antisüdafrikanischen politischen Frontseite ab.

So kam es am 29. September 1978 zur berühmt gewordenen UNO-Resolution 435 des Sicherheitsrates, die als Lösung für diesen Konflikt angesehen und mit zwölf Stimmen und zwei Stimmenthaltungen (Sowjetunion und Tschechoslowakei) angenommen wurde. Die Volksrepublik China nahm an dieser Abstimmung nicht teil. Alles schien plötzlich möglich und machbar auf der Basis der Resolution 435.

Den wesentlichsten Punkt dieser Resolution bildete die Garantie einer freien und fairen Wahl in SWA/Namibia unter Aufsicht und Kontrolle der Vereinten Nationen, auf die gleich anschließend die Wahl einer verfassungsgebenden Versammlung folgen sollte. Um diese Garantie und Kontrolle zu gewährleisten, sollte während der »Übergangszeit« eine UNO-Truppe UNTAG (UN Transition Assistance Group) die Truppenentflechtung, die Kontrolle der Basen der beiden Seiten, die Truppenreduktion und deren Entwaffnung sicherstellen. Die Südafrikaner sollten nach einem genauen Plan ihre ca. 20.000 Mann Militär auf schließlich 1500 Soldaten reduzieren, während die SWAPO-Stützpunkte (speziell in Angola und Sambia) gleichfalls kontrolliert werden sollten. Der Zeitraum zwischen Waffenstillstand und Wahl sollte sieben Monate betragen, eine viermonatige Wahlkampfperiode aber allen an der Wahl beteiligten Parteien ausreichende Zeit bieten, um die Bevölkerung über ihre politischen Vorstellungen, Grundsätze und Programme zu informieren. Spätestens eine Woche nach der Wahl müßten alle südafrikanischen Truppen SWA/Namibia verlassen haben, und gleichzeitig würden auch die SWAPO-Stützpunkte aufgelöst. Flüchtlinge oder Exilnamibier müßten die Möglichkeit haben, rechtzeitig über bestimmte Grenzübergangsstellen in ihre Heimat zurückzukehren, während inhaftierte politische Gefangene amnestiert und freigelassen würden. An die 1200 zusätzliche UNO-Beamte sollten die zivile Administration intakt halten, während die UNTAG aus 9000 Mann bestehen sollte, nachdem es ursprünglich nur 2000 und später 7500 Mann hätten sein sollen.

Seit 1977 hatten sich die fünf Westmächte (USA, Frankreich, Kanada, Bundesrepublik Deutschland und England) eingeschaltet, um das SWA/Namibia-Problem schneller einer Lösung zuzuführen. Diese westliche »Kontaktgruppe« – kurz die »Fünf« – hat angeregt, daß Südafrika in SWA/Namibia einen »Generaladministrator« ernennen und installieren solle. Die »Fünf« begannen darauf zu dringen, daß die diskriminierenden Gesetze (Apartheid), die von Südafrika in SWA/Namibia noch praktiziert

74

wurden und Gültigkeit besaßen, abgeschafft wurden. Mit der Apartheidgesetzgebung wäre jede Wahl illusorisch geworden. Der von Südafrika entsandte Richter Martinus T. Steyn besaß nicht nur die unangefochtene richterliche Autorität, sondern auch das Vertrauen der Südwester aller Farbschattierungen. Politisch klug und taktvoll, schaffte er nahezu alle Apartheidgesetze (Reste bestehen noch) ab, und siehe da, das ganze System brach durchaus nicht zusammen. Auch viele Weiße waren froh, daß dieser Zündstoff aus dem öffentlichen Leben verschwunden war. Mag sein, daß dies auch als erste Etappe in der Abnabelung SWA/Namibias von Südafrika angesehen werden darf.

Der Finne Martii Ahtisaari wurde gleichzeitig zum UN-Kommissar für SWA/Namibia bestellt und besuchte in dieser Eigenschaft das Land, um sich selbst über die Möglichkeiten der Durchführung der Resolution 435 zu informieren.

So sehr sich der GA (Generaladministrator) M. T. Steyn auch durchzusetzen vermochte, rannte er aber in zwei Apartheidpunkten vergeblich gegen Mauern. Die Rassentrennung bei den weißen Krankenhäusern und weißen elitären Schulen vermochte er nicht einzureißen. Noch heute ist ein supermodernes »weißes« Krankenhaus in Windhoek nur zu einem geringen Teil belegt – ausschließlich mit Weißen –, und auch eine neue moderne höhere Schule (College) für 1500 Studenten wird nur von 150 weißen Schülern bevölkert. Für viele Weiße in Windhoek ist dies eine Grundsatzfrage für ihren weiteren Verbleib in SWA/Namibia, andere sehen in diesem Zustand einen Unfug, weil daneben das »schwarze« Krankenhaus von Katutura hoffnungslos überfüllt ist. Es wird zwar zugegeben, daß dieses schwarze Krankenhaus eines der modernst ausgerüsteten in ganz Schwarzafrika ist, versehen mit dem besten Personal. Aber es reicht mit seiner Kapazität nicht aus, während im »weißen« Hospital freie Betten vergeblich auf Patienten warten. Abgesehen davon ist es von der wirtschaftlichen Seite her unrentabel und widersinnig, das viele Personal für die nur gering ausgelasteten weißen Institutionen zu bezahlen. Im Norden von Namibia, in Rundu (Kavango), hat man anscheinend eine praktikable Kompromißlösung gefunden. Dort steht ein hochmodernes »schwarzes« Krankenhaus mit besten Geräten, Einrichtungen und besten Ärzten – also ein Beispiel mit umgekehrten Vorzeichen –, und diesem ist eine sogenannte »Privatabteilung« angeschlossen, wo die nach normalen Sätzen zahlenden Patienten weißer und anderer Hautfarbe untergebracht sind. Der Schwarze bezahlt nämlich pro Jahresquartal für seinen Krankenhausaufenthalt samt Operationen, Behandlung und Verpflegung und Bett kaum drei DM (umgerechnet), eher eine symbolhafte Geldsumme, die oftmals in Form von Naturalien (ein Huhn oder Stück Fleisch oder eine Schale mit Früchten oder Eiern) abgegolten werden kann. Man könnte es vom Prinzip her auch mit europäischen Krankenhäusern vergleichen, wo es neben der normalen Behandlungsklasse noch eine Sonderklasse gibt.

Der Sonderbeauftragte der UNO, Martii Ahtisaari, versuchte mit 50 Assistenten, die Wahlen für Dezember 1978 vorzubereiten. Zu dem Zeitpunkt hätte die SWAPO wahrscheinlich kaum eine Chance gehabt, die geplanten Wahlen in SWA/Namibia zu gewinnen, und deshalb verzögerte sie die weiteren Verhandlungen permanent. Auch Südafrika legte so manchen Knüppel in den Verhandlungsweg. Für die SWAPO ist eine unter UNO-Aufsicht geführte Wahl eine schwerwiegende Unterwerfung, weil ihr im Falle einer Wahlniederlage auch die von der UNO testierte authentische Alleinvertreterlegitimation nicht mehr helfen würde. Die Zeit jedoch arbeitet zweifellos für die SWAPO.

Innenpolitisch wurde die Situation in SWA/Namibia immer prekärer, so daß sich die DTA (Turnhalle-Allianz) sowie die Südafrikaner zu einer Flucht nach vorne entschlossen, um diese Wartephase zumindest auf eine tragbare Basis zu stellen. SWA/Namibia und Südafrika beschlossen,

1978 eine Wahl ohne UNO-Aufsicht durchzuführen, nachdem die SWAPO sich für diesen Wahltermin quergelegt hatte (UN-Bericht von Martii Ahtisaari). Man wußte zwar genau, daß diese Wahl ohne UNO-Aufsicht international nicht anerkannt werden würde, hielt diesen Schritt als Interimslösung aber dennoch für unumgänglich notwendig. Die offizielle Begründung für diesen Wahlalleingang lautete: »Obwohl die südafrikanische Regierung keine Türen schließen will, kann sie diese ausweglose Situation doch nicht bis ins Unendliche andauern lassen. Die SA-Regierung hat sich sehr ernsthaft mit allen Alternativmöglichkeiten befaßt unter Berücksichtigung der Konsequenzen dieser Entscheidung für die Bevölkerung Südwestafrikas sowohl als für Südafrika im allgemeinen. Das Kabinett ist zu dem Schluß gekommen, der Bevölkerung von SWA gemäß ihrem Wunsch die Möglichkeit zu geben, ihre eigenen Vertreter zu wählen. Dies wird auf der Basis einer allgemeinen Abstimmung in landweiten Wahlen geschehen, um eindeutig festzustellen, wer das Recht hat, für die Menschen Südwestafrikas zu sprechen.«

Es sollte ein Testballon hochsteigen, um einerseits der UNO zu beweisen, daß die »SWAPO-Alleinvertretung« nicht stimme, und gleichzeitig auch eine vorläufige innenpolitische Klärung herbeizuführen, da es in SWA/Namibia ja an die 40 politische Parteien gab; einige davon nicht viel größer, als eine Großfamilie Mitglieder hat.

Die SWAPO und NNF (Namibia National Front) reagierten auf diese Wahlankündigung sehr heftig, weil sie ihre Rechte unterlaufen sahen. Über befreundete Länder und deren Radiosender in Luanda (Angola), Brazzaville, Tansania und Äthiopien – aber auch mit verteilten Flugblättern – stießen sie Drohungen aus, daß sie gegen jeden Südwester, der sich an der ungesetzlichen Wahl beteilige, tätlich vorgehen würden.

Es ist schon in zivilisierten Ländern oft schwierig, Wahlen durchzuführen, weitaus komplizierter ist dies aber in Gebieten, in denen die Bevölkerung teilweise in völlig abgelegenen Dörfern haust und von Politik nichts weiß oder auch nichts wissen will. Solchen Menschen klarmachen zu können, was sie mit der Abgabe ihrer Wahlstimme bewirken, bleibt eine Illusion. Für diese Menschen hat einzig und allein der kleine oder große Häuptling im Dorf oder Stammesgebiet Gewicht und Bedeutung.

Die Wahl wurde durchgeführt, wobei man sorgfältig darauf achtete, daß Stimmen nicht zweimal abgegeben wurden. Jeder Wahlberechtigte mußte nach Stimmabgabe seine Hände in eine Flüssigkeit tauchen, die an der Haut haften blieb. Die Hände mußten dann zur Kontrolle in einen Kasten gesteckt werden, der die jetzt fluoreszierende Haut sofort aufleuchten ließ. Es kamen insgesamt nicht mehr als drei Fälle vor, wo jemand zweimal seine Stimme in den Kasten werfen wollte. In den Städten ersparte man sich mit Personalausweisen diese Kontrollprozedur.

Es herrschte trotz aller SWAPO-Morddrohungen eine beachtlich hohe Wahlbeteiligung von 81 Prozent. Dabei entfielen folgende Stimmen auf die nachstehend angeführten politischen Parteien:

82,18 Prozent auf die DTA (Demokratische Turnhalle-Allianz),

11,86 Prozent auf AKTUR (Aktionsfront zur Erhaltung der Turnhalle-Grundsätze),

2,78 Prozent auf die NCDP (Namibia Christelike Demokratiese Party),

1,77 Prozent auf die HNP (Wiedergegründete Nationale Partei),

1,39 Prozent auf die LF (Liberation Front/Befreiungsfront).

Dieser »Turnhalle«-Sieg erweckte natürlich große Hoffnungen im Lande, weil die Bevölkerung SWA/Namibias die SWAPO-Drohungen überhaupt nicht beachtet hatte und man daraus voreilige optimistische Schlüsse zog, daß dies eine Abkehr von der SWAPO bedeuten könnte. Bis zu einem gewissen Grad ließ das Wahlergebnis sicher innenpolitische Strukturen erkennen, was speziell in einem jungen Land interessant erscheint, das die ersten selbständigen demokratischen Gehversuche unternimmt.

Eine richtige Wahlwerbung hatte einzig und allein die DTA (Demokratische Turnhalle-Allianz) finanzieren und durchführen können. Dies allein war natürlich nicht die Ursache für den überraschend hohen Wahlsieg der DTA. Zweifellos hatten die elf ethnischen Volksgruppen im Land doch berechtigte Hoffnungen, daß die Abkehr von der südafrikanischen Rassengesetzgebung eine Möglichkeit sei, den eigenständigen Weg zu gehen, bei dem auch die Interessen der Völker SWA/Namibias mehr oder minder berücksichtigt werden.

Den Hauptgrund für den Wahlsieg mit dieser überwältigenden Entscheidung – die wegen der Bevölkerungsdichte immer nur im Norden zu erwarten ist – sehen viele Beobachter, wahrscheinlich mit voller Berechtigung, in der Anwesenheit der südafrikanischen Truppen in der Operationszone im Norden. Bei den Ovambos, Kavangos und Kaprivianern – den Völkern, die innerhalb der Operationszone zwischen der SWAPO und den südafrikanischen Truppen liegen – zählen nicht die politischen Inhalte der wahlwerbenden Parteien, da zählt auch nicht eine das Paradies versprechende Ideologie, sondern die Leute handeln und wählen nach ihren natürlichen Instinkten. Diese werden von der augenblicklichen Situation, das ist die Macht des Stärkeren, bestimmt. Mit anderen Worten: Die täglich patrouillierenden südafrikanischen Truppen und deren riesige Militärbasen ließen es für viele Menschen ratsam erscheinen, die DTA zu wählen und nicht der SWAPO, die irgendwo im Busch haust, zu folgen. Diese Denkweise entspricht den afrikanischen Traditionen, die mit für sie fiktiven Begriffen wie Staat, Demokratie, Kapitalismus, Kommunismus usw. kaum etwas anfangen können, weil sie nur eine Bindung zur Familie, zum Clan und letztlich zum Stamm kennen. Alles, was darüber ist, steht außerhalb ihrer Begriffswelt.

Umgekehrt könnte natürlich, falls einmal Wahlen unter UNO-Aufsicht stattfinden sollten – wenn die UNO-Truppen im Norden die Überwachung übernehmen und die Südafrikaner ablösen –, das Pendel zur anderen Seite ausschlagen. Durch die UNO-Bestätigung der SWAPO mit deren authentischem Alleinvertretungsanspruch ist die UNO in den Augen der dortigen Öffentlichkeit zum Synonym für die SWAPO geworden. Sollte die UNO die Südafrikaner aus dem Blickfeld vertreiben, so käme dies einem »Sieg« der SWAPO=UNO gleich, und die Stimmen könnten dann dem »Stärkeren« oder »Sieger« zufallen, wie einst 1978 unter anderen Vorzeichen der DTA.

Noch Ende Dezember 1978 fand die erste »Verfassungsgebende Versammlung« statt, bei der der Damara-Führer Skrywer zum Präsidenten gewählt wurde. Diese Wahl (»1 Mensch = 1 Stimme«) war im Land eine Novität. Allerdings blieb jede politische Aktivität limitiert, weil die internationale Bestätigung (UNO) fehlte und auf der anderen Seite der GA (Generaladministrator) nach wie vor das letzte und entscheidende Wort spricht. Jedes Gesetz, das diese junge Regierung nun beschließt, kann vom GA mit einem Federstrich zu Fall gebracht und annulliert werden. Außerdem beschloß diese »Verfassungsgebende Versammlung« ihr Recht, eine Verfassung für ein unabhängiges SWA/Namibia zu verwirklichen, nicht auszuüben; so paradox dies auch im Wortlaut klang.

Verschiedene weiße Gruppen waren mit der rasanten Entwicklung in SWA/Namibia nicht einverstanden, weil ihnen als mahnendes Beispiel die politischen Debakel in Angola, Mozambique und Rhodesien (Simbabwe) vor Augen standen. Es gab damals in SWA/Namibia einen konkreten Putschplan, bei dem auch das in SWA/Namibia stationierte »weiße« Militär eine maßgebliche Rolle spielen sollte. Eine Waffenverteilung aus Militärbeständen an die Weißen war bereits fixiert, um diesen Putsch zu verwirklichen, der das Land in eine höchst ungewisse Zukunft geführt hätte, die unweigerlich ausländische Interventionen nach sich gezogen haben würde. In aller Eile und diskret blockten die Südafrikaner den bevorstehenden Staatsstreich ab, ohne daß in die Öffentlichkeit auch nur ein offizieller Kommentar durchdrang. Ein halbes Dutzend Offiziere wurde nach Südafrika versetzt, und der allseits beliebte Generaladministrator Richter M. T. Steyn wurde von heute auf morgen aus Windhoek abberufen und nach Pretoria geflogen. Niemand weiß, welche Mitwisser- oder Aktionsrolle der Generaladministrator in diesem Zusammenhang gespielt hat. Für Südafrika wäre dieser Putsch ein schwerer Schlag gewesen, weil die Weltöffentlichkeit die Regie dafür in Pretoria vermutet hätte.

Mag sein, daß dieser geplante Putsch auch Ausdruck einer Ungeduld über die ständigen Verzögerungen der Unabhängigkeitsverhandlungen war, denn neben den fünf Westmächten gab es noch die afrikanischen Frontlinien-Staaten, die SWAPO, Südafrika und die UNO als Verhandlungspartner, die allem Anschein nach alle zusammen nie auf einen Nenner zu bringen sind. Präsident Skrywer drückt es so aus: »Schon vor Jahren haben sich die Menschen aus diesem Land im Ausland darüber beklagt, daß ihnen die Freiheit vorenthalten würde. Sie haben bei der UNO geklagt und bei ihren Mitgliedstaaten. Heute ist Südafrika bereit, uns unsere Unabhängigkeit zu geben. Die Einsetzung der ›Gesetzgebenden Versammlung‹ beweist das – und jetzt sind es die UNO und ihre Mitgliedstaaten, die uns die Unabhängigkeit vorenthalten wollen. Wir sind noch immer geduldig gewesen. Aber unsere Geduld ist nun zu Ende. Diese Versammlung ist der Ort, wo die Menschen unseres Landes zusammenkommen, um sich die Hände zu reichen. Hier arbeiten alle Gruppen Südwests zusammen; hier fassen die Vertreter unserer Menschen zusammen Beschlüsse im Interesse des ganzen Landes. Wir fordern alle Menschen von SWA/Namibia auf, mit uns zusammenzuarbeiten.«

Genützt haben derartige Appelle so gut wie nichts. Immerhin wurden 30 verschiedene Gesetze verabschiedet, und nach der Wahl des Ministerrates wurde dieser am 1. Juli 1980 vereidigt. Der Ovamboführer Peter Kalangula schlug Dirk Mudge als Vorsitzenden des Ministerrates vor. Mudge ist zweifellos eine integere Persönlichkeit, der von den Interessen SWA/Namibias und nicht von denen Südafrikas geleitet wird. Er erklärte klar und deutlich von Anfang an, daß eine einseitige Unabhängigkeitserklärung nicht beabsichtigt sei und eine international akzeptable Lösung angestrebt werde. Das erste Gesetz der Nationalversammlung regelte die »Allgemeine Dienstpflicht«, wodurch eine Namibisierung des Problems eingeleitet worden war.

Selbst bei kritischer Betrachtung kann man gravierende Unterschiede zwischen Südafrika und SWA/Namibia feststellen, soweit es die Menschenrechte betrifft:

- Die einzelnen Völkergruppen werden in ihrer Besonderheit und Identität voll anerkannt und garantiert.
- Alle Menschen sind vor dem Gesetz gleich. Keine Einzelperson darf aufgrund Herkunft, Geschlecht, Sprache, Rasse, Hautfarbe, Glauben oder Überzeugung vorgezogen und benachteiligt werden.
- Glaubensfreiheit wird garantiert.
- Bewegungsfreiheit wird garantiert. (Es existieren keine Homelands nach südafrikanischem Muster, jeder Angehörige irgendeiner ethnischen Minderheit kann sich aufhalten und ansiedeln, wo er will.)
- Pressefreiheit wird garantiert. (Es existieren Blätter in SWA/Namibia, die die Regierung und Administration sehr hart kritisieren.)
- Das Recht auf Besitz beweglichen und unbeweglichen Eigentums (Grund und Boden sowie Häuser) wird garantiert. (Heute können sich Farbige in jedem Siedlungsgebiet der Weißen ankaufen, dort wohnen oder Häuser errichten.)

Es existiert in SWA/Namibia keine Einschränkung der Bewegungsfreiheit, und man sieht heute bereits in traditionell weißen Siedlungen viele Farbige wohnen. Dies gilt schon als Selbstverständlichkeit, worüber niemand mehr diskutiert. Dabei kommt es zu keinen Zwischenfällen oder Reibereien.

Wo es noch Schwierigkeiten gibt, das sind die beiden bereits erwähnten Beispiele (weißes College und weißes Krankenhaus), die jedoch von der DTA-Regierung geändert werden wollen. Da steht der Generaladministrator aus verschiedenen Gründen im Wege und legt sein »Veto« ein. Die derzeitige Regierung SWA/Namibias weiß sehr wohl, daß solche Apartheidreste die weitere Entwicklung erschweren und das Ansehen SWA/Namibias im Ausland schädigen, weil derartige Relikte immer wieder dazu verleiten, SWA/Namibia mit Südafrika politisch völlig gleichzusetzen.

Am 2. Juli 1979 traf der zweite Generaladministrator aus Südafrika in Windhoek ein, Dr. G. van N. Viljoen, der bemüht war, die von seinem Vorgänger Steyn eingeschlagene politische Richtung kontinuierlich weiterzuverfolgen. Er blieb aber nicht länger als ein Jahr und wurde schließlich durch den dritten Generaladministrator D. J. Hough am 3. September 1980 abgelöst. Mit diesem Politiker aus dem Süden hat die Mehrzahl der Öffentlichkeit keine besondere Freude. Man sagt ihm nach, daß er ein Karrierepolitiker sei, der seinen Posten in Südwestafrika lediglich als Sprungbrett für seine weitere politische Laufbahn in Südafrika benütze, weil er mit allen Maßnahmen und Entscheidungen – im Gegensatz zu seinen beiden Vorgängern – versuche, Ansehen in Pretoria zu erreichen und dort im besten Licht zu stehen.

Das von der DTA in SWA/Namibia praktizierte Modell einer Regierungsform, das auch alle ethnischen Volksgruppen im Land berücksichtigt, sieht – in drei verschiedene Ebenen gegliedert – so aus:

1. Grundlage ist das Ergebnis der Namibia-Wahl 1978 mit dem Grundsatz »1 Mensch = 1 Stimme«: Eine Zentralregierung mit einem *Präsidenten* als Staatsober-

haupt, einem *Ministerrat* mit je einem Vertreter der ethnischen Gruppen als Exekutive und einer *National-versammlung* als Legislative und einer *Gerichtsbarkeit* für alle nationalen Belange.

2. Auf ethnischer Ebene gibt es für die elf Bevölkerungsgruppen jeweils eine eigene Administration und Gerichtsbarkeit für deren spezifische Angelegenheiten (Volksgruppenregierungen). Diese Volksgruppenregierungen sind jedoch nicht an irgendwelche geographische Bezirke· oder Provinzen gebunden, sondern sind für alle Volksangehörigen zuständig, gleichgültig, wo diese sich auch im Lande aufhalten mögen.

3. Die dritte Ebene bilden die *Kommunalverwaltungen,* die nach innen hin autonom sind.

Die Anzahl der Abgeordneten für die *Nationalversammlung* war ursprünglich mit 50 Abgeordneten festgesetzt worden, doch entschloß man sich, die Anzahl auf 72 Abgeordnete zu erhöhen, so daß jede Volksgruppe noch zusätzlich zwei Abgeordnete in die Nationalversammlung entsenden konnte. Dadurch wurden kleine Volksgruppen wie z. B. die Tswanas − die nur 5000 Menschen zählen − gleichfalls berücksichtigt.

Es gab und gibt noch kein gleiches oder auch nur ähnliches Modell in einem Vielvölkerstaat, auch nicht in Afrika. Es ist ein Versuch für eine Befriedung auf breiter Basis, wofür jeder langfristige Erfahrungswert fehlt, und es wird die Zukunft weisen, ob diese Basis tragfähig genug für alle von innen und außen einwirkenden Belastungen ist.

Die SWAPO und ihr Januskopf

Wohl kaum eine Befreiungsbewegung in unserer turbulenten Welt ist so heftig umstritten wie die SWAPO (South West African Peoples Organization), die bereits 1958 von Ovamboarbeitern in Kapstadt (Südafrika) als »Ovamboland Peoples Congress« (OPC) gegründet worden ist. Gründungsmitglieder waren u. a. Toivo ja Toivo und Andreas Shipanga (auf den ich noch später in einem Kapitel ausführlich zu sprechen komme). Ein Jahr später (1959) erschien erstmals Sam *Nujoma* auf der politischen Bühne, nachdem die OPC in »Ovamboland Peoples Organization« (OPO) umbenannt worden war. Nujoma wurde ihr Präsident und bemühte sich, die Bewegung von den Ovambos auf möglichst alle ethnischen Volksgruppen in Südwestafrika auszudehnen. Dies wurde ein Jahr später mit der neuen Namensgebung in »South West African Peoples Organization« (SWAPO) dokumentiert. Seit 1960 ist es bei dieser Bezeichnung geblieben.

Die schon seit den Anfängen der Ovambobewegung herrührenden Querverbindungen zu den südafrikanischen Kommunisten (Dennis Goldberg, Ben Turok und Brian Bunting) werden von den Südafrikanern zwar behauptet, können aber nicht als erwiesen angesehen werden. Fest steht allerdings, daß der OPC-Führer Hermann Toivo ja Toivo öffentlich erklärt hat, daß alle Führer und Mitglieder von der kommunistischen Ideologie als einziger politischer Alternative überzeugt seien. Ob diese Bewegung jedoch tatsächlich von Anfang an kommunistisch oder marxistisch geplant und ausgerichtet war, mag bezweifelt werden, denn der Ostblock erkannte die SWAPO vorerst nicht an, sondern setzte auf eine andere Bewegung, die »South West

African National Union« (SWANU), weil ihr die besseren Erfolgschancen zugebilligt wurden.

Als in der Südwesthauptstadt Windhoek 1959 das farbige Slumviertel »Alte Werft« geräumt und die Bewohner in die neue Siedlung Katutura umgesiedelt wurden, kam es zu öffentlichen Unruhen und Tumulten, bei denen sich Sam Nujoma als Führer der aufgebrachten Massen so engagierte, daß er kurze Zeit darauf mit einigen seiner Gesinnungsgenossen Südwestafrika verlassen und ins Exil gehen mußte.

Von diesem Zeitpunkt an kennt man bei der SWAPO zwei »Flügel«: den internen Flügel, der in Südwestafrika verblieb, und den externen Flügel, der seither vom Ausland (Angola und Sambia hauptsächlich) mit einem Guerillakrieg gegen die Südafrikaner und gegen die Südwestadministration kämpft.

Der in SWA/Namibia verbliebene interne SWAPO-Flügel ist in SWA/Namibia keineswegs verboten, soweit seine Mitglieder keine Waffen in die Hand nehmen und keine Terroranschläge verüben, während der externe SWAPO-Flügel mit allen legalen und illegalen militärischen Mitteln von den Südafrikanern und den SWA/Namibia-Bataillonen bekämpft wird. Das ist ein »schizophrener« Zustand, daß die SWAPO ein sanftes und ein zorniges Gesicht hat, aber alle Versuche, aus dem sanften SWAPO-Flügel eine autonome demokratische Partei und Bewegung zu machen, wurden durch Sam Nujoma und seine maßgeblichen Ideologen mit dem kategorischen Hinweis verhindert, daß es nur *eine* SWAPO gäbe und alle andersartigen Interpretationen gegenstandslos wären.

Der externe SWAPO-Flügel, der von der UNO als einzige authentische Vertretung für die Bevölkerung SWA/Namibias anerkannt wird, zeigt intern ebenfalls Spannungen, bei denen es sich nicht nur um ideologische Meinungsverschiedenheiten handelt, sondern auch um tribalistische, widerstreitende Kräfte und persönliche Machtansprüche. Andreas Shipanga, eines der Gründungsmitglieder der ursprünglichen SWAPO, hat sich von Nujoma losgesagt. Er hatte einen wahren Leidensweg durchzumachen, bis er schließlich wieder in SWA/Namibia landete und dort eine eigene Partei gründete. Ein Dutzend SWAPO-Führer wurden in Sambia über Wunsch von Sam Nujoma verhaftet und saßen jahrelang in Gefängnissen, weil sie aufzumucken versuchten. Nujoma ist seit Jahren nicht mehr wiedergewählt worden, was viele seiner Parteifreunde mehr als nur stört.

Präsident Kaunda von Sambia ließ einige SWAPO-Einheiten und deren Führer internieren, weil sein Land und seine Bevölkerung ständig zum Handkuß kamen, wenn SWAPO-Guerillas über die Grenze hinweg in SWA/Namibia tätig wurden. Es erfolgten jedesmal südafrikanische Gegenschläge in Sambia. Kaunda vertritt den Standpunkt, daß er SWAPO-Einheiten in Sambia zur Schulung oder zum Training dulde, doch wenn diese Freiheitskämpfer in SWA/Namibia kämpfen wollen, dann müßten sie auch dort bleiben und alle Konsequenzen auf sich nehmen.

Sam Nujoma stammt aus dem »Kwanyamas«-Stamm, dem größten aller sieben Ovambostämme. Die SWAPO selbst rekrutiert ihre Mitglieder des externen Flügels zu nahezu 90 Prozent aus den Ovambostämmen. Sie ist also mit einem tribalistischen Makel gebrandmarkt – einer der Gründe, warum sich der SWAPO-Führer Muyongo mit seinen Caprivianern von Nujoma getrennt hat. Die Stammeseinflüsse und Gegensätze sind in der SWAPO oft so gravierend, daß der Zusammenhalt mitunter nur mit Gewalt erzwungen werden kann.

Völlig eindeutig wurde die politische Ausrichtung der SWAPO nach der Entwicklung in Angola. Die drei Angola-Befreiungsbewegungen MPLA (Dr. Agostinho Neto), FNLA (Roberto Holden) und UNITA (Dr. Jonas Savimbi) hatten im bekannten Alvor-Abkommen freie und demokratische Wahlen für Angola vereinbart, was durch Unterschriften der drei »Rebellen«-Führer besiegelt worden war. Vor diesen Wahlen wurden jedoch noch »rechtzeitig« die kubanischen Truppen nach Angola eingeflogen, so daß sich jede Wahl erübrigte und nur die marxistisch ausgerichtete MPLA mit Dr. Agostinho Neto an die alleinige Macht kam. Eine in Angola einmarschierende südafrikanische Kampfbrigade ist vom amerikanischen Präsidenten energisch zurückgepfiffen worden, um dem Ostblock für einen Einmarsch in Angola keinen Vorwand zu liefern. Der Kreml honorierte dieses politische Entgegenkommen keineswegs, sondern füllte das einladende politische »Vakuum« blitzartig mit den Kubanern.

Mit der Präsenz des Ostblocks (Russen, Kubaner, Ostdeutsche usw.) in Angola fielen die letzten Zweifel, ob die SWAPO eine nationalistische oder überwiegend eine marxistische Befreiungsbewegung ist. Die SWAPO-Führer versuchten auch keineswegs, ihre marxistischen Doktrinen zu verheimlichen. Im Gegenteil, sie waren eher bemüht, Aussagen und Feststellungen zu treffen, die ihren Helfern die erwartete Gesinnung bestätigten. Nur so war es der SWAPO nämlich möglich, ihre Existenz in Südwestangola sicherzustellen und massivere Hilfe zu erhalten – sowohl auf dem politischen Parkett als auch materiell. Den Sowjets bot sich mit der SWAPO ein geeignetes Instrument, ihre weitere politische Zielrichtung nach dem Süden zu verfolgen.

Die an Ort und Stelle mit diesem Problem involvierten Menschen hegen heute kaum mehr Zweifel daran, daß diese Befreiungsbewegung marxistisch ist. Andererseits gibt es diese Zweifel in westlichen Kreisen, die vom eigentlichen Schauplatz der Geschehnisse weit entfernt sind. Politiker, Wissenschaftler oder Völkerrechtler wollen die Realität manchmal nicht zur Kenntnis nehmen. Von Lehrkanzeln aus versuchen Völkerrechtsspezialisten, an der Wirklichkeit vorbeizusehen. Sie berufen sich auf das hehre Völkerrecht, als ob es in unserer Welt einen Konfliktherd geben würde, wo Völkerrecht nicht mehr oder minder brutal mit Füßen getreten wird: in Afghanistan, in Nahost, im Persischen Golf, in Vietnam, Kambodscha und Laos, in

Angola, in Mittelamerika, im Ostblock usw. Wo sind die klassischen Konfliktherde, an denen das Völkerrecht triumphiert?

Aber nicht nur die Meinungen, sondern verblüffenderweise auch wissenschaftliche Studien, politische Analysen und Erkenntnisse von verschiedenen Universitäten und Politexperten klaffen hoffnungslos auseinander. Wenn sich schon der kleine Mann auf der Straße in Europa, Afrika oder sonstwo kaum eine klare Meinung über die SWAPO und ihre Ziele bilden kann, so vermag es der akademisch geschulte Politologe anscheinend noch viel weniger. Es geht dabei so ähnlich zu wie bei Entscheidungen über Atomkraftwerke, wenn die Volksseele zu kochen beginnt und »hochrangige« unabhängige Wissenschaftler völlig verschiedene und sich widersprechende Gutachten abliefern.

Bei der Beurteilung der SWAPO ist man jedoch nicht unbedingt auf die Synthesen maßgeblicher Politologen und Universitätsprofessoren angewiesen, weil ausreichende Dokumentationen über authentische Aussagen von SWAPO-Führern vorliegen, bei denen man absolut nicht den Eindruck gewinnt, daß die verantwortlichen Führer dieser Befreiungsbewegung bemüht sind, ihre tatsächliche Einstellung zu verheimlichen. Ganz im Gegenteil: Die SWAPO scheint stolz darauf zu sein, ideologisch der kommunistischen Welt zugezählt zu werden. Ob diese nach außen hin dokumentierte Einstellung aus echter politischer Überzeugung entspringt oder nur zweckorientiert ist, weil keine andere politische Alternative für die weitere Zielverfolgung zur Verfügung steht, macht in der realpolitischen Praxis kaum einen graduellen Unterschied. Es muß zur Kenntnis genommen werden.

Grundsätzlich kann man jedoch feststellen, daß der Kreml noch nie in seiner weltweiten politischen Expansionsgeschichte irgendeine doktrinlose, nur nationalistisch ausgerichtete Befreiungsbewegung unterstützte, wenn er nicht im voraus die ideologische Gefolgschaft als Gegenwert und Sicherheit in Händen hatte. Daß unter diesen Beispielen ausgerechnet die SWAPO die rühmliche Ausnahme bilden soll, wird auch von ernst zu nehmenden Politikern nicht angenommen.

Aber lassen wir die SWAPO-Führer mit ihren eigenen Aussagen zu Wort kommen:

»Die SWAPO und die MPLA (kommunistische Regierungspartei in Angola. Anmerkung des Autors) haben die gleiche Ideologie, und unser Kampf ist ein unabdingbarer Teil des gemeinsamen Kampfes der fortschrittlichen Kräfte Afrikas . . .« (Moses Garoeb, SWAPO-Chefideologe, in: »Probleme und Perspektiven des Kampfes in Afrika«, Prag 1977, S. 143.)

»Nujoma führt nicht nur den Befreiungskampf seines Volkes an, sondern er leistet auch einen wichtigen Beitrag zur Bewegung der antiimperialistischen Solidarität der Völker Asiens und Afrikas . . .« (J. Golowin, in: »Neue Zeit«, Moskau, Nr. 21/1979, S. 27, anläßlich des 50. Geburtstages von Sam Nujoma.)

»Die Oktoberrevolution bildet den Eckpfeiler aller nationalen Befreiungsbewegungen, die für die grundlegenden Menschenrechte wie Unabhängigkeit und Freiheit und gegen Kolonialismus und ausländische Vorherrschaft kämpfen. Die Sowjetunion verkörpert heute das Bollwerk des gesellschaftlichen Fortschritts in der Welt, ohne das jeder nationale Befreiungskampf durch die rücksichtslose Brutalität des Imperialismus im Keime erstickt würde.« (Moses Garoeb: Die SWAPO – siegesgewiß im Krieg um Namibia. In: »Antiimperialistisches Informationsbulletin«, Sonderheft Nr. 1/1981, S. 46.)

»Um den Weg zur wirklichen Befreiung zu ebnen, müssen wir die imperialistische Weltwirtschaftsordnung zerschlagen.« (SWAPO-Druckschrift 1978, »Die wahre Natur des Imperialismus«.)

»Uns steht die Macht zu. Und wir werden die Macht mit niemandem teilen.« (Sam Nujoma, in: »Der Spiegel« Nr. 31/1978.)

»Wir glauben, daß nur auf dem Weg über eine gewaltsame Revolution ein wirklich sozialistischer Staat in Namibia geschaffen werden kann.« (Sam Nujoma, in: »National-Zeitung«, Berlin/DDR, 21. Dezember 1977.)

»Wir kämpfen nicht für Mehrheitsherrschaft. Wir kämpfen, um in Namibia zum Wohle des namibischen Volkes die Macht zu ergreifen. Wir sind Revolutionäre.« (Sam Nujoma, in: »Windhoek Advertiser« vom 6. März 1978.)

»Nach der Machtübernahme müssen wir alle Einrichtungen hinwegfegen, die in Namibia von der Minderheit der weißen Siedler geschaffen worden sind.« (Sam Nujoma, in: »Horizont«, Berlin/DDR, Nr. 46/1978.)

»Ich habe keine Verwendung für die Deutschen in einem unabhängigen Namibia.« (Sam Nujoma, in: »Frankfurter Allgemeine« vom 12. Juli 1977.)

Auszüge aus einem Gespräch zwischen Dr. Dregger (CDU) und dem SWAPO-Chefideologen Moses Garoeb (Mitglied des Politbüros des ZK) vom 12. April 1979.

Garoeb: Wenn die SWAPO gewinnt, werden wir nicht erlauben, daß die »Turnhalle« als politische Einheit weiterexistiert. Die Führer werden den Prozeß gemacht bekommen. Niemand wird gleich getötet, sondern nach den Gesetzen verurteilt, die wir beschließen werden.

Dregger: Das Ergebnis wäre also ein Einparteienstaat der SWAPO, daneben dürften keine politischen Kräfte existieren?

Garoeb: So ist es!

Dregger: Das heißt, Wahlen sind für die SWAPO nur dazu da, daß die SWAPO die Alleinherrschaft bekommt?

Garoeb: Zustimmung.

Die SWAPO unterhält in folgenden Ländern eigene Repräsentations-Kontakt-Büros, die meist den Rang einer exterritorialen Botschaft besitzen, der Aufrechterhaltung der internationalen Verbindungen dienen und in nachstehenden Städten ihren Sitz haben:

Luanda *(Volksrepublik Angola)*, Daressalam *(Tansania)*, Lagos *(Nigeria)*, Brazzaville *(Volksrepublik Kongo)*, Addis Abeba *(Äthiopien)*, Tripoli *(Libyen)*, Lusaka *(Sambia)*, Dakar *(Senegal)*, Francistown *(Botswana)*, Algier *(Algerien)*, Kairo *(Ägypten)*, Havanna *(Kuba)*, Belgrad

(Jugoslawien), London *(Großbritannien)*, Prag *(Tschechoslowakei)*, Moskau *(Rußland)*, Ost-Berlin *(DDR)*, Stockholm *(Schweden)*, Bukarest *(Rumänien)* und außerdem die ständige Beobachtermission der SWAPO in New York *(USA)*.

»Ein gewaltiger administrativer und diplomatischer Aufwand, der in keinem Verhältnis zu den militärischen Befreiungskämpfen der SWAPO-Guerilla-Armee (PLAN) steht«, kritisierte offenherzig ein hoher kubanischer Offizier anläßlich eines Regierungsempfanges (April 1982) im Gespräch mit ostdeutschen Diplomaten in Luanda, der damit zum Ausdruck bringen wollte, daß bei der SWAPO zuviel geredet und administriert und zuwenig gekämpft wird.

Der SWAPO stehen außerdem noch für ihre Rundfunkpropagandasendungen die Radiostationen in *Angola, Kongo-Brazzaville, Tansania* und *Äthiopien* mit regelmäßigen Zeiten zur Verfügung.

Die SWAPO hat klar und deutlich zu verstehen gegeben, daß sie die Alleinherrschaft in SWA/Namibia anstrebt und in Form einer Einparteienregierung die Macht ausüben will, zweifellos als »Volksdemokratie« nach dem kommunistischen Muster. Afrika hat bereits eine ganze Reihe von ideologischen oder tribalistischen Einparteien- oder Ein-Mann-Regierungen, von denen Minderheiten rücksichtslos unterdrückt werden. In SWA/Namibia sind die Verhältnisse noch weit komplizierter, weil die Ovambos, aus denen sich die SWAPO hauptsächlich rekrutiert, zehn anderen Volksgruppen (Minderheiten) gegenüberstehen, wobei die Ovambos – wie bereits erwähnt – zahlenmäßig die Hälfte der ganzen SWA/Namibia-Bevölkerung ausmachen. Die Alleinherrschaft der SWAPO würde deshalb zwangsläufig zu einer Niederwalzung aller anderen Interessen führen. Es gibt bereits etliche afrikanische »Volksdemokratien«, wo man praktischen politischen Anschauungsunterricht erhält, wie die »Macht des Volkes« dann in der Praxis aussieht.

Die SWAPO läßt ihre militärischen Kader ebenso wie die künftige Administration hauptsächlich in der DDR, in Kuba und in der Sowjetunion ausbilden, wo vom Stabsoffizier bis zu den einzelnen Bürgermeistern von Windhoek bis Tsumeb alle »Positionen« bereits intensiv nach volksdemokratischen Rastern geschult werden. Die SWAPO-Führer sind zuversichtlich, daß die Entwicklung letztlich mit ihrer Machtübernahme enden wird. Im politischen Sprachgebrauch der SWAPO wird nur in »sozialistische« und »kapitalistische« Länder unterteilt. Die westliche Kontaktgruppe wird als »Fünferbande« bezeichnet, und alle westlichen Bemühungen deklariert man als »abgekartete Machinationen der Imperialisten«.

Es fehlt auch nicht an SWAPO-Drohungen unverhüllter Art:

> »Wenn Namibia befreit ist, werden wir unterscheiden zwischen jenen, die in den Tagen des bitteren Kampfes an unserer Seite standen, und jenen, die sich aktiv an der Ausplünderung unserer Bodenschätze beteiligten, die unseren Feind bewaffneten und unterstützten und unsere *heilige* Sache herabwürdigten. Wir – und wenn nicht wir, dann künftige Generationen in Namibia – werden uns der Haltung und der Handlungen der Haupt-NATO-Mächte gegenüber der Sache des unterdrückten Volkes von Namibia erinnern.« (SWAPO-Zeitschrift *»Namibia Today«* 5, 1981, S. 29.)

Damit soll den Westmächten schon jetzt drastisch vor Augen gehalten werden, was sie erwartet, wenn sie nicht rechtzeitig zur SWAPO-Unterstützung umschwenken.

Ansonsten zeigt sich die SWAPO abwechselnd halsstarrig oder taktisch geschickt bei Verhandlungen. Verständlich wird diese Verhaltensweise, wenn man folgende dogmatische Stelle nachliest:

> »Die Geschichte Afrikas in der Nachkriegszeit bekräftigt den unverrückbaren Grundsatz der marxistisch-leninistischen Strategie und Taktik, daß eine revolutionäre Partei alle Formen des Kampfes beherrschen und es verstehen muß, mit Geschick und zur rechten Zeit von einer Form zur anderen überzugehen.«

(Der bewaffnete Kampf der Völker Afrikas für Freiheit und Unabhängigkeit. Hrsg.: Institut für Militärgeschichte des Ministeriums für Verteidigung der UdSSR / Afrikainstitut der Akademie der Wissenschaften der UdSSR, Berlin [DDR] 1981, S. 487.)

Weitaus bedenklicher und schwerwiegender sind die Aussagen von Igor S. Glagolew – dem früheren außenpolitischen Berater des ZK der KPdSU –, der in den Westen geflüchtet ist und nicht irgend jemand in Moskau war, sondern als außenpolitischer Spezialist und Intimus von Breschnew und Gromyko galt. Er sagte: »Die Erlangung der Kontrolle über das südliche Afrika ist das wichtigste und vorrangigste Ziel der gegenwärtigen Sowjetführung . . .«

Mit dieser Aussage wird vieles oder auch alles viel deutlicher, wenn man die ganze Entwicklung im südlichen Afrika betrachtet.

Seit Präsident Reagan 1981 an die Macht kam, hat sich die laue westliche Haltung schlagartig in einen klaren Standpunkt verwandelt. Man kann Reagan vorwerfen, was man will, aber es ist eine Tatsache, daß seit seinem Amtsantritt die Sowjets im Rahmen ihrer weltweiten Expansionspolitik keinen einzigen Quadratkilometer mehr erkämpfen oder hinzugewinnen konnten. Die Entspannungspolitik zwischen West und Ost ist nicht mehr nur eine »Einbahnstraße«, auf der die Sowjets indirekt durch die verlängerten Arme der mehr oder minder abhängigen Satelliten ihre weltweite Expansion betrieben. Allein die Bilanz der letzten Jahre läßt jeden aufmerksamen Beobachter nachdenklich werden: Kubaner, Russen und Ostdeutsche oder auch Vietnamesen sind an den Schalthebeln in Angola, Mozambique, Äthiopien, Benin (früher Dahomey), Kongo-Brazzaville, Vietnam, Laos, Süd-Jemen, Kambodscha und Afghanistan. Reagan will mit seiner Politik das weitere Vordringen der Sowjets abblocken und will allen Staaten, Kräften oder Bewegungen helfen, die sich gegen diese Kreml-Expansion wehren. In diesem

Zusammenhang darf man auch die SWAPO und das SWA/Namibia-Problem nicht als isoliert dastehend sehen.

Obwohl der interne Flügel der SWAPO in SWA/Namibia als Organisation mit allen Informations- und Propagandamitteln legal ist – soweit dabei keine Terrorakte verübt, gepriesen oder geplant werden –, hat sich diese Partei de facto 1982 aufgelöst. Beachtliche Geldmittel aus dem Ausland sind von SWAPO-Führern in SWA/Namibia für persönliche Zwecke verwendet worden, was intern zu einem Riesenskandal führte. Diese Randerscheinungen, so unangenehm und peinlich sie auch für die betreffende politische Bewegung oder Partei sind, kann man in ähnlicher Form aber ebenso bei einigen farbigen Führern der regierenden DTA (Demokratische Turnhallen-Allianz) feststellen. Dies scheint weniger mit politischer Verantwortlichkeit als vielmehr mit afrikanischer Mentalität etwas zu tun zu haben.

Es wäre vermessen, zu behaupten, daß es in SWA/Namibia um einen Konflikt zwischen Weißen und Farbigen geht oder daß die SWAPO die nichtweiße Bevölkerung hinter sich hat. Wenngleich auch nicht bestritten werden kann, daß die Anhängerschaft der SWAPO – aus welchen Gründen auch immer – nicht unterschätzt werden darf. Jede Kalkulation oder Hochrechnung ist in dieser Frage aber reine Spekulation.

Sam Nujoma ist durchaus nicht der mitreißende Volks- und Revolutionsführer, wie dies ein Fidel Castro, ein Mao oder andere gewesen sind. Er ist für seine Leute im Busch eher eine mystische oder mysteriöse Figur, die ständig in feudalen Villen oder vornehmen Luxushotels lebt, mit großen Autos chauffiert wird oder mit Flugzeugen in der Welt unterwegs ist, um Sympathien und Geldmittel für seine Befreiungsbewegung aufzutreiben. Seine Leute im Busch, die Freiheitskämpfer in Südangola, sehen ihn nie persönlich. Sam Nujoma ist das Gegenteil von einem Dr. Savimbi, dem Führer der UNITA-Befreiungsbewegung in Angola, der seit nahezu 20 Jahren bei seinen Leuten im Busch alle Entbehrungen und Gefahren mitmacht. Nujoma ist von seiner eigenen Führungsschichte offenbar künstlich als Papiertiger »aufgebaut« worden, weil eine derartige Bewegung kein Kollektiv, sondern immer nur einen großen »Führer« bewundern soll. Diese Funktion, die z. B. Mao in seinen Werken als ungeheuren Vorteil einer Revolution beschreibt, kann einem Mann von Natur aus liegen oder auch nicht. Sam Nujoma ist zwar ein sehr geschickter und tüchtiger Verhandlungspartner, und er versteht es auch, seine Reden verständlich zu halten, aber es haftet an seiner Person und seinem Namen kein Zeichen eines wahren Volksführers, von dem auf die Volksmassen der Funke überspringt. Wenn man ihn auf Dokumentarfilmen agieren und sprechen sieht, macht er eher den Eindruck eines begabten Dorfschullehrers, der seinen Schülern die Hölle heiß zu machen versucht, indem er droht, die Eltern zu verständigen, wenn sie nicht parieren.

Wohlmeinende Afrikakenner erheben in Europa ihre warnenden Stimmen: Man möge der SWAPO doch auch von westlicher Seite etwas massiver helfen, weil man diese Befreiungsbewegungen ansonsten in das kommunistische Eck abdrängen würde. Diese Bedenken kann man anhand der Ereignisse und Fakten ohne weiteres zerstreuen, weil die SWAPO – obwohl sie von UNO-Organisationen und auch vom Westen mehr materielle und politische Unterstützung erhielt als je eine andere Befreiungsbewegung zuvor – seit der kubanisch-sowjetischen Präsenz in Angola ein Teil der kommunistischen Welt geworden ist. Wäre es anders, würde die SWAPO nicht länger in Südangola geduldet und würde sie nicht so massiv vom Ostblock unterstützt werden. Die Abhängigkeit der SWAPO von Moskau und vom Ostblock ist die einzig reale Existenzgrundlage für diese Befreiungsbewegung. Alle naiven oder scheinheiligen Hoffnungen, die SWAPO künftig noch politisch umpolen zu können, haben mit der nüchternen Wirklichkeit nichts gemeinsam. Man tut gut daran, die SWAPO zu sehen, wie sie sich selbst sieht und interpretiert.

ie Zusammenarbeit zwischen Schwarzen und Weißen funktioniert in SWA/Namibia teils
cht gut, wie hier in der Kupferschmelze in Tsumeb.

Das Krankenhaus Katutura (Windhoek) ist das modernste Hospital in ganz Schwarzafri doch ist es hoffnungslos überfüllt. Eine Folge des letzten Restes Apartheidpolitik.

SWA/Namibia ist enorm reich an Bodenschätzen: vom Uran bis zum Kupfer und ander Erzen und Edelmetallen.

...dafrikanische Soldaten unterrichten in Ovambo-Schulen. Gleichzeitig wird damit die ...rastruktur in der »Kriegszone« aufrechterhalten.

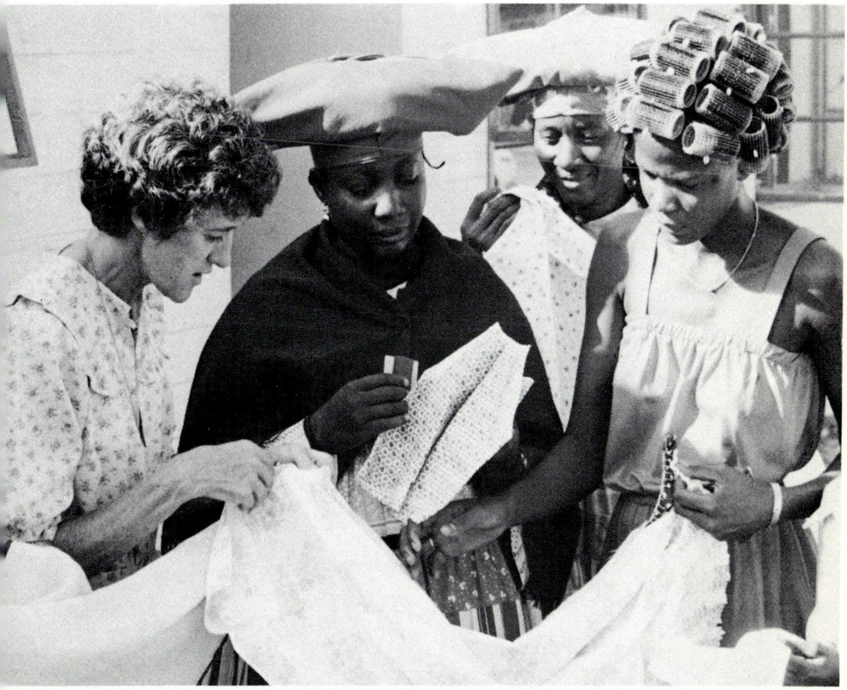

...ch dieses Bild ist ein Hinweis auf die gute Zusammenarbeit zwischen Schwarzen und ...ißen in SWA/Namibia.

Die südafrikanischen Militärs haben im »Kriegsgebiet« auch Bataillone der Buschmänner eingesetzt. Sie sind den weißen Soldaten gleichgestellt.

In diesem Trainingscamp wird ihnen von südafrikanischen Instruktoren beigebracht, wie Minen aus- und an anderen Stellen wieder eingegraben werden.

Buschmänner werden auch mit Fallschirmen über SWAPO-Gebiet »abgeworfen«. Diese Männer warten gerade auf ihren Einsatz.

Das Kavango-Bataillon im Einsatz. Die Namibia-Soldaten bekommen denselben Sold und dieselbe Verpflegung wie die südafrikanischen Truppen.

Im Kampf gegen die SWAPO-Guerillas werden auch Reiter eingesetzt. Sie sind oft sehr erfolgreich, weil sie »lautlos« operieren.

Gegen die von der SWAPO vergrabenen Landminen haben die Südafrikaner minensichere Fahrzeuge entwickelt. Mit diesen werden auch Schulkinder transportiert.

Peter Kalangula war früher Präsident der DTA, er schied aus, um eine eigene Partei im Ovamboland zu gründen.

Andreas Shipanga, der Führer der SWAPO-Democratic, einer der schillerndsten Ovambo-Führer. Er kennt die SWAPO-Nujoma am besten.

Sam Nujoma ist der Führer der kommunistisch orientierten SWAPO-Befreiungsbewegung. Er versucht mittels Terrorüberfällen an die Macht zu kommen.

Dirk Mudge war bis vor kurzem der besonnene Chef der DTA und Ministerpräsident dieser Regierung. Er trat wegen andauernder süd-afrikanischer Einmischungen zurück.

Namibisierung

Für Südafrika wurde SWA/Namibia zu einem finanziellen Aderlaß, denn allein die Stationierung von schätzungsweise 20.000 südafrikanischen Soldaten mit modernster technischer Ausrüstung in der »Operationszone« (»Kriegszone«) im Grenzstreifen gegenüber Angola und Sambia kostet pro Tag zirka 2 Millionen Dollar, was nicht übertrieben erscheint, weil auch die verschiedenen Kampfeinsätze der Luftwaffe und motorisierter Verbände – auch über die Grenze hinweg – Unsummen verschlingen.

Außerdem hat Südafrika als »Hebamme« für dieses noch immer nicht geborene Kind »Namibia« nach wie vor beachtliche Investitionen für die Infrastruktur zu tätigen. Das beginnt beim Straßenbau und endet bei Schul- und Krankenhausbauten oder Bewässerungssystemen (jährlich zirka 600 Millionen Dollar).

Die DTA-Regierung hat sich in eigenem Interesse und über Verlangen der Südafrikaner dazu entschlossen, eine »Namibisierung« im Land in die Wege zu leiten, um einerseits die Sicherheitsfrage zu stabilisieren und andererseits die Bevölkerung auf künftige Aufgaben eines selbständigen und unabhängigen SWA/Namibia praktisch vorzubereiten. Die Bevölkerung muß allmählich lernen, auf eigenen Füßen zu stehen. In der Polizei und Administration waren die Farbigen schon seit langer Zeit integriert, aber das junge Militär mußte noch gegründet werden, was in diesem Völkerkonglomerat äußerst schwierig ist. In enger Gemeinschaft vertragen sich nicht alle ethnischen Volksgruppen miteinander. So galt es von vornherein, eine entsprechende Trennung beim Aufbau dieser SWA/Namibia-Armee SWAGM (Südwestafrikanische Gebietsmacht) zu berücksichtigen. Es gibt eigene Bataillone der Ovambos, Kavangos, Caprivier, Buschmänner, Hereros etc., wobei es sich um Freiwillige handelt, also um keine Wehrdienstpflichtigen. Es ist nicht schwierig, genügend Freiwillige zu bekommen, weil einerseits auch in SWA/Namibia spürbare Arbeitslosigkeit herrscht und andererseits diese Militäreinheiten den gleichen Sold und dieselben Ränge wie die südafrikanische Armee gewähren. Ein einfacher Soldat kommt monatlich auf netto zirka 600 Rand (= umgerechnet etwa 10.000 öS), wobei Kost, Unterkunft und Uniform noch zusätzlich gratis sind. Das ist für einen jungen Farbigen, der nur lesen und schreiben kann und keine besondere Ausbildung oder höhere Schulbildung besitzt, ein wahres Vermögen. Wenn irgendwelche neue Rekruten für diese Militäreinheiten gebraucht und gesucht werden, wird über die örtlichen Provinzradiostationen verlautbart, daß 100 oder 300 junge gesunde Rekruten aufgenommen werden. Schon am nächsten Morgen stehen 2000 junge Burschen vor den Toren der Militärcamps und hoffen auf Aufnahme. Der Aufnahmetest ist einfach. Zuerst muß jeder Bewerber einen kurzen Aufsatz schreiben. Man will nur sehen, ob der Kandidat überhaupt lesen und schreiben kann, anschließend erfolgt der übliche Wettlauf über eine Strecke von 2,5 km querfeldein durch den Busch, bei dem die ganze Schar nach einem Startschuß aus der Pistole loshetzt. So sieht man die körperlich Tauglichen und reduziert nach oberflächlichen ärztlichen Untersuchungen weiter, um dann mit abermaligem schriftlichem Test die Schar der Freiwilligen weiter zu vermindern, bis schließlich die benötigte Anzahl neuer Rekruten beisammen ist.

Es gelten in diesem SWA/Namibia-Militär dieselben Drill- und Ausbildungsmethoden wie bei den Südafrikanern, so daß absolute Gleichschaltung und Gleichberechtigung zwischen den beiden Armeen besteht. Südafrikanische Offiziere und Unteroffiziere drillen die farbigen Rekruten mit erbarmungsloser Härte – wie bei den Rangern – zu gefürchteten Buschkriegern, die einige Monate später schon zu den ersten Einsätzen gegen SWAPO-Guerillas kommen.

Diese SWA/Namibia-Soldaten haben aber ebenso einige negative Seiten: So sehr ihnen das harte militärische Ausbildungstraining zusagt – das sie als persönliche Herausforderung sehen und das ihr Selbstbewußtsein stärkt –, so sehr führen sich diese jungen Burschen mit Waffen in den Händen oftmals brutal und überheblich gegenüber ihren eigenen Landsleuten auf, da sie sich als Herren und Machthaber fühlen. Mag sein, daß dabei auch die psychologische Seite eine Rolle spielt. Diese jungen Soldaten haben vorher lediglich die südafrikanischen Soldaten auf den Straßen und in ihren Dörfern gesehen, Symbol und Ausdruck der unbeschränkten Machtvollkommenheit, der man bedingungslos gehorchen mußte. Nun tragen sie plötzlich die gleichen Uniformen und Waffen und müssen für »Recht und Ordnung« sorgen. Burschen, die bis dahin im Leben und in der Gesellschaft reine Nullen waren, können und müssen nun plötzlich Hütten durchsuchen, Landsleute vernehmen, verhaften oder verprügeln. Nicht selten müssen sie auch von ihren Waffen Gebrauch machen, schießen und töten. Da müssen unwillkürlich uralte Instinkte durchbrechen, noch dazu, wo das Recht auf ihrer Seite ist. Sie kennen keine Skrupel, wenn sie gegen ihre eigenen Landsleute eingesetzt werden. Die zweifellos berechtigten Klagen aus der Bevölkerung wegen erfolgter Übergriffe der Armee trüben und belasten natürlich das Klima in dieser dichtbesiedelten »Kriegszone« erheblich.

Neben der offiziellen Kriegführung gegen SWAPO-Guerillas gibt es noch einen unsichtbaren, heimlichen Krieg, in dem jeder aufgefordert ist, gegen saftige Belohnung bewaffnete Terroristen namhaft oder unschädlich zu machen. Die Behörden bezahlen pro Terroristenkopf – ob tot oder lebendig – nicht weniger als 1000 Rand (umgerechnet zirka 1300.– DM). Die Bevölkerung muß diese Terroristen nicht selbst gefangennehmen oder unschädlich machen, sondern es genügen die entsprechenden konkreten

Hinweise für ein Eingreifen durch die Polizei oder das Militär. Die Prämien für die Ortung von eingegrabenen Landminen belaufen sich auf 500 Rand. Diese »Tarife« sind in jeder Polizeistation öffentlich angeschlagen, aber es existieren aus begreiflichen Gründen keine Erfolgsstatistiken über diese Art der Terroristenbekämpfung. 1000 Rand sind für einen Farbigen oft mehr als ein Jahresverdienst, also eine horrende Summe. Solche finanziellen Verlockungen stehen der großen Angst gegenüber, daß sich die SWAPO für eine Denunzierung ihrer Leute mit der Tötung der betreffenden Person oder der Familie rächen würde. Trotzdem – hört man vertraulich – soll das Kopfgeldbudget im Norden SWA/Namibias ganz gehörig ausgeschöpft werden.

Andererseits haben diese Kopfgeldprämien auch Weiße veranlaßt, sich damit geradezu gewerbsmäßig eine Existenz zu schaffen, indem sie entweder als harte Einzelgänger oder in kleinen Gruppen permanent mit der Aufspürung von SWAPO-Terroristen – speziell im Ovamboland und in Kavango – beschäftigt sind. Sie haben sich ein eigenes Informationsnetz aufgezogen, haben meist einen Geländewagen zur Verfügung und machen regelrechte Jagd auf SWAPO-Terroristen. Ist erst einmal eine Spur aufgenommen, so ist das Schicksal dieser SWAPO-Leute meist auch schon besiegelt. Es ist nur mehr eine Frage der Zeit, bis diese Kopfjäger zuschlagen. Das sind gewöhnlich Söldnertypen, die jahrelang blutige Erfahrung im Busch- und Dschungelkrieg besitzen und den Guerillakrieg von allen Seiten bestens kennen; weitaus besser als die Guerillas selbst. Auch bei ihnen ist das Geld das einzige Motiv für ihre Kopfjägertätigkeit.

Die SWAPO kämpft mit allen Mitteln gegen SWA/Namibier und Südafrikaner, und mit genau denselben legalen und illegalen Methoden wird die SWAPO bekämpft. Die SWAPO selbst warnt alle farbigen SWA/Namibier vor der Kollaboration mit dem Feind, was die SWAPO mit der »Todesstrafe« ahndet. Diese Warnung findet aus verschiedenen Gründen kaum Gehör, weil die Bevölkerung ja leben muß und sich nicht aussuchen kann, wo sie ihr Geld verdient. SWA/Namibia-Soldaten und deren Familien leben dennoch sehr gefährlich, man sieht daher die farbigen Soldaten außerhalb der Militärcamps auch in ihrer Freizeit und bei ihren Besuchen in ihren Heimatdörfern immer mit Waffen. Sie sind das bevorzugte Ziel von SWAPO-Anschlägen, die derartige »Urlauber« in den Krals gerne abfangen, verschleppen oder umbringen. Es herrscht außerdem Sippenhaftung, das heißt, die Familien der Soldaten werden ebenso verfolgt. Deshalb lassen die Soldaten ihre Angehörigen oftmals in die Nähe der Militärcamps übersiedeln, wo sie sicherer sind.

Die Namibisierung war in den Augen der DTA-Regierung, aber auch aus der Sicht der Südafrikaner – die ja letzten Endes nicht nur die personelle Last der Sicherheitsmaßnahmen, sondern auch alle finanziellen Lasten des noch ungeborenen provisorischen Staates SWA/Namibia tragen müssen – eine unabdingbare realpolitische und zugleich psychologische Maßnahme. Dadurch wird versucht, einen Übergang vom einstigen Status des »C-Mandates« zur Zukunft zu schaffen, eine Situation, die allerdings auch den Beigeschmack einer präjudizierenden Taktik aufweist, indem man Tatsachen setzen will. Gemäß UNO-Dokument S/12636 vom 10. April 1978 hat die westliche Kontaktgruppe unter Punkt 8. C. dagegen ausdrücklich festgehalten, daß die einheimischen SWA/Namibia-Verbände (die ethnischen Militärverbände) im Rahmen des UNTAG-Plans innerhalb sechs Wochen ab Beginn der UNO-Kontrollphase vollständig aufgelöst werden müssen.

Wenn also gegenwärtig nach wie vor diese »namibisierten« ethnischen Militärverbände aufgebaut und mobilisiert werden, rechnen Windhoek und Pretoria anscheinend noch mit einer sehr langen Übergangs- und Wartezeit, bis dieser UNO-Plan (UNTAG) zur Durchführung kommt – wenn überhaupt...

Viele Kirchen – viele Meinungen

Die Kirchen haben mit ihren Missionsstationen bis 1950 zur Kolonisierung Südwestafrikas wesentlich mehr beigetragen, als es die deutschen oder südafrikanischen Hoheitsverwaltungen jemals vermochten, denn die Kirchen schafften eine eigene Infrastruktur mit Schulen und Hospitälern, die auch noch heute unentbehrlich geblieben sind. Der Staat hat sich im nachhinein sehr geschickt eingeschaltet und finanziert heute die Gehälter von kirchlichen Lehrern und Krankenhauspersonal und stellt auch kostenlos die Medikamente und teilweise auch Krankenhauseinrichtungen zur Verfügung. Darüber hinaus haben verschiedene Missionsstationen nichtbenützte oder halb verfallene Gebäude, Kapellen oder kleine Kirchen der Regierung zur Verfügung gestellt, die auf Staatskosten instand gesetzt und als ärztliche Ambulanzstationen verwendet werden. Die Kirchen und Missionen wären kaum mehr in der Lage gewesen, alle diese erdrückenden finanziellen Lasten zu tragen, so bildet diese Lösung für beide Seiten einen Vorteil, da sich die Regierung Neubauten von Schulen und Krankenhäusern erspart und auf Einrichtungen der Missionskirchen zurückgreifen kann. Dazu kommt noch, daß die Bevölkerung dort bereits Kontakt und Vertrauen zu den Schulen und Krankenhäusern der Kirchen hat, was bei verschiedenen Volksgruppen bedeutungsvoll und wichtig ist.

1806 hatte die Londoner Missionsgesellschaft im Süden von Südwestafrika mit ihrer Arbeit begonnen. Sie wurde 20 Jahre später von der Rheinischen Mission abgelöst, während 1871 im Ovamboland auch die Finnische Mission mit ihrer Arbeit begann und dort heute noch vertreten ist.

Die katholische Kirche ist im ganzen Land vertreten und hat ebenso im Kavango und Caprivi Missionsstationen, Schulen und Krankenhäuser errichtet.

Die wichtigsten Religionsgemeinschaften in SWA/Namibia sind:

- Evangelisch-Lutherische Ovambo-Kavango-Kirche (ELOK) mit 350.000 Mitgliedern (selbständige Kirche seit 1961/80 Prozent der Bevölkerung vom Ovamboland und West-Kavango).
- Evangelisch-Lutherische Kirche (ELK); sie hat sich 1957 aus der ehemaligen Rheinischen Mission gebildet, mit 200.000 Mitgliedern.
- Römisch-katholische Kirche mit 167.000 Mitgliedern.
- African Methodist Episcopal Church (AMEC) (1947 von der Rheinischen Mission abgesplittert) mit 40.000 Mitgliedern.
- Rheinische Mission mit 15.000 Mitgliedern.
- Deutsch-Evangelische Lutherische Kirche (nur Weiße), mit 15.000 Mitgliedern.
- Oruuano-Kirche der Hereros (sagte sich 1955 von der weißorientierten Rheinischen Missionsgesellschaft los und gründete eigene, nationalbewußte christliche Herero-Kirche) mit 20.000 Mitgliedern.

Außerdem existieren noch folgende Religionsgemeinschaften:

- Nederduits Gereformeerde Kerk, Nederduits Hervormde Kerk, Gereformeerde Kerk, Baptisten, Apostoliker, Anglican Church, Adventisten, Jehova-Gemeinschaft, Hebräische Kongregation, Jüdische Religionsgemeinschaft.

Verschiedene christliche Kirchen wurden von Einzelpersonen oder Stammesgruppen nach ihrem eigenen Einfühlungsvermögen so radikal umgeformt und den tribalistischen Bedürfnissen angepaßt, daß mitunter von einer christlichen Religion nicht mehr viel übrig geblieben ist als das Kreuzessymbol. Sehr häufig spielen noch das »Heilige Feuer« mit und der damit verbundene Ahnenkult eine ausschlaggebende Rolle. Das konnten selbst intensivste Missionsbemühungen bis heute nicht auslöschen, ja man muß sich mitunter hüten, in diese Glaubensbereiche einzudringen. In einigen Fällen sind diese Kirchen so tribalistisch orientiert, daß nur ganz bestimmte Volksgruppen als Mitglieder aufgenommen werden. Einige Kirchen haben sich zum »Council of Churches in Namibia« zusammengeschlossen, und zwar: die Evangelisch-Lutherische Ovambo-Kavango-Kirche, die Römisch-katholische Kirche (nur Beobachterstatus, nicht Mitglied), die Anglikanische Kirche, die Evangelisch-Lutherische Kirche, die Methodisten-Kirche und die Deutsch-Evangelische Lutherische Kirche.

Sie versuchen, in dieser ökumenischen Gemeinschaft ihre Bemühungen besser und wirkungsvoller durchsetzen zu können. Es knistert aber in diesem »Council« bei manchen Sitzungen gewaltig, wenn man mitunter Unterschriften oder gemeinsame Grundsatzerklärungen verweigert oder auch Ansichten über politische Probleme mehr als nur unterschiedlich sieht und interpretiert.

Es hat den Anschein, daß gerade in der grundsätzlichen Frage der SWAPO-Beurteilung mehr Meinungen in den verschiedenen Kirchen vorherrschen, als es Religionsgemeinschaften gibt. Verschiedene Kirchenführer äußern sich bewußt diplomatisch und geradezu nichtssagend zur Lage und Beurteilung der politischen Situation in SWA/Namibia, weil sie genau wissen, daß ihre Aussage publiziert wird und sie davor aus begreiflichen Gründen zurückschrecken, sich mit ihrer Meinung »festzunageln«. Andererseits sind die Kirchen auch einem unsichtbaren Druck ausgesetzt, weil es wiederholt zu Ausweisungen von Bischöfen, Kirchenführern und Missionspersonal in SWA/Namibia gekommen ist. Manche Kirchenleute aber sind völlig unbeeinflußt von solchen Überlegungen und poltern mit ihrer Meinung heraus, wobei es ihnen völlig gleichgültig ist, ob sich daran jemand stoßen könnte.

Der Albino-Pater Kameeta von der Evangelisch-Lutherischen Kirche – der zweite Mann in der Führung – verliert sich in ganz allgemein gehaltene Aussagen, daß die Kirche für alle da sein müsse, daß die Kirche gegen jede Anwendung von Gewalt sei und die Apartheidpolitik strikt ablehne. Wenn die Sprache auf die SWAPO kommt, erhält man keine richtige Antwort mehr. Er weicht sehr geschickt aus, was man ihm nicht übelnehmen kann, gilt er doch als aussichtsreicher Kandidat für das höchste Amt in seiner Kirche.

Eine Stellungnahme der katholischen Kirche kann dem Heft 14 der »Stimmen der Kirche – Bericht der Südafrikanischen Bischofskonferenz zur Lage in Namibia« vom 14. Mai 1982 entnommen werden. Eine Gruppe von sechs Mitgliedern hat vom 21. bis 29. September 1981 SWA/Namibia bereist, und diese Delegation ist in 17 Gesprächsrunden, an denen 180 Personen teilgenommen haben, zu nachstehenden Erkenntnissen gelangt:

Wie zu erwarten war, zeigt das Bild, das wir von der Haltung der meisten schwarzen Namibier gegenüber der derzeitigen Regierung gewonnen haben, daß diese in ihr ein Werkzeug sehen, mit dessen Hilfe die Kontrolle Südafrikas über Namibia gesichert und eine von Südafrika diktierte Form der Politik auferlegt werden soll. Sie ist in erschreckend deutlicher Weise auf die Apartheidpolitik ausgerichtet, gegen die die große Mehrheit der Bevölkerung eine deutliche Abneigung zeigt, auch wenn es unter den Hereros und Tswanas eine spürbare Befürwortung für die von ihr gebotene Trennung geben mag.

Einige Fragen wurden wie folgt behandelt:

In Anbetracht der Kriegssituation sei es schwierig, die Schuldhaftigkeit für das Legen von Landminen abzuschätzen, aber es müsse akzeptiert werden, daß die Armee sich zeitweilig eines unverantwortlichen und ungebührlichen Verhaltens schuldig mache.
Was die Proklamationen AG 9 und AG 26, Inhaftierung ohne Gerichtsverfahren, hauptsächlich von SWAPO-Mitgliedern,

Folter, Mißhandlung, Zurückhalten von Informationen vor den Familien und Zeugeneinschüchterung beträfe, sei die DTA gegen Proklamationen und ihre Folgen, aber es sei ihr bisher nicht gelungen, den Generaladministrator davon abzuhalten, sie beizubehalten und durchzusetzen.

Zur Wehrpflicht meint dieser Bischofskonferenz-Bericht:

Noch scheint die Massenwehrpflicht nicht realisiert zu werden, obwohl bereits eine beträchtliche Zahl junger Männer gewaltsam zur Armee eingezogen wurde, und diejenigen, die als Anhänger der SWAPO erkannt werden, werden einer »Umerziehung« unterzogen. In anderen Fällen scheint die Regierung das Recht auf Verweigerung des Kriegsdienstes anerkannt zu haben.

Weitaus bedenklicher und bedrohlicher müssen die nachstehenden Ausführungen jeden Leser stimmen, wenn es um die »Haltung der schwarzen Namibier gegenüber den südafrikanischen Sicherheitskräften« geht:

In weiten Teilen Namibias sichert Südafrika seine Kontrolle über das Land durch eine gewöhnliche Polizeitruppe und eine Sicherheitspolizei. Im Kriegsgebiet arbeiten Armee-Einheiten zusammen mit der Polizei, der Sicherheitspolizei, Hilfspolizisten und Soldaten der Bürgerwehr unter der Leitung der Armee. Viele werden aus der ansässigen Bevölkerung rekrutiert.
Der Dienst in der Armee, der Polizei oder der Bürgerwehr bedeutet bei weitverbreiteter Arbeitslosigkeit ein gewisses Einkommen. Stammesführer, die mit dem System zusammenarbeiten, müssen von Soldaten der Bürgerwehr beschützt werden. Zusammenfassend hat man den Sicherheitskräften im Kriegsgebiet den aus der Ovambosprache entnommenen Namen »omakakunya« gegeben. Wir hatten Schwierigkeiten, die eigentliche Bedeutung des Wortes herauszufinden, aber seine Bedeutung ist in keiner Weise schmeichelhaft – »Blutsauger«, »Knochensammler« u. a. Man kann wohl nicht allen Einheiten Greueltaten vorwerfen, aber die örtliche Bevölkerung neigt dazu, alle Sicherheitskräfte unter einer gemeinsamen Bezeichnung zusammenzufassen.
Strenge Sicherheitsmaßnahmen wurden durch die Proklamationen AG 9 und AG 26 ermöglicht. AG 26 gestattet es

dem Generaladministrator, jeden Namibier, der wahrscheinlich eine Bedrohung für die öffentliche Sicherheit und
Ordnung darstellt, in Haft zu halten. AG 9 ermöglicht die
wiederholte Inhaftierung für 30 Tage, ohne daß der Inhaftierte das Recht hat, einen Rechtsbeistand in Anspruch zu
nehmen.

Es ist allgemein bekannt, daß Inhaftierungen und Verhöre in
allen Teilen des Landes von Schlägen, Folter, kärglicher Kost
und Einzelhaft begleitet sind. Auf diese Haltung stießen wir
bei der Mehrzahl unserer kirchlichen Gesprächspartner, aber
auch bei vielen anderen.

Berichte über die Ereignisse im Kriegsgebiet zeigen, daß es
als allgemein anerkannt gilt, daß die Sicherheitskräfte bei der
Suche nach SWAPO-Guerillas vor nichts zurückschrecken,
um aus den Menschen Informationen herauszukriegen. Sie
dringen in Häuser ein, schlagen die Bewohner, erschießen
Menschen, stehlen und töten Vieh, und oftmals plündern sie
Geschäfte und Teestuben. Entdecken die Sicherheitskräfte
Spuren von SWAPO-Guerillas, ist die örtliche Bevölkerung
in Gefahr, denn dann werden die grausamen Maßnahmen
noch verstärkt. Man verbindet ihnen die Augen, schleppt sie
aus ihren Häusern und läßt sie verprügelt oder sogar tot am
Straßenrand liegen. Frauen werden vielfach vergewaltigt.
Dringt ein Kommando in ein Haus ein, kommt es nicht selten
vor, daß sich die weißen Soldaten, während ihre schwarzen
Kollegen die Familie in Schach halten, die hübschesten
Mädchen heraussuchen und sie in den Busch zerren, um sie
dort zu vergewaltigen. Wiedergutmachungen kann man
nicht verlangen, denn Berichterstattungen an die Komman-
deure über Verstöße oder Greueltaten werden als gefährliche
und zwecklose Bemühungen angesehen.

Unter diesen Umständen ist es klar, daß die Zivilbevölkerung
eingeschüchtert ist. Es gibt wohl kaum eine andere Möglichkeit, Informationen aus einer Bevölkerung herauszubekom-
men, die von der SWAPO vollständig durchsetzt, ihr wohl-
gesonnen ist und Angst vor Vergeltungsmaßnahmen hat. In
einer solchen Bevölkerung, die zwischen zwei gegeneinander
kämpfenden Truppen zerdrückt wird, ist es nicht zu vermeiden, daß die ganze gesellschaftliche Atmosphäre von
Argwohn zersetzt ist. Es ist schwer, überhaupt jemandem zu
trauen. Das sicherste ist, nichts zu wissen und nichts zu sagen
– außer man wird dazu gezwungen.

Bezüglich der Vergeltungsmaßnahmen wurde uns gesagt, daß Einschüchterungen wohl nicht die Politik der SWAPO seien, weil sie als Guerilla-Armee auf das Wohlwollen der Bevölkerung angewiesen ist. Wenn aber die SWAPO hört, daß jemand mit den Sicherheitskräften zusammenarbeitet, schickt sie eine Warnung los. Wird die Zusammenarbeit fortgesetzt, schlägt sie zu. Man weiß von ihr, daß sie Bestattungen ihrer Opfer verhindert, um sicherzugehen, daß die Nachbarn die Botschaft erhalten.

Auf der anderen Seite erzählte man uns, daß die Sicherheitskräfte die Körper getöteter SWAPO-Guerillas zur Schau stellen, indem sie herumfahren und dabei die Körper von den Militärfahrzeugen baumeln lassen.

Man sagte uns auch, daß Schulinspektoren weder in ihrem Dienstfahrzeug fahren noch eine Militäreskorte annehmen würden. Alles Amtliche oder mit der Armee in Verbindung zu Bringende ist entweder verhaßt oder zu gefährlich.

Im Kriegsgebiet wurde eine nächtliche Ausgangssperre verhängt. Jeder, der nach Einbruch der Dunkelheit umherläuft, wird erschossen. So darf man nicht einmal einem kranken Nachbarn oder einer Frau bei der Geburt zur Hilfe kommen. Ein Geistlicher, der dem Ruf zu einem Kranken folgt, riskiert sein Leben.

Einige Menschen, die brutal behandelt wurden, schilderten uns ihre persönlichen Erlebnisse.

Sie erzählten uns, was sie durchgemacht hatten.

Einer berichtete, daß er drei Monate lang inhaftiert war, von denen er zwei Wochen in Einzelhaft bei Wasser und Brot verbracht hat.

Ein anderer erzählte, daß man ihm mit einem Sack die Augen verbunden und zu einem Platz gebracht hat, an dem man ihn am Hals aufhing, so daß gerade die Zehen noch den Boden berührten. Nachdem man ihn geschlagen und mit Elektroschocks gequält hatte, wurde er mit einigen anderen, darunter auch Mädchen, zum Stausee gebracht. Die Mädchen wurden von den Männern der Sicherheitskräfte unsittlich berührt. Alle wurden in den Stausee geworfen, wobei sie immer noch die Säcke über die Köpfe gestülpt hatten. Unserem Gesprächspartner gelang es, sich schwimmend in Sicherheit zu bringen und den anderen aus dem Wasser zu helfen.

Ein Dritter erzählte, wie um drei Uhr früh drei Polizisten in sein Haus eingedrungen seien und ihn gefragt hätten: »Die

Leute, die hier waren, wo sind die?« Er antwortete, daß er niemanden gesehen habe. Er wurde mit dem Gewehrlauf geschlagen und fiel hin. Nochmals wurde er in die Seite geschlagen und spuckte Blut. Die Polizisten nahmen seine Stabbatterien und sein Geld und verließen ihn. Ein Freund brachte ihn ins Krankenhaus.

Ein Vierter berichtete, daß er gerade auf seinen Feldern gearbeitet habe, als die Polizei kam, ihn mit einer Pistole bedrohte und ihn zwang, in einen Laster zu steigen. Er wurde zum Gefängnis gebracht, aber da die Polizisten keinen Schlüssel hatten, wurde er an den Gefängnisgittern festgebunden, bis der Schlüssel gefunden wurde. Er wurde eingeschlossen; am nächsten Morgen bekam er Wasser und Brot und am Abend nur Wasser. Nach seiner Entlassung wurde er noch einige Male zum Verhör verhaftet.

Ein Fünfter erzählte, daß er drei Monate im Gefängnis verbracht hatte, häufig mit verbundenen Augen und ohne Jacke, so daß er unter der Kälte litt. Er wurde getreten und geschlagen; man schloß ihn an eine Maschine an, zu der eine Art Zaumzeug gehörte. Sie verursachte ihm große Schmerzen. Am Ende verfiel er in völlige Apathie und verlor alle Angst und Furcht.

Eine Frau erzählte, wie sie während ihrer Inhaftierung ständig geschlagen und Elektroschocks ausgesetzt war, während sie an Händen und Füßen an einen Stuhl gekettet war. Während der Schockbehandlung knebelte man sie und band ihr ein in Salzwasser getränktes Tuch, das in ihrem Nacken fest angezogen zusammengebunden wurde, quer über den offenen Mund. Die Schockbehandlung führte zu Blutungen und griff die Nieren an. Sie mußte in ein Krankenhaus eingeliefert und operiert werden. Nach der Operation wurde sie zurück ins Gefängnis gebracht. Die Gefängniszelle war eine Eisenhütte – heiß und schmutzig. Die Operationswunde eiterte.

Da die oben beschriebenen Erlebnisse von den Menschen im Kriegsgebiet als typisch angesehen werden, kann man sehr gut verstehen, wenn sie sagen, daß sie nicht die SWAPO-Guerillas, sondern die südafrikanischen Sicherheitskräfte fürchten. In ganz Namibia sieht man in diesen Truppen allgemein eine »Besatzungsarmee«.

Wie man über die SWAPO in in SWA/Namibia denkt, hat die Studiendelegation der Bischöfe folgendermaßen in ihrem Bericht festgehalten (auszugsweise):

> Die große Propagandawaffe, die Südafrika gegen die SWAPO einsetzt, ist die Anschuldigung, sie sei eine marxistische Bewegung. Wir fragten immer wieder, wie die Menschen darüber denken.
>
> Uns wurde wiederholt geantwortet, daß die SWAPO im Grunde eine nationale Befreiungsbewegung sei, die, als sie erstmalig den bewaffneten Kampf wählte, die Länder des Westens um Waffen bat, und sich erst dann, als der Westen diese Lieferungen ablehnte, an die Länder des Warschauer Pakts hielt.
>
> In Kirchenkreisen, wie im namibischen Kirchenrat und in der Umgebung der lutherischen Bischöfe von Ovambo-Okavango, vertrat man die Meinung, daß sie keinen Beweis dafür hätten, daß die SWAPO marxistisch sei. Im Gegenteil würden sie viele SWAPO-Guerillas kennen, die gläubige und praktizierende Christen seien, junge Leute, die die Bibel lesen und beten und mit größter Entschlossenheit den Kontakt zu den Kirchen aufrechterhalten. In den Lagern der SWAPO werden Gottesdienste abgehalten.

Ein hoher katholischer Kirchenführer in Windhoek gab auf meine Befragung eine verblüffende Stellungnahme ab:

»Wir haben keinen Beweis dafür, daß die SWAPO eine marxistische Befreiungsbewegung ist, und finden diese Interpretation eigentlich nur in der südafrikanischen Propaganda. Wir sind bisher von den SWAPO-Leuten noch nie angegriffen oder belästigt worden. Auch die ganze Situation in dieser »Kriegszone« ist für uns sehr bedauerlich, weil die Bevölkerung unter den brutalen Übergriffen der südafrikanischen Armee sehr leidet . . .«

Frage: Leidet sie nur unter den südafrikanischen Soldaten oder auch unter den SWAPO-Anschlägen und Landminen?

Antwort: Die angeblichen Terroristenanschläge und Landminenopfer haben manchmal seltsame Hintergründe, so

daß man gar nicht sagen kann, wer eigentlich dahinter-
steckt.

Frage: Wollen Sie damit behaupten, daß die SWAPO-
Anschläge und Landminenverlegungen nicht von der
SWAPO, sondern von den Südafrikanern durchgeführt
werden?

Antwort: Ich behaupte überhaupt nichts, aber diese Frage
steht unbeantwortet und ungeklärt im Raum. Möglich
ist alles, und wenn Sie sich einmal den Bericht von
Bischof Kleopas Dumeni über einen denkwürdigen
Vorfall durchlesen, werden Sie mein Mißtrauen verstehen können.

Frage: Glauben Sie nicht, daß der Abbau der Apartheidpolitik in Namibia – im Vergleich zu der Situation in
Südafrika auf diesem Gebiet – wesentlich fortgeschrit-
tener ist und daß für die Zukunft des Landes die
ethnischen Interessen aller Volksgruppen berücksichtigt werden müssen? Auch die Religionsfreiheit wurde
den Kirchen von der derzeitigen Regierung garantiert.

Antwort: Wir begrüßen grundsätzlich jede Verbesserung
für die Lebensbedingungen der Bevölkerung des Landes. Zu politischen Fragen möchte ich mich aus
verständlichen Gründen nicht äußern, denn das hängt
mit der von Ihnen erwähnten Religionsfreiheit zusammen. Drei Bischöfe und eine ganze Reihe anderer
Kirchenleute wurden bisher ausgewiesen, und Visa
werden für Missionspersonal verweigert; das alles ist in
unseren Augen nicht die garantierte Religionsfreiheit.

Frage: Die katholische Kirche hat gerade im Ostblock
sowie in anderen kommunistischen Staaten in der Welt
sehr große Schwierigkeiten. Muß sich da die Kirche
wegen ihrer toleranten Haltung gegenüber der SWAPO
nicht vielleicht eines Tages Vorwürfe machen, wenn
Ereignisse stattfinden oder Zustände eintreten, daß ein
marxistisches Regime in SWA/Namibia der Kirche und
ihren Mitgliedern noch ärgere Schwierigkeiten bereitet?

Antwort: Wir sind für alle da und müssen allen helfen. Wie schon eingangs erwähnt, ist es für uns unwahrscheinlich, daß die SWAPO eine derartige politische Linie verfolgt.

Frage: Bildet für Ihre Kirche Südafrika das größere Feindbild und die größere Gefahr als der Marxismus?

Antwort: Dazu möchte ich mich nicht äußern, nicht hier in der Hauptstadt von SWA/Namibia.

Die vorstehend erwähnte brutale Geschichte, die Bischof Dumeni persönlich erlebt hat, erregte nicht nur in kirchlichen Kreisen Ärgernis, sondern wurde auch weltweit in den verschiedenen Medien angeprangert:

> Bischof Kleopas Dumeni befand sich zusammen mit fünf anderen Geistlichen der ELOC auf Visitationsbesuch im Ovamboland und hielt am 16. Mai 1982 um 10.30 Uhr einen Gottesdienst ab, an dem etwa 600 Personen teilgenommen hatten. Einige Militärfahrzeuge ohne Kennzeichen fuhren plötzlich vor die Kirche, die Soldaten sprangen von den Fahrzeugen und kreisten das Kirchengelände ein. Der Bischof ersuchte die Soldaten, die Beendigung des Gottesdienstes abzuwarten. Der Kommandant der Gruppe erklärte aber, daß er den Fußspuren einiger SWAPO-Leute bis zur Kirche gefolgt sei.
>
> »Warum haben die Leute Angst? Wir befinden uns im Krieg, und wir kämpfen für euch! Ich habe sieben Brüder durch die SWAPO verloren«, sagte der Kommandant lautstark zum Bischof und setzte hinzu: »Gehen Sie in die Kirche, Sie ... (Schimpfname ordinärer Art). Ich kann all diese Leute totschießen – ich habe von der Ovambo-Regierung den Befehl, dies hier zu tun!«
>
> Die Leute wurden aus der Kirche herausgetrieben, wobei Befehl gegeben wurde, auf jeden zu schießen, der versuchen sollte zu flüchten. Frauen und Kinder wurden separiert, während die Männer hinter das Kirchengebäude getrieben wurden, wo man sie schlug, mit Füßen trat und brutal mißhandelte. Eine Stunde dauerte diese Tortur, bis die Soldaten das Gelände mit ihren Autos verließen. Einige Männer vermochten sich noch heimzuschleppen, andere waren so grausam zugerichtet worden, daß sie nicht einmal mehr gehen konnten. Es wurde kein SWAPO-Mann gefunden.

Dieser Vorfall machte viel böses Blut im Ovamboland und fand auf keiner Seite Verständnis oder gar Entschuldigung.

Aber nicht alle katholischen Geistlichen vertreten die offizielle Meinung der »Kirche« oder ihrer Kirchenführung. Der Leiter der größten katholischen Missionsstation R. C. M. Sambiu – in der Nähe von Rundu –, Pater van Roosmalen, der bereits seit 32 Jahren in dieser am Grenzfluß (Cubango) gelegenen Mission hart arbeitet, hat eine konträre Meinung und begründet dies auch ohne Scheu. Am anderen Flußufer ist bereits Angola – einen Steinwurf weit entfernt. Er kennt die Verhältnisse in SWA/Namibia besonders an der heißen Grenze und antwortete auf meine Frage über die SWAPO, ohne erst nachzudenken und zu zögern: »Für mich bestehen überhaupt keine Zweifel, die SWAPO ist marxistisch ausgerichtet! Ich muß allerdings auch sagen, daß unsere Missionsstation mit Schule und Hospital sowie unser ganzes Missionspersonal in all den Jahren noch niemals belästigt worden sind. Wenn jemand Hilfe braucht, so fragen wir nicht, ob er zur SWAPO oder einer anderen Partei gehört.«

Der Landespropst der Deutsch-Evangelischen Lutherischen Kirche, P. G. Kauffenstein in Windhoek, meinte auf die Frage, was er über die SWAPO denke, gleichfalls frei und offen: »Es bestehen überhaupt keine Zweifel darüber, daß die SWAPO eine rein marxistische Bewegung ist und den verlängerten Arm der Russen im südlichen Afrika darstellt. Man darf das SWA/Namibia-Problem nicht isoliert sehen, sondern muß es in einem globalpolitischen Zusammenhang erkennen, dann wird vieles weitaus deutlicher. Ich weiß nicht, welche Motive diejenigen Kirchenleute haben, die bewußt und beharrlich diese Tatsachen leugnen. Hören und lesen Sie einmal die Reden und Schriften der SWAPO-Führer, und Sie werden den letzten Zweifel verlieren, ob die SWAPO eine verharmloste nationalistische Befreiungsbewegung oder ein Teil der kommunistischen Welt ist. Auch unsere Kirche ist gegen die bösen und schädlichen Auswirkungen der Apartheidpolitik und gegen verschiedene Gesetze wie AG 26 (Inhaftierung ohne Anklage und Verhör) und andere legale und illegale Auswüchse oder willkürliche Militärübergriffe. Wir müssen uns darüber jedoch klar sein, daß nicht alle Menschen gleich sind. Alle Menschen sind wohl gleichwertig, aber nicht gleichartig!«

Zum selben Problem zitiere ich Kauffenstein noch aus einem Wort der Kirchenleitung an die Gemeinden:

In dem gegenwärtigen Prozeß der Lösung SWA's von der RSA und der Bildung eines unabhängigen SWA/Namibias können wir unsere Sorge um dieses Land und seine Menschen nicht verschweigen. Unserer Kirche, die zirka 75 Prozent der Bevölkerung unseres Landes umfaßt, ist eine verantwortliche Rolle zugewiesen ...

Es schmerzt uns um so mehr, als von dem Vorwurf, Macht zu mißbrauchen, Unrecht zu praktizieren, Folter und Gewalt anzuwenden, auch Glieder unserer Gemeinde betroffen sind bis dahin, daß sie sich im Grenzgebiet gegenüberstehen und von ihren Waffen Gebrauch machen müssen ...

Wir können als Kirche von daher keinem der unterschiedlichen politischen Programme vorbehaltlos zustimmen und eine dementsprechende Empfehlung aussprechen.

Es wird immer deutlicher, daß das Problem SWA/Namibia nicht isoliert gesehen werden darf, sondern einbezogen ist in die weltweite geistige und geistliche Auseinandersetzung mit den Ideologien ...

Weil für unser Denken und Handeln ausschließlich das in der Bibel geoffenbarte Wort Gottes maßgeblich ist, müssen wir gleichzeitig vor dem Eindringen der Ideologie des Marxismus in unsere Gemeinden warnen ...

Wir wollen hier nur eine wesentliche Aussage über den Marxismus machen: Er würde in anderer Form unserem Land und seinen Menschen das gleiche Joch auferlegen, unter dem viele von uns jetzt leiden. Das beweisen die Verhältnisse in den Ländern, in denen diese Ideologie bestimmend ist. Der Marxismus ist erklärtermaßen atheistisch und antichristlich; er will eine Neuordnung der Welt, Freiheit, Frieden und Gerechtigkeit aus eigener Kraft schaffen durch Menschen, die nicht die erneuernde Kraft, die Befreiung von der Macht der Sünde, inneren Frieden und Gerechtigkeit Gottes durch den Glauben an Jesus Christus empfangen und erfahren haben.

Er ist deshalb in seinen mannigfachen Erscheinungsformen und Tarnungen von Christen als eine Pseudoreligion abzuweisen. Er ist keine Alternative zur Ideologie der Apartheid, von der wir meinen, daß sie Nährboden für den Marxismus sein kann. Wir bitten unsere Brüder, die in ihrer Verzweiflung Hilfe annehmen von Staaten, die von dieser Ideologie geprägt sind, einzusehen, daß sie unser Land in eine neue Abhängigkeit bringen und auch die Existenz unserer Kirchen entscheidend gefährden, wenn sie unter diesem »Schatten« Hilfe suchen (Jesaja 30,1–5). Wir bitten deshalb alle Gemeindeglieder, an den Grundsätzen christlicher Lehre festzuhalten, wie sie allezeit verkündigt worden sind.

Ein katholischer Pater, der schon Jahrzehnte im Norden SWA/Namibias dicht an der Angola-Grenze lebt, kommentierte sachlich den »Bericht der Südafrikanischen Bischofskonferenz zur Lage in Namibia«, den ich ihm vorlegte und den er bereits kannte: »Unsere hohen geistlichen Vorgesetzten in Windhoek, Pretoria oder Bonn und Rom sehen Probleme leider anders als wir Geistliche an der vordersten Front. Für uns an der Grenze ist es überhaupt keine Frage, ob die SWAPO marxistisch ist oder nicht. Sie ist es hundertprozentig! Die Untersuchungsdelegation, die nach einem neuntägigen SWA/Namibia-Aufenthalt und nach Gesprächen mit 180 Personen zu solchen Erkenntnissen gelangt, kann ich selbst nicht ganz ernst nehmen. Wenn Sie mir einen Gefallen erweisen wollen, so erwähnen Sie meinen Namen nicht, weil ich sonst Schwierigkeiten bekommen könnte.« Er sah mich etwas nachdenklich an, zeigte mit seinem Daumen über die Schulter zur Angola-Grenze und meinte abschließend: »Was dort drüben auf uns wartet, ist mehr als die SWAPO!«

Eine katholische Schwester in der ersten und ältesten katholischen Missionsstation in Andara, am Beginn des Caprivi-Zipfels, sagte vorsichtig und leise: »Ich war lange Jahre in Angola und habe dort die Machtergreifung durch die kommunistische MPLA und den Bürgerkrieg mitgemacht, Ich habe Angst um die Zukunft von SWA/Namibia ... Ich helfe, so gut ich es vermag, und habe keine politische Meinung zu diesen Problemen.«

Aus diesen und noch anderen Gesprächen mit Kirchenleuten geht eindeutig hervor, daß in der strittigen SWAPO-Frage die Kirchen absolut keine einhellige Meinung vertreten und das Pro und Kontra SWAPO auch innerhalb der Kirchen für eifrige Diskussionen sorgt. Es trifft also durchaus nicht zu, daß die Kirchen geschlossen hinter der SWAPO stehen oder gar eine Front gegen die Minderheit der Weißen in SWA/Namibia bilden.

Ich hatte Gelegenheit, mit einem höheren Beamten des südafrikanisch-namibischen Sicherheitsdienstes ausführliche Gespräche zu führen, dem ich auch Vorwürfe der Kirchen zur Stellungnahme vorlegte. Ich zitiere seine Antworten ebenso kommentarlos wie die vorhergegangenen Anschuldigungen.

Zu: Vorfall bei Gottesdienst/Bischof Dumeni

»Es kommt zweifellos in allen Kriegszonen zu Übergriffen des Militärs, ob dies in Vietnam, in Nahost, in Irland oder in den Weltkriegen der Fall war. Im Fall von Bischof Dumeni ist sicherlich Unrecht geschehen, was untersucht und bestraft werden muß, weil derartige kriminelle Befehle niemand geben kann und darf. Das Verlangen nach unabhängigen oder neutralen Gerichten für derartiges Fehlverhalten von Soldaten muß aber abgelehnt werden, weil jede Armee – ganz gleich, um welches Land es sich handelt – ihre eigenen Militärgerichte hat. Wir haben Beschwerdestellen in der ganzen Operationszone eingerichtet, wo jedermann seine Beschwerden oder Anklagen gegen das Militär vorbringen kann, und es erleidet niemand Nachteile, wenn er dies tut. Ich kann Ihnen zahlreiche Fälle zeigen, in denen Soldaten oder auch Offiziere aufgrund solcher Anzeigen nach durchgeführter Untersuchung im Schuldfall bestraft worden sind.

Obwohl ich den Untersuchungsbericht über diesen Fall

von Bischof Dumeni nicht im Detail kenne, möchte ich folgendes anmerken, was aber durchaus nicht als Entschuldigung, sondern eher für ein besseres Verständnis für die ganze Situation dienen soll. Der Gruppenführer jener Soldaten hat, wie er selbst sagte, sieben Brüder durch die SWAPO verloren, sie wurden von der SWAPO erschossen. Der Mann hat natürlich menschlich begreifliche Emotionen gegen die SWAPO, die manchmal zum Durchbruch kommen, aber keine Entschuldigung für sein unqualifiziertes Verhalten sind. Die Verantwortlichen sind von einem Militärgericht bestraft worden.

Grundsätzlich möchte ich dazu aber noch sagen, daß es wiederholt vorgekommen ist, daß bewaffnete SWAPO-Terroristen in Kirchen geflüchtet sind, um dort ihre Waffen zu verstecken und in der großen Schar der Kirchenbesucher unterzutauchen. Der Vorwurf, warum man nicht den Gottesdienst abgewartet hat und erst nachher mit den Nachforschungen begonnen hat, ist auch für den Sicherheitsdienst zweischneidig. Ich kann ihnen Fälle vorweisen, wo SWAPO-Terroristen Zivilisten als Schutzschild verwendet und zu schießen begonnen haben. Wenn also die Kirchenbesucher nacheinander die Kirche verlassen und kontrolliert werden, ist unserer Meinung nach ein besserer Schutz für die Menschenmenge gegeben. Uns bleibt leider keine andere Wahl, als gleich Durchsuchungen vorzunehmen, was oftmals nicht einfach ist, weil diese Terroristen ja Zivilkleidung tragen und vom Äußeren her nicht von der Zivilbevölkerung zu unterscheiden sind. Wir können Kirchen nicht als exterritoriale Asyl- und Zufluchtstätten für SWAPO-Terroristen respektieren oder akzeptieren, sehen aber ein, daß Terroristen jede sich bietende Tarn- und Schutzmöglichkeit ausnützen wollen. Nur müssen die Schutzgebenden dann Konsequenzen auf sich nehmen, wenn es hart auf hart geht.«

Zu: Ausweisung von Kirchenführern und Visaverweigerung für Missionspersonal

»Wir haben prinzipiell nichts gegen die Kirchen, aber gegen einige Kirchenführer, wenn diese öffentlich in ihren Kirchen gegen die bestehende Ordnung predigen oder hetzen. Das gehört in unseren Augen nicht mehr zur Religionsfreiheit und läßt sich in dieser Form sehr selten ein Staat gefallen. Sobald sich Kirchenführer aktiv in die Politik einmischen und die Bevölkerung geradezu ermuntern, sich gegen Recht und Ordnung aufzulehnen, dann bleibt uns nichts anderes übrig, als solche Kirchenführer des Landes zu verweisen. In jedem einzelnen Fall einer Landesverweisung wurden sorgfältig die Beweise geprüft. Es kommt ja noch etwas hinzu: Bei uns ist jede kommunistische Partei verboten, wir kennen in dem Punkt keine Toleranz. Wenn Sie als Beispiel den seinerzeit ausgewiesenen anglikanischen Bischof Winter nehmen – der vom Ausland meist zitiert wurde –, so mußten wir feststellen, daß dieser Bischof, der inzwischen schon gestorben ist, dreimal bei kommunistischen Jugendtreffen oder ähnlichen Veranstaltungen in Moskau sowie zweimal in Prag bei kommunistischen Großveranstaltungen als Stargast fungierte. Wir haben wenig Verständnis für verantwortungslose Kirchenführer, die mit Vorliebe kommunistische Kontakte suchen oder pflegen. Es ist uns auch bekannt, daß einige Kirchenführer sich persönlich für die SWAPO eingesetzt haben, Kurierpost transportierten und ähnliche Gefälligkeiten für die Terroristen erbrachten, obwohl den Herren bekannt war, daß diese Leute Tag für Tag Minen legen und Anschläge verüben.

Ich möchte da noch ein weiteres Beispiel anführen, das die Finnische Mission im Norden betrifft. Vor einiger Zeit wurde in ein Krankenhaus der Finnischen Mission ein farbiger Ovambopolitiker eingeliefert. Farbige Politiker bilden das bevorzugte Ziel für SWAPO-Attentate, und deshalb hat – wie auch in der westlichen Welt führende Politiker – jeder farbige Politiker seine Leibwache. In

diesem Fall waren es vier Mann seines eigenen Stammes, die
für sein Leben verantwortlich waren. Die finnische Schwester dieses Missionskrankenhauses hat der Leibwache den
Zutritt und den Aufenthalt im Krankenhaus mit dem
Hinweis verboten, daß der kranke Politiker erst dann als
Patient aufgenommen werde, wenn die Leibwache verschwunden sei! Die vier Leibwächter mußten wohl oder
übel weggehen. Das war gegen 16 Uhr! Um etwa 20 Uhr
wurde der farbige Politiker im Krankensaal von SWAPO-
Terroristen im Bett erschossen. Für die Sicherheitsbehör-
den lag da ein Zusammenhang nahe, die Schwester erhielt
den Ausweisungsbefehl, der aber später wieder zurückgezogen wurde.

Ich glaube, man kann Pauschalbehauptungen nicht
aufstellen, sondern muß in jedem einzelnen Fall auch die
Gründe wissen und die andere Seite anhören. Vielleicht ist
es ein Fehler unserer Behörden, daß wir diese Gründe nicht
genügend veröffentlichen. Die weißen Missionare und
Kirchenleute reden hier ständig davon, daß einerseits die
Kirche von den Einheimischen übernommen werden muß
und daß andererseits nicht genügend weißes Missionspersonal aus Europa kommt ... Da liegt ein gewisser Widerspruch in der Aussage der Kirchen. Wir weisen niemanden
aus und verweigern auch keine Visa, wenn nicht schwerwiegende konkrete Gründe vorliegen.«

*Zu: Katholische Kirchenführer bezweifeln die SWAPO-
Urheber bei Terroristenanschlägen und Landminen*
»Nur zu vermuten, daß die Südafrikaner die Landminen
selbst in die Straßen legen und Anschläge auf die Zivilisten
ausführen, erscheint uns absurd. Wir setzen hohe Finder-
prämien für jede geortete Landmine aus, und unser Militär
muß jeden Morgen stundenlang die Straßen und Wege nach
Landminen absuchen – die Krankenhäuser sind voll mit
Verletzten, die durch Minen ihre Arme oder Beine verloren
haben, und dann sollen wir selbst in der Nacht diese
sowjetischen Landminen eingegraben haben? Wo bleiben

da Logik, Motiv und Sinn solch einer Tat? Wer soll einen solchen Unsinn glauben?

Es ist aber leider Tatsache, daß die Kirchen – zumindest einige von ihnen – immer nur von den ›Greueltaten‹ der Südafrikaner sprechen, aber alle SWAPO-Greueltaten wortlos übergehen und überhaupt nicht erwähnen. Diese Einseitigkeit ist für uns nicht verständlich und hat wahrscheinlich sehr viel zur Polarisierung zwischen den Kirchen auf der einen und dem Militär und der jetzigen Regierung auf der anderen Seite geführt. Wir vertragen offene und sachlich berechtigte Kritik, haben aber kein Verständnis, wenn Kirchenführer sich dafür hergeben, als Anwälte von Terroristen aufzutreten. Manche Kirchenführer scheinen keine Objektivität zu wollen und stehen naiv oder bewußt auf der Seite einer Bewegung, deren Wege und Absichten sie nicht zu kennen scheinen. Aber im Falle einer Machtergreifung dieser Bewegung werden die Kirchen wohl kaum mehr Chancen haben als in kommunistischen Ländern. Manche Kirchenleute sehen heute in Südafrika den großen Feind und scheinen bereit zu sein, sich mit allen Kräften zu verbünden, die gegen Südafrika kämpfen. Ich bezweifle, ob diese Rechnung aufgeht.«

Zu: Bericht der südafrikanischen Bischofskonferenz zur Lage in SWA/Namibia
»Würde SWA/Namibia nur von einem oder zwei Völkern bewohnt, wäre das Problem relativ einfach, aber bei elf verschiedenen ethnischen Gruppen multipliziert sich das Problem in erschreckender Art. Sehen Sie nach Irland oder Belgien, wo es in der Zivilisation zwischen *zwei* verschiedenen Gruppen immer wieder zu abgrundtiefen Gegensätzen oder – wie in Irland – zu einem jahrzehntelangen Krieg kommt. Die traditionell gewachsenen Gegensätze der Völker in SWA/Namibia sind latent vorhanden, und die kann man auch nicht durch irgendeine christliche Religionsgemeinschaft auslöschen. Auch Weiße, die hier geboren sind und ihr ganzes Leben in SWA/Namibia

zugebracht haben, die über entsprechende Bildung und Fachwissen verfügen, stehen diesen Schwierigkeiten im Land oftmals hilflos gegenüber, weil die inneren Strukturen und Zusammenhänge derart verwirrend erscheinen. Nehmen Sie nur ein kleines Beispiel: Die Hereros sehen noch heute auf die Ovambos verächtlich herab, weil die Ovambos weiße Innenhandflächen und Fußsohlen haben, was die Hereros damit begründen, daß die Ovambos – so wie die Affen – einst als Tiere auf allen vieren gegangen sind. Die Hereros haben nämlich dunkle Handinnenflächen und Fußsohlen. Kämen – angenommen – die Ovambos durch die SWAPO an die Macht im Lande, so würden Sprüche von der verbindenden Arbeiter- und Bauernklasse oder Religionssprüche, daß alle Menschen gleich sind, überhaupt nichts fruchten, sondern es käme automatisch zu blutigen Bürgerkriegen zwischen den Stämmen. Trotz Bekehrung zum Christentum zählen bei den meisten Bewohnern die Ahnenfeuer mehr als das Symbol des Kreuzes, wenn es darauf ankommt. Wir haben Fälle von gebildeten Ovambos, die höhere landwirtschaftliche Schulen besucht haben und fachlich westliches Niveau besitzen, aber die Anwendung des Kunstdüngers ablehnen, weil ihre Vorfahren ihn auch nicht verwendet haben. Sie fürchten bei Verletzung dieser Tradition, nicht zu ihren Ahnen kommen zu können, obwohl sie genau wissen, daß mit Kunstdünger der doppelte und dreifache Ertrag erwirtschaftet werden kann. Dazu gibt es eine Fülle von kleinen und großen Problemen, insbesondere die rivalisierenden Gegensätze zwischen den großen Volksgruppen der Namas, Hereros und Ovambos, die geschichtliche Ursachen haben, nur kümmerlich überdeckte Abgründe. Es herrscht ein Wirrwarr von ethnischen, politischen und kulturellen Gegensätzen und Aggressionen.

Dann kommt eine Delegation von sechs kirchlichen Experten, die neun Tage lang auf verschiedenen Treffen mit 180 Personen reden und anschließend einen Bericht verfassen, in dem plötzlich alles klar und deutlich erkannt wird: wie die Stimmung im Lande ist, wie es um die SWAPO steht, was die Bevölkerung denkt und fühlt! Das ist doch eine selbstherrliche Manipulation! Ich kann ihnen zehn, 100 oder 1000 Leute für Gespräche bringen, die genau das Gegenteil dieser 180 Menschen aussagen. Das ist doch keine seriöse Meinungsbefragung, wenn man innerhalb weniger Tage ausgesuchte Gesprächsrunden als Grundlage für derartig ›tiefschürfende‹ Berichte nimmt. Wir haben fast keine Apartheidpolitik mehr in SWA/Namibia, und die wenigen Überreste werden in absehbarer Zeit auch noch verschwinden, aber in dieser Hinsicht kann man SWA/Namibia nicht mehr mit Südafrika gleichstellen. Wenn ich dann auf der letzten Seite dieser Broschüre (Bericht der südafrikanischen Bischofskonferenz) lese, wie alle an Gott glaubenden Menschen zum Gebet aufgerufen werden für eine Waffenruhe, ein Ende des Tötens und Leidens, für den Rückzug Südafrikas aus einer Situation der Gewalt, für eine Schaffung des Friedens und der Versöhnung, damit SWA/Namibia mit Hilfe wohlwollend gesinnter Staaten seine Unabhängigkeit erreichen kann, und daß Südafrika, so Gott will, seinen rechtmäßigen Platz unter den freien Nationen der Welt einnimmt – dann muß ich ganz ehrlich zugeben, daß in dieser Situation Gebete allein nichts nützen werden. Wir wollen auch so schnell als möglich den Frieden und die Unabhängigkeit SWA/Namibias, aber wir wehren uns gegen ein Vordringen der marxistischen Expansion in unserem Land, wir wollen unsere Bevölkerung über ihre Zukunft selbst bestimmen lassen und nicht Marxisten im Ausland; wir wollen eine demokratische Lösung und keine Volksdemokratie nach kommunistischer Spielart; wir lassen uns keine Gewaltlösung einer Einparteienregierung aufzwingen, deren Absichten die SWAPO-Führer schon allzu deutlich angekündigt haben. Wir haben ein Beispiel sehr nahe: Angola!«

Ovambos und die »Kriegszone«

Offiziell wird als Ovamboland das Siedlungsgebiet der sieben Ambostämme (das wäre die korrekte Bezeichnung): »Kwanyamas«, »Ndongas«, »Kwambis«, »Ngandjeras«, »Kwaluudhis«, »Mbalantus« und »Kolonkhadi-Eundas« bezeichnet. Diese sieben Ovambostämme hatten seit jeher eigene Häuptlinge und autonome Stammesgebiete. Sie sprechen verschiedene Sprachen, so daß sie sich untereinander entweder nur mit großer Mühe oder überhaupt nicht verständigen können. Das Ovamboland liegt eingekeilt zwischen dem im Westen befindlichen Kaokofeld und dem im Osten angrenzenden Kavango.

Das Ovamboland im Norden von SWA/Namibia war lange Zeit ein weißer Fleck auf allen Landkarten und wurde erst sehr spät erforscht, weil es vom Süden her schwer erreichbar war und sich die Stämme auch lange Zeit hindurch dem Eindringen von Fremden widersetzt haben. Erst 1851 gelang es Charles J. Andersson, mit einer Karawane den Norden zu erreichen, worauf begeisterte Berichte über dieses überaus fruchtbare und wasserreiche Land eintrafen. Fremde mußten immer außerhalb der Hüttensiedlungen lagern und nächtigen, das Trinkwasser mußte durch Geschenke gekauft werden, und die Häuptlinge (Könige) hatten eine Leibwache, die merkwürdigerweise aus Buschmännern bestand. Teils verdingten sich Buschmänner schon damals als »Söldner«, teils wurden sie bei Kriegszügen als Gefangene mitgeschleppt und als Sklaven gehalten. Buschmänner verfügen über rätselhafte Naturinstinkte, und eine Buschmänner-Leibwache galt seit jeher als die beste Lebensversicherung.

Die Ovambostämme besaßen eine ausgeprägte Gerichtsbarkeit, die zwar nach außen hin grausam schien –

unverheiratete Mädchen, die schwanger wurden, band man in trockene Grasbündel und verbrannte sie –, doch konnte damit die moralische Ordnung auf hohem Stand gehalten werden. Die Ovambos sind keine Nomaden, sondern kennen den Ackerbau und züchten Rinderherden. Die Stückzahl der Rinder ist maßgebend für das Ansehen der kleinen und großen Häuptlinge. Selbst heute verkaufen die Ovambos nur dann ihre Rinder, wenn es aus irgendwelchen Gründen unvermeidbar ist. Ansonsten lassen sie ihre Rinder eher zugrunde gehen. Sie betreiben keine Rinderhaltung nach ökonomischen Regeln, sondern das Rind ist Statussymbol. Die sieben Ovambostämme bilden auch keine homogene ethnische Einheit, sondern sind auch heute noch zeitweise in bitterer Feindschaft gegeneinander engagiert. Vorherrschaften und Tribalismus schlechthin sind die oft nichtigen Gründe für ernste Auseinandersetzungen.

Die Ovambos sind nicht nur wegen ihrer Bevölkerung wichtig, sondern sie leben in der »Kriegszone«, diesem etwa 200 km breiten Grenzgürtel. Aber auch nördlich der Grenze – in Angola – leben Ovambostämme, da ja die einstigen Kolonialgrenzen willkürlich am grünen Tisch gezogen wurden und man auf ethnische Fakten keine Rücksichten nahm. Da sich die SWAPO aus Ovambos rekrutiert, ergeben sich für die rund 20.000 bis 25.000 südafrikanischen Soldaten, die die Nordgrenze SWA/Namibias vom Atlantik bis nach Ostcaprivi kontrollieren sollen, enorme Schwierigkeiten. Die Grenze ist 1554 Kilometer lang, was in etwa der Luftlinie von London nach Rom entspricht. In der Praxis sieht diese Kontrollfunktion so aus, daß ein Bataillon seine Kompanien im Abstand von 50 bis 150 Kilometer in kleineren Stützpunkten untergebracht hat. Mit motorisierten Verbänden und Helikoptern versucht man, das endlose und unübersichtliche Buschland zu kontrollieren. Erschwert wird die Kontrolle, weil die SWAPO natürlich die Dunkelheit der Nacht ausnützt und ihre Kampfgruppen durch diese spärlichen

Linien der Südafrikaner nach SWA/Namibia einsickern läßt.

Die wichtigste und größte südafrikanische Militärbasis ist Ondangwa mit einem riesigen Militärflugplatz, von hohen Drahtzäunen und Wachtürmen – auf denen Scheinwerfer und Schnellfeuerkanonen untergebracht sind – umgeben. Da dieser strategisch wichtige Flugplatz vor längerer Zeit von SWAPO-Guerillas mit Raketen angegriffen worden war, hat man begonnen, einen zusätzlichen Erdwall zum Schutz gegen den direkten Beschuß aufzuschütten. Ondangwa ist die Basis, von der aus die Südafrikaner ihre vernichtenden Schläge nach Südangola hineintragen. Die Mirage-Flugzeuge werden aus Südafrika eingeflogen und stehen getarnt in den sicheren Hangars bis zu ihrem Einsatz. Einheimische, die am Düsenlärm der verschiedenen Militärflugzeuge die einzelnen Typen unterscheiden können, wissen meist sofort, wenn nachts die Mirage ankommen, daß es in den darauffolgenden Tagen oder Wochen wieder nach Angola gehen wird. Nordwestlich von Ondangwa liegt Oshakati, der Sitz der Ovambo-Provinzregierung, eine Stadt voller Leben, aber gleichzeitig eine Stadt, die den Eindruck eines Belagerungszustandes erweckt. In unregelmäßigen Abständen sind auf den offenen Straßen Sperren errichtet, an denen südafrikanisches Militär alle Fahrzeuge nach Waffen, Munition und Sprengstoff durchsucht und die Personalausweise kontrolliert. Die Stadt selbst kann man nur durch eine Sperre erreichen, wo hinter Sandsäcken Soldaten sitzen. Daneben steht ein Wachturm, auf dem ständig ein Südafrikaner hinter Sandsäcken an seiner schußbereiten Schnellfeuerkanone sitzt und aufmerksam den Straßenverkehr beobachtet. Alle Häuser haben Sandsackbunker, damit die Hausbewohner bei Schießereien sofort in Deckung gehen können.

Nachts herrscht das laut Kriegsrecht verkündete Ausgehverbot, Militärpatrouillen sind in der Dunkelheit unterwegs.

Man weiß nicht, ob die Leute vor oder hinter einem

harmlose Zivilisten oder die in Zivilkleidern operierenden SWAPO-Guerillas sind. Die SWAPO setzt für wichtige Angriffsziele – seien es nun bestimmte Personen oder Gebäude – ihre »Koevoet«-Schwadronen ein, Leute mit besonders harter und spezieller Guerillaausbildung. Das sind politisch gedrillte und fanatisch überzeugte Kämpfer, die meist nur in kleinen Gruppen operieren.

Das größte Problem in dieser Kriegszone bilden aber die von der SWAPO immer wieder verlegten Landminen sowjetischer Bauart und Herkunft, die nachts eingegraben werden. Bis vor kurzer Zeit war man der Überzeugung, daß Asphaltstraßen der beste Schutz für die Verkehrswege sind. Aber auch da hat die Guerillatechnik nicht haltgemacht. Neuerdings kommt es immer öfter vor, daß SWAPO-Leute mit Hilfe von Batterien eine Art Drahtschlinge zum Glühen bringen, damit aus dem Asphalt runde Scheiben »herausschweißen«, den Untergrund entsprechend ausräumen und die Tellerminen unterbringen, worauf die Asphaltscheibe wieder nahtlos eingepaßt wird.

Die Opfer dieser Landminen sind zu 99 Prozent Zivilisten und nicht das Militär, weil die Armee mit minensicheren Fahrzeugen unterwegs ist. Schüler- oder Krankentransporte werden gleichfalls mit diesen sonderbar aussehenden Panzerfahrzeugen durchgeführt. Es gibt einige Typen dieser Spezialfahrzeuge, die den Namen von Tieren tragen und gegen den Boden hin abgeschrägte Panzerplatten besitzen, manche Typen weisen sogar eine zusätzlich mit Wasser gefüllte Schutzwanne auf. Man muß in diesen vorsintflutlich aussehenden Vehikeln nur gut angeschnallt sein, weil bei einer Minenexplosion oftmals die Räder und die untere Konstruktion weggerissen werden.

Bei Morgengrauen rücken täglich die Minensuchtrupps aus und kontrollieren die hauptsächlichsten Verkehrswege. Erst dann wird der Straßenverkehr freigegeben. Doch kann man nicht alle Straßen und Wege absuchen, weil das Land dafür zu groß ist. Die SWAPO trifft mit dieser heimtückischen Waffe lediglich ihre eigenen Stammesbrüder und nicht selten Frauen und Kinder. »Warum kämpfen sie nicht gegen die südafrikanischen Soldaten? Warum töten und verwunden sie ihre Brüder? Warum?« fragte mich ein junger Lehrer mit weitaufgerissenen Augen.

Die SWAPO hat im Ovamboland zwei gut getarnte Stützpunkte, aber jede Suche danach blieb bisher ergebnislos. Neuerdings soll auch im weiter westlich liegenden Kaokoland eine kleine SWAPO-Basis eingerichtet worden sein. Dieser Krieg gegen die SWAPO-Guerillas ist wie ein Krieg gegen Stechmücken. Die eine oder andere erschlägt man, viele andere kommen nach. Die Südafrikaner haben auch vereinzelt Stützpunkte mit Buschreitern eingerichtet, die den Busch querfeldein nach Spuren absuchen und bei ihren »Bewegungen« nicht den schon weithin hörbaren Lärm eines Motors verursachen. Man bedient sich in diesem Kampf eben der modernsten und der einfachsten Taktik und Technik. So vermögen die Südafrikaner den Schutzgürtel an der nördlichen Grenze intakt zu halten, denn trotz aller Untergrundorganisation der SWAPO ist es dieser Befreiungsbewegung – von einigen sporadischen Einzelfällen abgesehen – noch nicht gelungen, ihren Kampf tiefer in das Land und in die Städte SWA/Namibias hereinzutragen.

Die wirksamste Methode, das Übel an der Wurzel zu bekämpfen, ist die *»Hot Pursuit«* (Heiße Spur). Die in das Land eingedrungenen Terroristen werden bis dorthin verfolgt, wo sie ihre großen Basen und Ausbildungszentren in Südangola haben. Diese Art der Bekämpfung über Staatsgrenzen hinweg, wie es auch Israel und andere Staaten machten, wurde inzwischen – trotz Protesten von einigen Seiten – selbst von der UNO als Notwehr und Schutz für die eigene Bevölkerung stillschweigend anerkannt. Es ist schwer zu verstehen, wenn in der Weltöffentlichkeit nie der über die Grenze kommende Terrorist, sondern lediglich der ihn bis dorthin verfolgende Soldat verdammt und geächtet wird. »Wenn der Hund des Nachbarn ständig durch ein Loch im Zaun auf mein

Grundstück kommt und da die Hühner tötet und der Nachbar trotz Warnungen das Loch im Zaun nicht dicht macht, muß er damit rechnen, daß ich den Hund erschlage, selbst wenn ich gleichfalls durch das Loch im Zaun kriechen muß...«, versuchte mir ein schwarzer Politiker das Problem mit einem Vergleich deutlicher zu machen.

Südafrika hat in der SWA/Namibia-Frage Angola und Sambia wiederholt nachdrücklich davor gewarnt, Befreiungsbewegungen oder Terroristen auf ihrem Staatsgebiet Unterschlupf zu gewähren, wenn diese Terroristen dann von diesen Basen aus über die Grenze nach SWA/Namibia kommen, um Anschläge zu verüben oder Landminen zu verlegen. Sambia zog daraus die Konsequenzen und untersagte der SWAPO von ihrem Staatsgebiet aus grenzüberschreitende Operationen, die SWAPO-Guerillas wurden in Camps untergebracht und überwacht, wo sie sich gegenseitig schulen und drillen können, soviel sie wollen, aber nicht nach SWA/Namibia marschieren dürfen. Angola ist in dieser Sache weitaus schwieriger dran, weil nicht die eigene Regierung, sondern nur die sowjetischen, ostdeutschen und kubanischen »Berater« über derartige Angelegenheiten entscheiden. Die SWAPO ist nun einmal ein Teil dieser kommunistischen Welt und kann nicht den nationalen Interessen der Volksdemokratie Angolas geopfert und fallengelassen werden. Wohl aber wurden in Südwestangola sowohl die kubanischen als auch die kommunistischen Regierungstruppen (FAPLA) etwa 200 bis 300 Kilometer zurückgezogen. Man spielte somit der SWAPO die Verantwortung in die Hände, die dort als einzige Grenzexekutive operiert. In Südostangola herrscht ja die antisowjetische Befreiungsbewegung UNITA unter Führung von Dr. Savimbi im Kampf gegen die Angola-Regierung.

Sobald die SWAPO-Aktivitäten zunehmen und verstärktes grenzüberschreitendes Aufkommen von SWAPO-Bewaffneten in Nordnamibia festgestellt wird oder die Aufklärung irgendwelche größere SWAPO-Basen ausgemacht hat, holen die Südafrikaner zu tödlichen Aktionen gegen diese SWAPO-Zentren in Südangola aus. Konkrete Informationen bringt vor allem die Luftaufklärung, die mit modernsten Kameras (ähnlich wie sie von den Spionagesatelliten verwendet werden) das Gelände systematisch aufnimmt. Aus einer Höhe von 12.000 bis 15.000 Meter aufgenommene Fotos lassen einwandfrei noch Rangabzeichen der SWAPO-Bewaffneten in den Camps oder Autokennzeichen deutlich erkennen. Sogar die Köpfe von Brillenträgern sind zu identifizieren. Diese Spezialfilme haben ein überaus feines Korn und höchstes Auflösevermögen, so daß die Luftaufklärung von keinen Zufälligkeiten oder Wolken beeinträchtigt werden kann.

Operationen gegen die SWAPO-Basen finden grundsätzlich immer mit Luftwaffenunterstützung statt. Mit motorisierten Verbänden, mit Fallschirmtruppen oder aber mit Helikopterstaffeln (gunships) greifen die Südafrikaner diese Buschcamps an. 1981 wurden Waffen und Munition in so horrenden Mengen erbeutet, daß ganze Lkw-Kolonnen für den Abtransport notwendig waren. Unter diesem sowjetischen Beutematerial befanden sich aber auch schwere Waffen (Raketenbatterien), eine Ausrüstung, die gewöhnlich bei einer Befreiungsbewegung nicht üblich ist und strategische Bedeutung hat, ebenso Panzer und Luftabwehrraketen, die von sowjetischen Instruktoren bedient wurden. Erbeutete Papiere und Dokumente ließen unschwer erkennen, daß dieses ganze »Material« für die SWAPO einige Nummern zu groß war und eher für eine traditionelle Armee als Ausgangsbasis dienen sollte. Militärexperten sahen überrascht, daß die Sowjets mit ihren Vorbereitungsarbeiten für ein Vordringen nach dem Süden sehr weit fortgeschritten waren, was mit einem politischen Erfolg der SWAPO Hand in Hand gehen soll.

Die Kubaner hüten sich schon seit geraumer Zeit, in die fallweisen Auseinandersetzungen zwischen der SWAPO und Südafrikanern aktiv einzugreifen.

In Südwestangola ist ein Bataillon der ostdeutschen »Nationalen Volksarmee« (NVA) innerhalb der SWAPO-

Regionen stationiert. Die DDR-Berater und Instruktoren bilden die SWAPO-Guerillas an den technisch komplizierten Geräten und Waffen aus, haben aber den Befehl, sich aus dem Kampfgeschehen aus internationalen Gründen herauszuhalten. Nicht immer gelang dies den ostdeutschen Militärs, denn einige Male sahen sie sich zwischen den Fronten der SWAPO und angreifenden UNITA-Verbänden und mußten zu den Waffen greifen. Die Befreiungsbewegung UNITA schoß auch eine russische Transportmaschine ab, die von DDR-Offizieren benützt worden war und aufschlußreiche Dokumente bei sich hatte, die dann auf Umwegen in südafrikanische Hände fielen.

Knappe 100 km von der DDR-Garnison in Südangola entfernt entstand 1982 auch noch eine »Internationale Brigade«, die sich aus Freiwilligen aus Ostblockstaaten und zum geringeren Teil aus KP-Mitgliedern westlicher Länder zusammensetzt. Es ist ein ähnlicher Versuch wie die ehemalige »Internationale Brigade« im Spanischen Bürgerkrieg.

Die südafrikanischen Militäreinsätze in Südangola haben verschiedene Dimensionen. Zu Beginn 1982 wurde nördlich des Kaokolandes in einer völlig unbewohnten Gegend in einem engen Tal ein neues SWAPO-Basiscamp geortet. In dieser Gegend gab es bisher überhaupt keine SWAPO-Aktivitäten, und auch das gegenüberliegende Kaokoland ist strategisch uninteressant und bedeutungslos, weil es in diesem Bereich fast keine Siedlungen gibt. Die südafrikanischen Offiziere rätselten lange über den Sinn und die Bedeutung dieser entlegenen Basis und sandten dann eine Kommandoeinheit mit fünf Helikoptern im Tiefflug über die Grenze. Der Anflug bis in die unmittelbare Nähe des Camps war äußerst schwierig, weil diese Täler keine größeren Operationen erlauben. Die 49 südafrikanischen Soldaten verloren zwei ihrer Kameraden, während die SWAPO mehr als 250 Guerillakämpfer tot in dem völlig zerstörten Lager zurücklassen mußte. Seither stellte die SWAPO ihre Bemühungen in diesem Abschnitt ein.

Mitte 1982 drangen motorisierte südafrikanische Verbände mit massiver Luftunterstützung bis in die unmittelbare Nähe der Cassinga-Erzminen vor, da sich südlich davon in der Nähe von Mupa das SWAPO-Militärhauptquartier befand, das aber von der Befreiungsbewegung im letzten Augenblick noch panikartig verlassen werden konnte. 318 bewaffnete SWAPO-Guerillas, vier sowjetische und ein ostdeutscher Instruktor wurden bei diesen Kämpfen getötet, während ein südafrikanischer Helikopter von der SWAPO abgeschossen wurde, wobei 15 Soldaten umkamen. Mirage-F1-Kampfflugzeuge griffen mit Raketen und Bomben eine Lkw-Transportkolonne an, die mit Raketen beladen war und komplett zerstört wurde. Im Hauptquartier fielen den Südafrikanern zum ersten Mal Unmengen von SAM-7-Luftabwehrraketen* in die Hände und außerdem sehr wichtige Papiere, unter anderem eine »Combat«-Order, aus der hervorgeht, daß der im Ovamboland »regierende« ehemalige Reverend Peter Kalangula – der Chef der wichtigsten Provinzregierung – festgenommen und über die Grenze nach Südangola gebracht werden soll, um dort vor ein »Volksgericht« gestellt und abgeurteilt zu werden. Wenn eine Festnahme aus irgendwelchen Gründen nicht möglich sei, müsse er eliminiert (getötet) werden.

Dieses Dokument wurde auch veröffentlicht, aber seine Echtheit ist von einigen Seiten angezweifelt worden, weil man – so meint die Gegenseite – derartige Befehle wohl niemals schriftlich geben würde. Die Südafrikaner hinge-

---

* Diese handlichen sowjetischen SAM-7-Raketen können von einem Mann getragen und bedient werden, verfügen über eine elektronische »Nase«, die sich nach der Hitze oder Wärme zielorientiert, also automatisch die Triebwerke von Flugzeugen anpeilt. Die SAM-7-Rakete muß jedoch mindestens sieben Sekunden ihr Zielobjekt in Sichtweite haben und mit einem Mindestabschußwinkel von 30 Grad abgefeuert werden, weil sie sonst durch die Hitze des Erdbodens zum Boden abgelenkt wird. Die Elektronik der SAM-7 stammt paradoxerweise aus amerikanisch-japanischen Systemen und verhalf dieser Massenwaffe zu ihrem enormen Erfolg.

gen ließen durch einen im Hauptquartier gefangenen SWAPO-Mann die Echtheit bezeugen, und sie haben auch die SWAPO-Schreibmaschine in Händen, mit der dieses Schriftstück getippt worden ist. Außerdem wurden von Graphologiespezialisten die zwei am Dokument vorgefundenen Unterschriften unter die Lupe genommen, um deren Echtheit herauszufinden, da man von zwei SWAPO-Führern Schriftproben zur Verfügung hat.

Aber nicht nur die außergewöhnliche Anhäufung von SAM-7-Boden-Luft-Raketen ließ die südafrikanischen Offiziere in SWA/Namibia aufhorchen, sondern die Luftaufklärung brachte auch die ersten Luftaufnahmen von Mocamedes, dem Erzhafen in Südangola, auf denen eine Staffel MIG-23-Kampfflugzeuge deutlich zu erkennen sind. Die MIG-23 (mit Schwenkflügeln) ist technisch der Mirage gleichwertig, doch traten diese sowjetischen Maschinen den Südafrikanern bisher nur vereinzelt in den Weg, sie waren bisher in Zentral- und Nordangola stationiert. Im Sommer 1982 wurde die erste MIG-23 von einer südafrikanischen Mirage abgeschossen. Inzwischen ist es auch kein Geheimnis mehr, daß DDR-Piloten die MIG-23 fliegen. Alles deutet darauf hin, daß die Sowjets diesem Konflikt in Zukunft ein größeres militärisches Gewicht beimessen und daß sie die SWAPO mit modernstem Kriegsmaterial ausrüsten.

Das südafrikanische Militär könnte man in seiner Schlagkraft und seinem Kampfgeist am ehesten mit der Armee Israels vergleichen. Es herrschen weder übertriebener Drill noch preußischer Formalismus. Alles läuft unkompliziert und leger ab, die Kameradschaft steht an erster Stelle, Kommandogebrüll ist verpönt. Der Effizienz der südafrikanischen Armee sind nach Ansicht von Militärfachleuten keine einzelne schwarzafrikanische Armee und auch nicht alle schwarzafrikanischen Armeen zusammen gewachsen.

Ein außergewöhnliches Faktum bildet das Ruancana-Kraftwerk auf Angolaboden, das die Südafrikaner noch während der portugiesischen Kolonialzeit gebaut haben. Sie hatten aufgrund eines »Staatsvertrages« das Recht, das Kraftwerk mit südafrikanischen Soldaten zu bewachen. Das Kraftwerk liefert Strom für Nordnamibia und ist bisher von der SWAPO nicht angegriffen worden. Ruancana mußte auf Befehl von »oben« geschont werden, selbst die Hochspannungsleitungen wurden bisher noch nicht zerstört. Südafrika baut für alle Fälle aber bereits vom Süden her (Oranje) eine Hochspannungsleitung bis nach Windhoek, weil man in der Stromversorgung unabhängig bleiben will, auch wenn die SWAPO eines Tages Ruancana unbrauchbar machen sollte. Jedenfalls hat es den Anschein, daß Ruancana eine Auflage der kommunistischen Angola-Regierung für die der SWAPO gewährte Gastfreundschaft ist, weil dieses Kraftwerk für Angola einen Devisenbringer darstellt.

Die »Kriegszone« ist aber nicht nur der Boden, auf dem die militärischen Entscheidungen ausgefochten werden. Im Norden SWA/Namibias werden auch die politischen Entscheidungen fallen, weil dort die Hälfte der Gesamtbevölkerung lebt.

Peter Kalangula – der Renegat?

Bilden die Ovambos für die Zukunft SWA/Namibias eine Schlüsselrolle, so stellt Peter Kalangula innerhalb der Ovambopolitik eine Schlüsselfigur dar.

Peter Kalangula, 1926 als Sohn eines Häuptlings des größten Ovambostammes – Ukwajama – geboren, gehört mit dem SWAPO-Chef Sam Nujoma demselben Stamm an. Er lernte auf einer Missionsstation der Anglikanischen Kirche das Alphabet und das Christentum kennen. Durch Fernstudium und anschließende Praxis wurde er Lehrer in seinem Stammesgebiet und begann 1966 mit dem Theologiestudium, das er vier Jahre in Südafrika in zwei anglikanischen Instituten absolvierte. Als Geistlicher (Reverend) der Anglikanischen Kirche begann er hierauf, in seinem eigenen Stammesgebiet zu wirken, bekam aber sehr bald Schwierigkeiten mit seinem weißen Bischof, weil Kalangula nicht damit einverstanden war, daß sein Vorgesetzter ständig für die marxistische SWAPO predigte. Kurz entschlossen gründete Kalangula deshalb seine eigene Kirche, was in diesen Breiten auf keine Schwierigkeiten stößt.

1974 beginnt seine politische Karriere, er wird zum Mitglied der gesetzgebenden Versammlung der Ovambos gewählt und zieht 1975 als einer der Ovambovertreter in die »Turnhalle« in Windhoek ein. 1977 – als die DTA als politische Partei etabliert wird, holt man Kalangula in den Vorstand. Er wird nach dem Rücktritt von Pastor Ndjobas sogar Präsident der DTA, er erlangt damit das höchste Amt der Regierungspartei. In allen seinen öffentlichen Reden und Schriften kam immer seine Meinung zum Ausdruck, daß man die Freiheit nicht gegen eine sowjetisch-kommunistische Unterdrückung durch die SWAPO eintauschen könne. Rassismus ist für ihn der gleich große Feind wie der Marxismus. Aufgrund seiner christlichen Prägung trat er deshalb auch für eine demokratische Regierungsform in SWA/Namibia ein, in der alle ethnischen Gruppen berücksichtigt werden. Peter Kalangula ist das Musterbeispiel dafür, wie man ethnische Interessen wahren und respektieren sollte.

Wie aus heiterem Himmel kam daher zu Beginn 1982 der große Krach, den vorher niemand ahnte. Peter Kalangula erklärte seinen Austritt aus der DTA. Er gebrauchte die Formulierung, daß er »mit seiner Partei« die DTA verlassen müsse. Partei hatte er allerdings keine, gemeint war damit wohl seine Anhängerschaft im Ovamboland. Das versetzte der DTA einen großen Schlag, weil damit das propagandistische Vokabel der DTA-»Absplitterung« als erwiesen galt. Kalangula erklärte mir in einem Interview, das in Oshakati in seinem Regierungsbüro stattfand, daß er im Rahmen der DTA keine Möglichkeiten mehr sehe, die berechtigten Anliegen und Interessen der Ovambos zu verwirklichen. Aus diesem Grund habe er sich zur Gründung einer neuen, eigenen Partei entschlossen. Kalangula hat nunmehr gänzlich andere Vorstellungen von der politischen Zukunft SWA/Namibias und will weg vom föderalistischen System der DTA. Er träumt von einer zentralistischen Regierungsform ohne die hemmenden Autonomien und Sonderrechte der verschiedenen Volksgruppen. Auf seinem Programm steht auch eine Einheitsschule für alle SWA/Namibia-Völker, die nicht nach den einzelnen Sprachen und Völkern ausgerichtet ist. Außerdem plant er bereits eine neue Provinzeinteilung des Landes, gleichfalls ohne ethnische Rücksichten. Noch kritischer sind Kalangulas Absichten gegenüber den Gewinnerträgen der im Lande »herrschenden« Multis, die ihre Profite – seiner Meinung nach – im Lande lassen und hier investieren sollten. Speziell mit diesem Punkt eckt der Reverend an, er schuf sich damit eine bereits weite gegnerische Front. Diese neuen politischen Visionen, die im krassen Gegensatz zu seinen früheren Ansichten stehen, kommen mit Sicherheit nicht von Kalangula selbst, sondern viel eher von seinem »weißen Schatten« Werner Neef, dem »Ovambosouffleur«.

Der Austritt Peter Kalangulas aus der DTA wäre allein nicht so schwerwiegend gewesen, stünden dahinter nicht Interessen und Einflußnahmen anderer Kräfte. Dirk Mudge, der DTA-Vorsitzende und eigentliche Chef der provisorischen Namibia-Regierung –, nahm sich kein Blatt vor den Mund und klagte ganz offen an: »Es fand eine große Einmischung in die Politik unseres Landes statt, und zwar von seiten Westdeutschlands. Gewisse Personen haben hier Besuche gemacht mit ganz anderen Motiven, als uns mit einer freien und fairen Wahl zu helfen . . .« Dann fuhr er fort: »Auch hohe Beamte der südafrikanischen Regierung haben sich in unsere Angelegenheit eingemischt. Ich möchte nicht verkehrt verstanden werden: Ich habe keinen Grund, anzunehmen, daß der südafrikanische Premier-, Verteidigungs- oder Außenminister davon betroffen ist. Doch ich kann beweisen, daß es Versuche gegeben hat, die Politik in SWA/Namibia zu manipulieren . . . Außerdem hat der Journalist Dr. Hans Germani (»Allgemeine Zeitung«, Windhoek, vom 26. März 1982; Korrespondent von »Die Welt« und »Springer-Auslandsdienst«, Anmerkung des Autors) eine Rolle gespielt: Er hat Werner Neef die Flugkarte besorgt, so daß er die Finanzen seiner Partei bei der Wehrmacht in Pretoria regeln konnte . . .« Weiters erwähnte Mudge, daß es in dieser Angelegenheit Verbindungen gebe, die weit in die Vergangenheit zurückführen, über die er augenblicklich noch nicht sprechen könne. »Ich bin dabei, einer dieser Verbindungen (›skakels‹) nachzugehen. Ich habe versprochen, darüber zu reden, und werde es tun – heute möchte ich nur warnen: Wenn ich diese Verbindung enthülle, dann werde ich mit dem betreffenden Glied in der Kette endgültig abrechnen!«

Richtig »enthüllt« wurde bisher nicht, aber die Wahrheit sickerte dennoch durch. Südafrika und speziell die südafrikanische Armee machten da in Eigenregie ein Stück Politik, wobei auch politische Gruppierungen in der Bundesrepublik etwas nachgeholfen haben. Die DTA war wütend, daß ungebeten quergeschossen worden war. Es fielen in Windhoek sehr harte Worte. Der farbige DTA-Politiker Katuutire Kaura sprach einen Satz aus, den sich inhaltlich wohl viele in SWA/Namibia dachten: »Wenn der südafrikanische Generaladministrator Danie Hough den Wünschen und Forderungen der DTA zwecks Abschaffung der restlichen Rassendiskriminierungen (AG 8) nicht nachgibt, soll er seine Sachen packen und zurück nach Südafrika gehen . . .«

Eng verbunden mit dem Absprung von Reverend Peter Kalangula ist der Name Werner Neef – ein Weißer und im Land geborener deutschsprachiger Südwester – der als »Graue Eminenz« in diesem politischen Drama gilt. Er war Mitglied der »weißen« NP (Nationale Partei), war als deren Abgeordneter im Landesrat (früheres Parlament des Landes), trat gemeinsam mit Dirk Mudge aus dieser Partei aus und galt als Gründungsmitglied der RP (Republikanische Partei), wurde dann später Vertreter der Weißen im Ministerrat, schied aber dort 1981 nach internen Differenzen aus, blieb aber Mitglied dieser Partei. Werner Neef wollte schon einmal eine Partei der Mitte gründen, in der alle abbröckelnden Mitglieder der DTA und SWAPO ein Sammelbecken finden sollten, wofür er angeblich aus der Bundesrepublik Deutschland finanzielle Unterstützung zugesichert bekommen hatte. Zu dieser Partei kam es dann aber nicht. Deswegen zog er mit Peter Kalangula als dessen persönlicher »Berater« mit, als Kalangula seine eigene Partei gründete, die angeblich zwischen 30.000 und 50.000 Mitglieder haben soll. Werner Neef gilt als die eigentlich treibende Kraft bei dieser innenpolitischen Umgruppierung. Für Peter Kalangula ist der »weiße« Berater im Ovamboland jedenfalls nicht die beste Empfehlung, weil sich die Stämme dadurch diskriminiert (»Ein schwarzer Häuptling braucht keinen weißen Helfer«) fühlen. Neef wird von den Ovambos deshalb nicht voll akzeptiert, sondern eher als notwendiges Übel betrachtet, das man in Kauf nehmen müsse, weil sonst irgendwelche rätselhafte Hilfsquellen versiegen würden.

Es ist auch nicht so, daß Kalangula alle Ovambos aus der DTA herausgeholt hätte, denn es sitzen noch einige Vertreter der Ovambos – wie T. Imbili – in der National-versammlung, und es gibt auch noch viele Ovambos, die Mitglieder der DTA sind.

Mit dem Absprung von Kalangula sind aber die Ovambobevölkerung und das Ovamboproblem nochmals aufgesplittert worden. Paradoxerweise ist Kalangula, trotz seines Ausscheidens aus der DTA, Chef der Ovambo-Provinzregierung geblieben, obwohl eine Demissionierung nach demokratischen Spielregeln naheliegend gewesen wäre. Aber daran hat sich niemand gestoßen, weil man eine Palastrevolution im Norden verhindern wollte, nachdem die Ovambos ja die Hauptlast dieses Krieges tragen müssen: Sie haben die meisten Menschenopfer durch Anschläge und Landminen zu beklagen, ihre Häuser werden geplündert und ihre Kinder entführt.

Bis jetzt ist nichts bekannt, was vermuten lassen könnte, daß sich Kalangula – der u. a. auch von einer freien Marktwirtschaft träumt – mit seiner neuen Partei eventuell der SWAPO seines Stammeskollegen Sam Nujoma zuwen-den oder sich mit ihm verbünden könnte, und auch Werner Neef gilt als erklärter Antimarxist, dessen größte Sorge es angeblich ist, den Marxismus nicht weiter nach Süden vordringen zu lassen.

In böses Kreuzfeuer der öffentlichen Kritik geriet der Chef der Ovamboadministration Peter Kalangula, als er für seine Volksgruppenregierung (Ovambos) im Sommer 1982 sein sehr aufwendiges zweimotoriges Flugzeug ausgerech-net in Südafrika kaufte, obwohl es im Land die »Namib-Air« – eine überwiegend dem Staat gehörende Fluggesell-schaft – und Charterfluggesellschaften in Windhoek gibt, wo er günstiger zu seinem Fluggerät gekommen wäre.

Die SWAPO sah in diesem Flugzeugkauf Kalangulas den Beweis für die Abhängigkeit Kalangulas von Südafrika und schloß mit dem Satz: »Anscheinend braucht Kalangula diese Maschine für den Notfall, um noch rechtzeitig entkommen zu können. Wir aber werden schneller sein als dieser Verräter.«

Ursprünglich gab es für das Ovamboproblem noch eine weitere Lösungsvariante: diese Völker in SWA/Namibia und Südangola zu vereinen und nur die ethnischen Grenzen anzuerkennen. Das hätte ein autonomes Ovamboland bedeutet, einen eigenen Staat, der gleichzeitig als Puffer- und Schutzzone zwischen dem marxistischen Angola und dem südlichen Afrika (SWA/Namibia und Südafrika) gelegen wäre. Die UNITA und Dr. Savimbi hätten bei dieser Variante mitmachen müssen, und es fanden auch nach dem Einmarsch der Kubaner in Angola bereits ernsthafte Besprechungen statt. Die Verwirklichung dieses Planes wäre natürlich nur mit Souveränitätseinbußen von Angola und SWA/Namibia möglich gewesen, wozu der Osten niemals bereit gewesen wäre, er hätte sein Sprungbrett in den Süden verloren. Auch der Westen versagte seine Zustimmung, weil die Anerkennung von ethnischen Grenzen in Afrika eine Lawine ähnlicher Forderungen nach sich gezogen hätte. Schließlich scheiterte der Versuch auch an Machtansprüchen verschiedener Stämme. Der Wunschtraum vom souveränen Ovambostaat scheint keine Chancen auf Realisierung zu haben, obwohl es in Afrika weit kleinere und bevölkerungsärmere selbständige Staaten gibt. Der Plan hätte auch die innere Einigkeit der Ovambostämme als Voraussetzung haben müssen, die es nie gab und nie geben wird. Die SWAPO mit Sam Nujoma, der seine Macht ja nahezu ausschließlich auf die Ovambos stützt, wäre mit dieser Alternative um ihren SWA/Namibia-Gesamtanspruch umgefallen.

Jedenfalls ist in der Kalangula-Affäre deutlich geworden, daß die DTA keine zementierte Gemeinschaft ist. Positiv zeigte sich nach außen, daß der Einfluß Südafrikas auf die SWA/Namibia-Regierung nicht so dominierend ist, wie es die Gegenseite darzustellen versucht. SWA/Namibias Premier sagte mir deutlich und nachdrücklich: »Es bestehen starke Spannungen zwischen Windhoek und Pretoria, weil Südafrika in SWA/Namibia noch immer die Beseitigung der letzten Apartheidreste verhindert und unterschwellig versucht, Einfluß auf unsere Innenpolitik zu nehmen, womit wir Südwester nicht einverstanden sind. Wir wissen, daß wir auf die Hilfe Südafrikas auf wirtschaftlichem – und derzeit auch noch auf militärischem – Gebiet angewiesen sind, aber wir wollen unseren eigenen Weg gehen und sind entschlossen, notfalls die Zähne zu zeigen ...«

Dies ist ein Beweis, daß die DTA in Windhoek nicht diese südafrikanische »Marionettenregierung« ist, als die sie in der Gegenpropaganda meist hingestellt wird. Es knistert in den Beziehungen zwischen SWA/Namibia und Südafrika, was in dieser nationalen Entwicklungsphase absolut kein Nachteil ist, sondern nur einen politischen Klärungsprozeß einleitet, den man jedoch aufmerksam registrieren sollte.

Reverend Peter Kalangula ist aber nicht der einzige, der die Ovambofrage diffiziler macht, denn da ist noch ein weiterer wichtiger Mann, dessen Einfluß man nicht unterschätzen sollte.

Andreas Shipanga –
meistgeliebt und meistgehaßt

Die Ovambos sind plötzlich völlig zersplittert, wie bereits mehrfach festgestellt wurde. Da ist einmal die SWAPO-Nujoma mit ihrem militärischen Auslandsflügel; dann die SWAPO-Nujoma mit dem sanften Inlandsflügel; ein Teil der Ovambos ist nach wie vor in der Regierungspartei DTA; Peter Kalangula hat seine eigene Partei im Ovamboland gegründet. Aber das ist noch nicht alles, denn es existiert noch eine weitere Ovambopartei, die vorgibt, für alle ethnischen Gruppen offen zu sein, aber ihre Hauptkader sicherlich aus Ovambomitgliedern rekrutiert. SWAPO-D (D ist für Democratic) ist die offizielle Bezeichnung dieser Gruppe, die sich zu demokratischen Grundsätzen und Zielen bekennt, aber nicht innerhalb der DTA-Regierungspartei, sondern als eigene Partei in Opposition wirkt.

Ihr Führer Andreas Shipanga ist eine schillernde Persönlichkeit, die über eine Ausstrahlung verfügt wie selten ein schwarzer Führer. Viele umjubeln ihn, als wäre er der Messias für die SWA/Namibia-Zukunft, andere hingegen bezeichnen ihn als politisches Schlitzohr oder hassen ihn, und nicht wenige würden ihn bei nächstbester Gelegenheit töten. Shipanga ist immer elegant gekleidet, hat weltmännische Umgangsformen, bewegt sich auf jedem Parkett selbstsicher und macht durchaus keinen arroganten Eindruck.

Andreas Shipanga wurde am 26. Oktober 1931 in Ondangwa (Ovamboland) als Sohn eines kleinen Farmers geboren. Dort wuchs er mit seinen vier Brüdern und einer Schwester auch auf. Die Schule besuchte er in einer finnischen Missionsstation unweit seines Wohnortes und ab 1949 eine höhere Schule in Ongwediva. Anschließend absolvierte er – wie die meisten schwarzen Intellektuellen – das Oniipa-Lehrerausbildungscollege. Zwei Jahre war Shipanga als Lehrer tätig, doch sein großer Traum war, für weitere Studien nach Europa zu kommen, was sich jedoch nicht verwirklichen ließ. So landete Shipanga in Angola bei einer Holzfirma, wo er sich das Reisegeld verdiente, um über Rhodesien nach Johannesburg zu kommen. Ohne richtige Papiere war es schwer, eine entsprechende Arbeit zu bekommen. Halb illegal arbeitete der Intellektuelle daher in einer Goldmine und später als Angestellter in einem Mühlenbetrieb in Randfontein, bis er schließlich in Bulawayo (Rhodesien) eine Stelle als Maschinist fand.

In dieser Zeit fand Shipanga die ersten politischen Kontakte zu schwarzen Persönlichkeiten wie Joshua Nkomo und James Chikerema. Er begann eine Korrespondenz mit Herman ja Toivo (dzt. im südafrikanischen Gefängnis auf Robben-Island), der für Shipanga zum Vorbild wurde und den er bereits als Junge in Ondangwa gekannt hatte. Als Shipanga wieder in Kapstadt eintraf, wurde er in die politische Arbeit miteinbezogen und zählte – wie bereits an anderer Stelle erwähnt – zu den Gründungsmitgliedern der Gewerkschaft „Ovamboland Peoples Congress«, der Vorgängerin der SWAPO-Nujoma. Diese Aktivitäten brachten ihn zuerst unter Hausarrest und später ins Gefängnis. Die Organisation jedoch wuchs mit ausländischer Finanzhilfe weiter, und Shipanga übernahm nach seiner Freilassung die Leitung des Kapstadt-Büros. Nach verschiedenen Beschäftigungen arbeitete Shipanga in dieser Periode auf einem Hochsee-Fischtrawler. Erst 1963 entschloß sich der junge schwarze Politiker, nach SWA/ Namibia zurückzukehren – als hauptberuflicher SWAPO-Funktionär. Das aber reichte nicht für den Lebensunterhalt, so gründete er in seiner Heimatstadt Ondangwa zusammen mit einem Bruder ein kleines Geschäft, das er von seiner ersparten Fischer-Heuer finanzierte. Als 1963 dann in Rehoboth der SWAPO-Mann Dr. Abrahams verhaftet worden war, war das für Andreas ein Signal: Er flüchtete in das Betschuanaland, wo er politisches Asyl bekam. Zwischendurch wurde er von der südafrikanischen Polizei einmal gefangengenommen, aber über Intervention der Briten wieder in sein Asyl zurückgeschickt.

Der nächste Weg führte Shipanga dann nach Daressalam, wo er als »akkreditierter« SWAPO-Repräsentant für den Kongo, für Ghana und Ägypten residierte, aber auch seine ersten SWAPO-Fäden nach Europa spann. In dieser Position bereiste er etliche Länder und fand Kontakte zu politischen Parteien und Persönlichkeiten, die ihm zum Teil noch heute behilflich sind.

Von 1969 bis 1974 avancierte Shipanga in der SWAPO-Organisation zum Chef für »Information und Publicity«, teilweise in Daressalam und später in Lusaka (Sambia).

Shipanga hatte allmählich tiefen Einblick in die Machenschaften und Geschäfte der SWAPO-Führungsclique gewonnen, zu der er ja auch zählte. Speziell Sam Nujoma und sein selbstherrliches Treiben, das flotte Leben einiger SWAPO-Führer in Bars und Nachtclubs und die Geldverschwendungen mancher Funktionäre empörten ihn, während die SWAPO-Guerillas im Busch vergeblich auf den nötigen Nachschub an Waffen, Munition und Verpflegung warteten, wo sich Guerillas und Flüchtlinge um spärliche Medikamente blutigprügelten.

Shipanga und einige gleichgesinnte Genossen verlangten 1974 einen Kongreß, auf dem diese Mißstände zur Debatte gestellt werden sollten. Doch Sam Nujoma untersagte kurzweg den Kongreß, weil er – wie er auch ganz offen kommentierte – befürchtete, daß dieser Kongreß nur dazu dienen sollte, ihn als Führer der SWAPO abzusetzen.

Nujoma liebt keine Kritik. Sein selbstherrliches Verhalten ließ innerhalb der SWAPO eine Stimmung gegen ihn aufkommen, die beinahe zu einer Revolte geführt hätte. Nujoma spürte dies und handelte. Er bat 1976 Präsident Kaunda von Sambia, 1800 SWAPO-Mitglieder, 56 Guerillaoffiziere sowie 11 höhere SWAPO-Führer (einschließlich Shipanga), die sich alle in Sambia befanden, einzusperren, was prompt geschah. Shipanga wurde bald darauf nach Tansania transportiert, wo er zusammen mit Kriminellen in eine Todeszelle gesteckt wurde. Dies geschah ohne jede Untersuchung, ohne Urteil. Man legte ihm irgendwelche Schuldbekenntnisse vor, die er unterschreiben sollte: Doch Shipanga unterschrieb nicht, weil er sich keiner Schuld bewußt und es ihm immer klarer geworden war, daß er sich auf dem richtigen Weg befand.

Seine äußerst resolute Frau – Esmé – setzte alle Hebel in Bewegung, um Shipanga und einige seiner Mitgefangenen freizubekommen. Es gelang, Briefe an Amnesty International herauszuschmuggeln, was einen massiven Druck auf die Regierung Tansanias und Präsident Nyerere bewirkte. Inzwischen war Shipanga in eine Gefängniszelle mit Leprakranken verlegt worden. Aufgrund des internationalen Drucks wurden elf dieser SWAPO-Gefangenen im Mai 1978 tatsächlich entlassen. Shipanga war unter ihnen. Man flog ihn nach London, wo er seine Frau traf, und er kehrte dann nach SWA/Namibia zurück, um sofort seine neuen politischen Aktivitäten aufzunehmen.

Shipanga ist nicht nur ein prominentes Gründungsmitglied der SWAPO-Nujoma, sondern auch einer der wenigen höchsten SWAPO-Führer, die Einblick in das Führungsgetriebe der SWAPO hatten. Er hätte sicherlich die besten Möglichkeiten gehabt, in dieser Befreiungsbewegung zu arbeiten, aber er lehnte Mißstände kategorisch ab. Sehr anschaulich beschreibt er Sam Nujoma, der jede Wahl verhindert und sich mit Gewalt in seiner Führungsposition hält. Wörtlich erklärte er in Windhoek nach seiner Rückkehr: »Wir können nicht erlauben, daß SWA/Namibia in die Hand von Sam Nujoma fällt, weil das Land sonst ein Mörderhaus und voll mit Konzentrationslagern werden würde. Sam Nujoma ist nichts anderes als ein zweiter Idi Amin!«

Wenn irgend jemand Sam Nujoma und seine SWAPO kennen kann und kennen muß, dann sicherlich Andreas

Shipanga, der ganz oben auf der Abschußliste der SWAPO steht und nur unter besonderem Schutz existieren kann. Shipanga wirkt aufgeschlossen und als ein Mann, der alle Höhen und Tiefen des Lebens bereits durchgemacht hat. Er verfügt über eine Rhetorik, die aufhorchen läßt. Andreas Shipanga drängte sich für eine Gegen-SWAPO direkt auf. Ganz gleich, wer am »Regiepult« beim Zustandekommen der SWAPO-D saß, als Führer der neuen Partei kam nur Shipanga in Frage, der diese Chance gerne nützte. Er wurde auch von der Bundesrepublik Deutschland zu einem Besuch eingeladen und verfügt heute noch über ausgezeichnete Verbindungen zu bundesdeutschen Politikern und Parteien.

Bei einem längeren Gespräch mit Shipanga ließ dieser durch seinen Sekretär einen vollen Ordner bringen, in dem die Mitgliedserklärungen seiner Partei gebündelt waren. Auch etwa 400 Weiße hatten darin ihren Beitritt zur SWAPO-D mit Unterschrift und Stempel erklärt, worauf Shipanga ganz besonders stolz ist.

Diesem Faktum kann man allerdings nicht allzuviel Bedeutung beimessen, weil es in SWA/Namibia auch Weiße gibt, die nicht weniger als sechs bis sieben verschiedene Parteimitgliedskarten besitzen und der Überzeugung sind, daß ihnen dies eines Tages helfen wird, denn: »Man weiß ja nie, was wirklich kommen wird...«

Die Gefahr, in der sich Andreas Shipanga – wie verschiedene andere SWA/Namibia-Politiker, ganz gleich welcher Hautfarbe – befindet, besteht nicht nur theoretisch, sondern es gab bereits »Prominenten«-Attentate mit tödlichem Ausgang. Derartige »Exekutionen« aus politischen Gründen erfolgen meist aufgrund schriftlicher Befehle – wie die Mitte 1982 bei einem Angriff in Südangola erbeutete »Combat-Order«, die den Ovamboführer Reverend Peter Kalangula betraf, zeigt –, deren Echtheit meist so lange bezweifelt wird, bis der Anschlag geglückt und der Betroffene tot ist. So gab es ein Musterbeispiel im Jahre 1978 bei der Ermordung des Oberhauptes der Hereros,

Clemens Kapuuo, der am 27. März von zwei SWAPO-Terroristen mit sowjetischen Tokarev-Pistolen in Katutura, der Hochburg der Farbigen in Windhoek, auf offener Straße niedergeschossen wurde. Er starb auf der Stelle.

Im Februar 1978 hatten SWAPO-Terroristen bereits Toivo Shyagaya, den Minister für Erziehung und Gesundheitswesen im Ovambokabinett, während einer öffentlichen Ansprache erschossen.

Die beiden Mörder von Kapuuo konnten flüchten und wurden später von Sam Nujoma für ihre Heldentat öffentlich ausgezeichnet. Über verhaftete Helfershelfer konnten die Namen der Täter und die Hintergründe festgestellt werden.

Bereits am 9. Feber 1978 war im SWAPO-Radioservice »Voice of Namibia« eine Warnung von Sam Nujoma ergangen, daß er alle Kollaborateure, die mit den Südafrikanern zusammenarbeiten, töten lassen werde. Am 13. Feber 1978 kam über dieselbe Radiostation die Ankündigung, daß Verräter hingerichtet werden. An anderer Stelle hieß es als Kommentar: »Kapuuo mußte sterben, nachdem er unseren Befreiungskampf auch im Ausland in Mißkredit gebracht hat ...«

Am 28. März 1978, einen Tag nach dem Attentat, schwenkte Sam Nujoma plötzlich um und stritt entschieden ab, daß die SWAPO für die Ermordung von Kapuuo verantwortlich sei. Am 12. April 1978 verkündete der SWAPO-Repräsentant in London, Shapua Kaukungua, bei einer Pressekonferenz, daß Südafrika für die Ermordung der beiden farbigen Politiker allein verantwortlich sei, weil man damit der Bevölkerung in SWA/Namibia Angst und Schrecken einjagen wollte.

Clemens Kapuuo war nicht nur der große Oberhäuptling der Hereros, er war auch eine imponierende Persönlichkeit. Zwar galt er als leidenschaftlicher Gegner der südafrikanischen Apartheidpolitik, der zahlreiche Petitionen an die UNO geschrieben hatte, aber er war auch ein Feind des Marxismus und warnte seine Leute immer wieder vor der Gefahr der Versklavung durch die Kommunisten. Kapuuo galt bei allen Gruppen und Parteien als aufgeschlossener und verständnisvoller Stammeshäuptling, der selbst von Andersdenkenden respektiert wurde. Ein weißer DTA-Politiker meinte:»Wenn wir in Südwest mehr solche Männer wie Kapuuo hätten, könnten wir hier ein Modell für ganz Afrika schaffen, wie Farbige und Weiße zum beiderseitigen Vorteil mitsammen leben und arbeiten...« Nicht nur Südafrika, sondern alle antimarxistischen Kräfte in SWA/Namibia sind an Männern wie Kapuuo nicht nur interessiert, sondern auf sie in höchstem Maße angewiesen.

Einen Vorwurf kann man den kleinen und großen farbigen Häuptlingen und Politikern allerdings oft nicht ersparen: Sie entfremden sich schnell von ihren Landsleuten und residieren in feudalen Villen in Windhoek. Sie sind nicht mehr ständig für Bittsteller aus den Stammesgebieten zu sprechen, und wenn sie zu irgendwelchen Kundgebungen oder Versammlungen fahren, dann tauchen sie in elegantesten Anzügen mit Krawatte auf und demonstrieren damit schon die Kluft, die zwischen dem Volk und ihren Führern besteht. Ein Häuptling, der in traditioneller Stammeskleidung durch das Land zieht, würde eine weitaus größere Glaubwürdigkeit genießen. Die mondäne Lebensart, das Vorbild der »reichen Weißen«, wird von den farbigen Politikern bis zur Perfektion mit allen negativen Nebenerscheinungen nachgeäfft, was meist zu Isolierung und Korruption führt. Das ist aber durchaus keine spezifisch südwestafrikanische Erscheinung, sondern für ganz Schwarzafrika gültig. Kommt ein Schwarzer gesellschaftlich, politisch oder finanziell auf höhere Ebenen, so wirkt sich dies in der Regel für seine bisherige Umgebung oder Untergebene verheerend aus. Figuren wie Idi Amin, Mobutu oder »Kaiser« Bokassa sind in dem Zusammenhang wahrscheinlich nur die markantesten Beispiele, aber es gibt unzählige Idi Amins in allen Größen, und sie scheinen sich zu vermehren wie die Ameisen. Das zählt anscheinend zur typisch schwarzafrikanischen Mentalität. So rassistisch könnte kein Weißer sein, als es Schwarze sind, und es wäre nicht auszudenken, wie empört die Weltöffentlichkeit aufheulen würde, wenn ein Weißer mit Schwarzafrikanern dasselbe machte, was schwarze »Führer« mit ihren eigenen Untertanen anstellen.

Uran und was sonst noch vorhanden ist

Wie einst in den arabischen Öl-Ländern, täuschten Wüsten und wüstenähnliche Gebiete in SWA/Namibia eine trostlose Armut vor, doch auch im Boden von Südwestafrika liegen enorme Bodenschätze in ungeahnter Menge, die das heftige sowjetische Interesse im südlichen Afrika erklären.

Im Jahre 1928, als man Uran-Pechblende noch relativ wenig – für Röntgengeräte – brauchte und Atomkraftwerke und Atombomben noch unbekannt waren, fand der in Swakopmund lebende Prospektor, Captain Peter Louw, in der Namib-Wüste einige ungewöhnliche schwarze Steine, die ihm auffielen und bei denen er Uran-Erz (Uran-Pechblende) vermutete. Seine Frau Margery, die in einem Röntgenlabor beschäftigt war, legte in einer Dunkelkammer die schwarzen Steine auf eine unbelichtete Fotoplatte. Nach der Entwicklung waren deutlich die Strahlungs-Belichtungseffekte ersichtlich. Das verblüffte Ehepaar ahnte nicht, daß es damit das größte Uranvorkommen der Welt entdeckt hatte. Die Bestätigung brachten die Untersuchungen und Analysen des Teddington-Labors in London: Es handelte sich tatsächlich um Uran, doch niemand hatte Interesse an einem Abbau.

Erst wenige Jahre nach dem Zweiten Weltkrieg, als die Atomkraftwerke nacheinander aus dem Boden zu schießen begannen und nicht zuletzt auch Atom-U-Boote und Atomwaffen von verschiedenen Ländern gebaut wurden, stieg die Nachfrage nach Uranerz ständig, und es entwickelte sich daraus ein eigener Industriezweig.

1954 begann Captain Peter Louw mit seinem Sohn Graham, nach radioaktiven Erzlagerstätten zu suchen, wobei sie diesmal Geigerzähler und andere technische

Hilfsmittel verwendeten. Vater und Sohn wußten sehr genau, wo sie suchen mußten, sie meldeten ihre Schürfrechte bei der Administration von Südwestafrika an und erhielten – ähnlich wie bei den Diamantenfeldern – ein Gebiet von 1200 Quadratmeilen zugesprochen. 1956/57 forcierte die Louw-Gruppe ihre Bodenforschungen mit modernstem Gerät, aber es stellte sich heraus, daß der Urangehalt zu gering war, um einen rentablen Minenbetrieb starten zu können. Ende 1957 erlosch die Option von seiten der Regierung. Ohne jeden Erfolg versuchte Louw, verschiedene Minengesellschaften für dieses Vorkommen zu interessieren. Die Rio-Tinto-Zinc-Company (R. T. Z.) begann wohl mit dem Abbau, stellte die Produktion aber später wieder ein.

Der Weltmarkt für Uran ließ es aber 1965 doch ratsam erscheinen, auf dieses Projekt näher einzugehen. Ein Jahr später folgten ausgedehnte geophysikalische und metallurgische Tests, und 1970 kam es zur Gründung der Rössing-Uranium-Ltd., die auch heute noch intensiv die Uranium-Förderung 70 Kilometer nordöstlich von Swakopmund betreibt. Eine Gruppe von Aktienbesitzern teilt sich das Risiko, hauptsächlich sind Briten in diesem Geschäft, und nur mit ganz wenigen Prozenten sind die Südafrikaner beteiligt.

Es handelt sich um die größte Uranmine der Welt, die etwa 18 Prozent des westlichen Uranbedarfs deckt und nur einen Teil der Uranvorkommen schürft, denn noch weit bedeutendere Lagerstätten existieren an anderen Stellen dieses Distriktes. Graham Louw, der Sohn des Entdeckers, ehemaliger Bürgermeister von Swakopmund, kennt auch heute die besten und ergiebigsten Fundstellen. Er gilt als »Uran-Fuchs«, ein Relikt aus der Zeit, als die echten Pioniere auf abenteuerliche Art Schätze gefunden haben.

Rössing beschäftigt etwa 3000 Leute, überwiegend Farbige, denen in der Wüste eine eigene kleine Stadt gebaut wurde – Arandis – mit allen nur möglichen sozialen Einrichtungen. Keine »Eingeborenensiedlung«, sondern eine Stadt mit europäischem Standard. Hier leben die Farbigen mit eigenem Krankenhaus, Schwimmbad, Kino, Einkaufszentren, Schulen, Klubs, Sportvereinen, Restaurants, Bars. Weiße sucht man aber vergeblich, denn die leben in Swakopmund, dem Nizza SWA/Namibias an der Atlantikküste. Rössing-Arbeiter und -Angestellte haben eigene Sozial- und Pensionsversicherungen, bekommen im Land die besten Löhne, haben Möglichkeiten für Weiterbildung, können Kurse besuchen und genießen alle Annehmlichkeiten, die man sich nur vorstellen kann. Sie gelten in der Zeit, wo überall die Arbeitslosigkeit zunimmt, als Privilegierte und Beneidete.

Rössing ist auch in technischer Hinsicht gigantisch und weist Dimensionen auf, die man sich als Außenstehender überhaupt nicht vorstellen kann. Es wird in einem terrassenförmigen Tagebau pausenlos gearbeitet. Bereits 170 Meter haben sich die Bagger in die Tiefe gefressen. Reihen von 18 Meter tiefen Bohrlöchern mit einem Durchmesser von 38 Zentimeter werden Tag für Tag und Nacht für Nacht in die Felsen gebohrt, und jedes Bohrloch wird mit 750 Kilogramm Sprengstoff gefüllt und zur Explosion gebracht. Pro Woche braucht Rössing 360 Tonnen (18 Eisenbahnwaggons) Sprengstoff. Mit elektrisch angetriebenen Riesenschaufeln, die mit einem Mal 100 Tonnen Gestein aufladen können, werden die gesprengten Felsbrocken auf Transportwagen, die ein Fassungsvermögen von 170 Tonnen haben, verladen. Die Räder dieser Transportgiganten haben einen Durchmesser von 4 Meter. Jeder Wagen fährt mit seinem Material durch eine Geigerkontrolle, wo vollautomatisch der unterschiedlich hohe Urangehalt gemessen und auch gleich in einen Computer eingespeichert wird. Mit einem komplizierten Verfahren, das täglich 23.000 Kubikmeter Wasser erfordert, werden pro Tag 250.000 Tonnen Material gefördert und chemisch aufbereitet. Von dieser Förderung von 250.000 Tonnen pro Tag bleiben 14 Tonnen Uranoxyd – das sind 40 Fässer – als Endprodukt übrig, das in die westliche Welt verkauft wird und reißenden Absatz findet. Nur als Vergleich, damit man sich die gewonnene Energiemenge vorstellen kann: Ein Faß Uranoxyd entspricht energiemäßig 23.000 Faß Rohöl!

Auch bei diesem Großbetrieb gilt es als offenes Geheimnis, daß in der Belegschaft SWAPO-Funktionäre zu finden sind, die offen ihre Zugehörigkeit zur SWAPO bekennen. Das läßt die Vermutung aufkommen, daß sich der Konzern rechtzeitig politisch absichern will für den Fall, daß eines Tages durch irgendwelche Umstände die SWAPO ans Ruder von SWA/Namibia kommen sollte.

Auch der Rössing-Uranium-Ltd. hat man von verschiedenen Seiten den Vorwurf gemacht, daß der Konzern seine Profite ins Ausland transferiert, wo das Geld sicher und am besten zu verzinsen ist. Dies handhabt aber jeder Ölkonzern und jeder andere Multi ebenso. Es ist sicherlich ein volkswirtschaftlicher Nachteil für das betroffene Land, denn auf diese Art bleiben nur die Löhne und üblichen Steuern im Ursprungsland. Die Firmen und die Regierung argumentieren allerdings anders: Allein die Investitionen für Rössing erforderten ein Risikokapital von 600 Millionen Rand. Wer bringt heute die Risikofreude für derart horrende Beträge in einem Land auf, dessen Zukunft ungewiß ist und wo eines Tages die totale Enteignung eintreten könnte? Keine Regierung im Westen und schon gar nicht im Osten ist bereit, dieses Risiko einzugehen, und auch kein Konzern. Die Inflationsrate in SWA/Namibia beträgt zirka 16 Prozent; wenn man dazu noch 15 Prozent Amortisation schlägt, ergibt dies per Jahr 31 Prozent plus Steuern. Ökonomisch gesehen eine fragwürdige Kapitalanlage mit einem nicht abschätzbaren Risiko auf politisch unsicherem Boden. Einen installierten und funktionsfähigen Betrieb könnte man zwar verstaatlichen, aber selbst einen derart großen Betrieb aufzubauen, das ist in ganz Afrika noch nie passiert. Wo in Afrika der Staat Besitzer ist oder die meisten Aktien in Händen hält, sind Minenbetriebe in der Regel defizitär, so die Kupferminen in Sambia, Zaire, Uganda und Mauretanien, die Goldminen in Ghana, die

Zinnminen in Nigeria, die Erz- und Diamantenminen in Angola. Unter diesen nachweisbaren Umständen sind Regierungen mit dem kleineren Übel einverstanden und froh, daß ihnen Konzerne das Investitionsrisiko abnehmen und zumindest Arbeitsplätze schaffen, wobei zudem Gehälter und Steuern innerhalb der Landesgrenzen bleiben. Ideallösung ist es sicherlich keine, aber diese Alternative ist immerhin noch billiger als alles andere.

Uran ist ein strategisch wichtiges Material, das man nicht beliebig finden, vermehren oder produzieren kann. Sollte Rössing-Uranium mit seinen noch nicht angezapften riesigen Reserven dem Westen verlorengehen, so wäre dies energiemäßig ein schwer verkraftbarer Schlag, der Konsequenzen nach sich ziehen würde.

Aber Uran ist nicht der einzige Bodenschatz in SWA/Namibia. Gerade in jüngster Zeit sind Forschungsgutachten in die Öffentlichkeit gedrungen, daß im Norden von SWA/Namibia, in dem Streifen zwischen dem Etosha-Nationalpark und Südangola, riesige Erdöl- und Erdgaslager festgestellt wurden, die der bekannte Erdölexperte James A. Momper mit der gleichen Menge angab, wie sie in Saudi-Arabien vorhanden sind. Der Vorsitzende der »Etosha Oil Company«, Emanuel Rosenblat, bestätigte diese Angaben, die durch Probebohrungen und geophysikalische Untersuchungen bewiesen werden können. Angeblich sollen sich bereits Ölmultis für dieses Projekt zusammengeschlossen haben, unter anderem auch die kanadische Firma Falconbridge. Von staatlicher Seite werden diese Erklärungen und Meldungen mit dem Hinweis abgeschwächt, daß man damit den Kurswert dieser Aktien künstlich in die Höhe zu schrauben versuche. Auch in Südangola sollen angeblich im UNITA-Bereich Bodenuntersuchungen stattgefunden haben, die gleichfalls positive Ergebnisse erbracht hätten. Diese Ölwanne soll sich – wie es Geologen schildern – auch in nordöstlicher Richtung fortsetzen. Es ist jedoch völlig klar, daß unter den jetzigen politischen Umständen kein Konzern investieren wird.

Das südwestafrikanische Minenzentrum liegt bei Tsumeb, Otavi und Grootfontein, wo Silber, Blei, Kupfer, Zink, Vanadium und Germanium gefördert werden. Germanium ist ein ganz seltenes Element aus der vierten Gruppe des Periodischen Systems mit einem Schmelzpunkt bei 958 Grad und Siedepunkt bei 2700 Grad. Es liegt an der Grenze zwischen Metallen und Nichtmetallen. Es kommt im seltenen Mineral Germanit vor und wird speziell für die Radio- und Fernsehtechnik verwendet, aber in großem Ausmaß auch für die Militärtechnik (Meßtechnik bei Artillerie, Raketen und Panzerzieleinrichtungen), die ohne dieses kostspielige Element Germanium heute undenkbar wäre.

Dieselben Bodenschätze liegen im nördlichen Drittel von SWA/Namibia. Außerdem werden in SWA/Namibia Lithium, Tantal, Mangan, Beryllium, Wolfram, Schwefel und Gold gefördert.

An der Küste befinden sich riesige Pfannen für die Verdunstung des Meerwassers zur Salzgewinnung, wo jährlich an die 250.000 Tonnen Salz produziert werden.

Im Küstenschelf SWA/Namibias haben bereits Probebohrungen die Gewißheit gebracht, daß auch unter dem Meer im Küstensockel Öllager liegen. Nicht zuletzt müssen noch die Diamantenfelder angeführt werden, von denen 1979 nicht weniger als 27 Millionen Kubikmeter Sand und Gestein abgeräumt und 1,65 Millionen Karat gewonnen wurden, 97 Prozent davon reinste Edelsteinqualität.

Der Bergbau bringt SWA/Namibia 49 Prozent des Bruttoinlandsproduktes, was eine breite Basis für eine gesunde Volkswirtschaft darstellt. Die Minenbetriebe sind in Händen von Privatpersonen oder privaten Gesellschaften, doch ist ein Bergbaukommissar als Überwachung eingesetzt, und eine spezielle Bergbaugesetzgebung sorgt dafür, daß die nationalen Interessen gewahrt und nicht verletzt werden.

Geologisch gesehen, nimmt am afrikanischen Kontinent der Reichtum an Bodenschätzen von Norden gegen

Süden in steigendem Maße zu, so daß im südlichen Afrika auch die größte Anhäufung von Bodenschätzen festgestellt werden kann, was in der Antarktis – dem Südpolkontinent – seine Fortsetzung findet. Die Kontinentalverschiebungstheorie Alfred Wegeners, die einen ursprünglichen Zusammenhang zwischen Afrika und Antarktis behauptet, wird durch die in der Antarktis verborgenen Bodenschätze so eine zusätzliche Bestätigung finden.

Im Gegensatz zum Bergbau stellt die Landwirtschaft nur etwa zehn Prozent des Bruttoinlandsproduktes dar, doch die Hälfte aller Arbeitskräfte wird von ihr beansprucht. Nur im äußersten Nordosten SWA/Namibias wird Ackerbau betrieben, sonst herrschen die Rinder- und Schafzucht vor. Etwa drei Millionen Rinder und fünf Millionen Schafe bilden den Grundstock für einen permanenten Fleisch- und Wollexport, der mit Verträgen so abgesichert ist, daß die Farmer ihre Waren mit Preisen über dem Weltmarktpreis via Südafrika absetzen können. Eine Spezialität ist auch noch die Karakulschafzucht für die Pelzverarbeitung, die weltweiten Bedarf hat.

Farmen zwischen 10.000 und 20.000 Hektar Größe sind üblich, aber es gibt vereinzelt auch Farmen mit 60.000 oder 100.000 Hektar Weideland – was geradezu unfaßbar wirkt, weil diese Landflächen oftmals hinter Hügeln und Bergkämmen am Horizont enden. Alle Weideflächen sind unterteilt und eingezäunt. Diese Größen der Farmen werden durch die karge Bodenbeschaffenheit und durch die Trockenheit (Wasserarmut) notwendig. Man rechnet – je nach Weide – pro Rind eine notwendige Weidefläche von 10 bis 20 Hektar. Speziell in den letzten Jahren herrschte eine ausgesprochene Dürre, die für die Farmer in vielen Landesteilen verheerende Folgen hatte. Der Wassermangel und die ausgedörrten Weideflächen zwangen viele Farmer zu einem radikalen Rinderverkauf, was den Fleischpreis drückte. Manche Farmer wurden durch die jahrelange Dürre gezwungen, ihre Farmen zu verlassen. Sie übersiedelten in die Städte, wo sie irgendwelche Berufe ergriffen.

Leider haben die Rinderdiebstähle gewaltig zugenommen, sie werden mitunter von regelrechten Banden betrieben. Es trifft meist Rinderfarmen, die in der Nähe von wichtigen und ständig befahrenen Straßen liegen. Man kann sich nur schwer dagegen wehren, weil die Ausmaße der Farmen so groß sind und weil es an Personal fehlt. Solche Rinderbanditen schaffen Rinderfallen, indem sie leere Öl- oder Benzinfässer sternförmig einschneiden und in die Erde vergraben; einbrechende Rinder können sich nicht mehr befreien. Sie werden entweder an Ort und Stelle notgeschlachtet oder lebend abtransportiert. Es gibt Farmen, die auf diese Art und Weise pro Jahr 50 bis 70 Rinder verlieren. Das ist ein Verlust für eine kleine oder mittlere Farm, der kaum verkraftet werden kann, weil diese Zahl oftmals den »Gewinn« eines Dürrejahres ausmacht.

Der Viehverkauf wird nur mit Lebendvieh durchgeführt, meist mit der Bahn nach Südafrika. Der Transport dauert aber mit der Eisenbahn bis zu zwei Wochen, die Fütterung während dieser Zeit ist meist mangelhaft, so daß die Tiere an Gewicht verlieren. Außerdem wird bei der Ankunft und Schlachtung jeder noch so kleine blaue Fleck im Fleisch vom Preis abgezogen. Verrechnet wird das tote Rind – mit allen Transportnachteilen. Die Verwertung der Nebenprodukte (Häute, Hörner etc.) verbleibt den Südafrikanern. Die Risken trägt bei dem langen Transportweg allein der Farmer. Einige Farmer haben sich deshalb zusammengeschlossen und kauften gemeinsam große Überlandtransporter, mit denen sie das Vieh schneller und kostengünstiger nach Südafrika bringen konnten. Diese Fernlaster kosten aber ebenso viel Geld, ein Unfall oder größere Reparaturen führen dann wieder zu denselben schlechten Nettoverkaufserlösen wie bei der langen Bahnfahrt.

Farmer in SWA/Namibia kritisierten deshalb, daß es in Südwestafrika nur ganz wenige Fleischverarbeitungsbetriebe gibt, in denen die Rinder verarbeitet werden können. Es gab zwar einige Fleischfabriken, die auf Initiative der

Farmer entstanden sind, sie mußten aber nach kurzer Zeit aus rätselhaften Gründen wieder geschlossen werden. Ob da von der südafrikanischen Fleischlobby ein Druck ausgeübt wird, kann nicht nachgewiesen werden, ist aber auch nicht auszuschließen. (Das ist vergleichbar damit, daß Österreich wegen dubioser Verträge mit den USA beispielsweise kein Pflanzenfett produzieren darf...) Die zuständigen amtlichen Stellen in Windhoek argumentieren allerdings ganz anders: »Es ist durchaus möglich, daß für das südwestafrikanische Rindfleisch auch fallweise in Europa, das auf dem Fleischsektor mit Argentinien sehr eng verbunden ist, ein Absatzmarkt mit mehr oder minder hohen Preisen offen wäre, aber darauf kann man die heimische Viehzucht schwer abstimmen. Südafrika bezahlt bis zu doppelt hohen Weltmarktpreisen oder zumindest weit über dem internationalen Niveau. Die Farmer in SWA/Namibia haben außerdem die Garantie, daß sie alle ihre zum Verkauf angebotenen Rinder in Südafrika anbringen. Diese Garantie kann uns keine EWG und kein anderer Wirtschaftsraum geben.«

Südwestafrikanische Teppichhersteller beklagen sich in ähnlicher Weise, weil sie einheimische Schafwolle nur in Südafrika einkaufen können, weil bestehende Verträge alle südwestafrikanischen Schafzüchter verpflichten, ihre Wolle (Wollgesetz) nach Südafrika zum Verkauf zu bringen. Allerdings haben auch die Schaffarmer den Absatzmarkt garantiert, sie können alle Schafwolle an diese internationale Wollbörse verkaufen und haben keine Absatzsorgen. Nur ein bis zwei Prozent der SWA/Namibia-Schafwolle wird im Land selbst verarbeitet und verwertet.

Die wirtschaftlichen Voraussetzungen für dieses große, aber dünn besiedelte Land (zirka pro Quadratkilometer ein Mensch) sind jedenfalls günstig. SWA/Namibia ist wirtschaftlich absolut lebensfähig.

Buschmänner und der weiße Buschmann am Brandberg

Eines der interessantesten Völker Afrikas sind die Buschmänner, die noch vor wenigen Jahrhunderten als einzige Bevölkerungsgruppe im südlichen Afrika lebten, von den Schwarzen und Weißen aber immer wieder vertrieben und getötet wurden, bis die Reste dieses Steinzeitvolkes schließlich in völlig öden Gebieten – wie in der Kalahari und Namibregion – Unterschlupf und neuen Lebensraum fanden.

Anthropologen unterscheiden drei verschiedene Buschmannstämme, die Buschmänner selbst sind der Überzeugung, daß es 15 Stämme gibt. Über ihre Vergangenheit und Herkunft gibt es unzählige Rätsel und Vermutungen, was einst so weit ging, daß man in den Buschmännern – nach der Evolutionslehre – das Bindeglied zwischen Tier und Mensch vermutete. Die verschiedenen Stämme haben auch verschiedene Rassemerkmale und Hautfarben, die vom Gelb bis ins Rötliche und Dunkle variieren. Meist sind sie klein von Gestalt, nicht größer als 1,50 Meter, und haben eine runzelige Haut. Auch die Falten am Bauch haben eine Erklärung: weil die Buschleute nicht immer genügend Nahrung haben und bei guter Jagdbeute auf Vorrat essen! Sie sind Nomaden, kennen keinen festen Wohnsitz und auch keine Hütten. Die Männer gehen mit Bogen und vergifteten Pfeilen auf die Jagd, während die Frauen im Busch nach Wurzeln, Knollen oder Früchten suchen. Sie haben noch heute die Form des primitivsten Lebens beibehalten, nur bestehen ihre Pfeilspitzen heute nicht mehr aus scharfen Knochensplittern, sondern aus Eisen. Ihre Sprache weist unzählige Schnalzlaute auf, was für Europäer amüsant zu hören, aber schwer zu verstehen oder zu erlernen ist. Buschmänner leben auch nicht im Stammesverband, sondern es schließen sich nur die Sippen zusammen, so daß man diese Nomaden nur in Gruppen von höchstens 20 Personen antreffen kann. Sie bauen sich aus Ästen und Gras Windschirme, hinter denen sie hausen. Sie haben eigene Gesetze der Moral und Ethik außerhalb unserer Gesellschaftsnormen. So betrachtet ein Buschmann grundsätzlich jedes Tier als sein ihm zustehendes Jagdobjekt, ganz gleichgültig, ob dies nun eine Gazelle im Busch oder ein Rind auf der Weide ist. Man kann ihm nicht begreiflich machen, daß das Rind einen Besitzer hat und nicht gejagt werden darf, weil dies Diebstahl wäre.

Sie bekleiden sich mit Lederflecken und Tierfellen, nur die Frauen tragen Schmuck in Form von Straußeneierschalenketten. Sie essen alles, was »kreucht und fleucht«: angefangen von Fröschen, Eidechsen, Heuschrecken bis zu Mäusen und Schlangen. Wasser ist eine Kostbarkeit in diesen Wüstengebieten, aber die einzelnen Sippenältesten – Häuptlinge haben sie nicht – kennen meist tiefliegende Wasserlöcher, aus denen oftmals nur ein schlammiger Brei als Flüssigkeit herausgeschöpft werden kann. In Straußeneiern wird das köstliche Naß abgefüllt und mit einem Grasbüschel verstopft. Sodann werden diese weißen Wasserbehälter irgendwo als »Tankstelle« für spätere Zeiten vergraben, speziell auf langen wasserlosen Strecken. Die Wasserlöcher werden vor dem Weitermarsch mit Sand wieder zugeschüttet, damit sie nicht gleich von anderen Sippschaften entdeckt werden.

Die Männer verwenden kleine Bogen, die kaum einen Meter Spannweite aufweisen, die Pfeilspitzen sind vergiftet. Sie holen das Gift meist von giftigen Käferlarven oder aus der Euphorbie eines Zwiebelgewächses (Buphone toxicaria). In einem kleinen Köcher tragen sie die kurzen dünnen Pfeile mit sich, verstehen es aber auch, mit Wurfstöcken sehr geschickt zu treffen. Manchmal tragen sie Wurfspeere mit sich, die sie verwenden, wenn sie sich bis in unmittelbare Nähe der Tiere heranschleichen können.

Bei größeren Tieren wirkt das Pfeilgift oft sehr langsam, so daß es notwendig ist, die getroffenen Tiere manchmal bis zu 40 Kilometer durch den Busch zu verfolgen. Gewöhnlich geht ein Trupp von Männern gemeinsam zur Jagd, um die Jagdbeute sicherer erlegen und leichter abtransportieren zu können. Das Fleisch um den giftigen Pfeil wird herausgeschnitten und das erlegte Wild sofort zerlegt. Buschmänner kennen keine Konservierungsmethoden und müssen daher alles so schnell als möglich aufessen, damit nichts verdirbt. Es ist aber auch bekannt, daß Buschmänner – ähnlich wie Hyänen – auch halbverfaultes Fleisch essen.

Zu allen möglichen Anlässen wird getanzt, es heißt nicht umsonst, daß der Tanz für den Buschmann das Gebet ist. Er bittet damit um Regen (Farmer mieten sich mitunter solche Regenbeter), um Beute, um Schutz, um eine junge Frau oder um den Tod des Feindes. Oft dauern diese hektischen Tänze nächtelang.

Die Buschmänner wurden in Südafrika einst von den Holländern wie Wild gejagt, man stellte sie den Affen gleich und begann, sie brutal und systematisch auszurotten. Man schleppte gefangene Buschmänner aber auch gerne auf Farmen, wo sie als Sklaven arbeiten mußten. Aber nicht nur die Weißen, sondern auch die Schwarzen haßten und verfolgten die Buschmänner, weil sie Vieh stahlen oder sonstigen Schaden anrichteten und noch bis heute als eine Art Untermensch betrachtet und behandelt werden. Bei den Stämmen im Landesinneren herrschen oftmals noch sehr rauhe Sitten. Bekommt eine junge Frau ein Kind und stirbt bei der Geburt, so wird das lebende Baby mit seiner toten Mutter zusammen in die Erde verscharrt. Nicht aus Grausamkeit, sondern weil man das Baby nicht ernähren kann. Mütter säugen ihre kleinen Kinder zwei Jahre lang. Die Kleinkinder bekommen Nahrung von ihren Müttern noch jahrelang vorgekaut, so daß die Verpflegung dann direkt von Mund zu Mund vor sich geht, was zu Krankheitsübertragungen (speziell Tuberkulose) führt.

Ein starker Geisterglaube beherrscht dieses merkwürdige Volk, der animistischer Art ist und zum Teil die
Lebensweise der Buschmänner bestimmt. Sie tragen ganz
kleine, nur fingerlange Bogen mit winzigen Miniaturpfeilen
am Gürtel oder Knie. Bei Gefahren oder Todesflüchen
werden die winzigen Pfeile in die bedrohlichen Richtungen
geschossen (meist in der Nacht), und die Wirkung soll sich
ihrem Glauben nach auch über große Distanzen hinweg
zeigen. In diesem Geisterglauben spielt das heilige Feuer
eine ganz wichtige Rolle, denn von ihm geht Schutz aus. So
ist das Feuer im Leben der Buschmänner eine heilige Sache,
mit der man nicht spaßen darf. Ihre Leidenschaft gehört
dem Tabak, den sie in kurze Metallrohre stopfen, um dann
gierig den Rauch zu inhalieren, während die Pfeife, wie bei
indianischen Friedenspfeifen, reihum geht.

Die Naturinstinkte dieser nomadisierenden Buschmänner sind geradezu märchenhaft. Sie finden Spuren auf
hartem Boden oder auf Felsen, wo kein anderer Mensch
mehr etwas wahrnehmen kann. Sie finden Wasserstellen in
einer trostlosen Busch- oder Wüstengegend, die sie vielleicht Jahre zuvor einmal benützt haben, wo aber nicht der
geringste Anhaltspunkt in der Landschaft vorhanden ist.
Sie können aus einem 30 Kilometer entfernt kommenden
Motorenlärm exakt feststellen, wie viele große und kleine
Fahrzeuge in einer Kolonne fahren. Sie haben eine untrügli-
che Orientierungsgabe und können aus Spuren ganze
Romane über den oder die Leute sagen, die diese Spuren
verursacht haben. Buschmänner kann man noch auf Spuren
ansetzen, die jeder noch so gute Jagdhund mit Sicherheit
verlieren würde. Ein Buschmann findet aus einer fünfzig-
köpfigen Herdenspur noch exakt die Spur eines bestimmten Tieres heraus, das er gerade verfolgt.

In der Buschmannsprache gibt es nur Zahlwörter bis
zur Ziffer 3, und ein Vokabel für Krieg fehlt überhaupt.
Diese unglaubliche Naturverbundenheit, die − ohne Ab-
wertung − näher dem Tierreich als den Menschen steht,
haben sich schon seit langer Zeit die eingewanderten

Schwarzen und Weißen zunutze gemacht. Ovambos hielten sich Buschmänner als Leibwachen, und die Portugiesen in Angola benützten die Buschmänner in ihrer Kolonialarmee zur Aufstöberung und Bekämpfung der Befreiungskämpfer. Sie huschen und schleichen durch den Busch, können sich auch dort noch dick und fett ernähren, wo jeder Schwarze oder Weiße vor Hunger umkommt, und haben so manche Guerillakämpfer mit ihren Giftpfeilen zur Strecke gebracht. Nach dem Abzug der Portugiesen aus Angola mußten die Buschmänner nach Süden über die Grenze in den Caprivi-Strip flüchten, weil sie von den kommunistischen Regierungstruppen gejagt wurden und man sie umbrachte, wo man sie gerade fand. Dieser Exodus trieb die Buschmänner in die Arme und Armee der Südafrikaner in SWA/Namibia, die mit der Aufstellung der ethnischen Bataillone begannen und in Omega (Caprivi-Strip) mitten im Busch ein großes Buschmänner-Militärcamp errichteten. Diese strömten von allen Seiten samt ihren Sippen heran und waren begeistert davon, daß sie nunmehr ihre Pfeile und Bogen ablegen und dafür richtige, moderne Gewehre in die Hand nehmen konnten. Auch bei den Buschmännern gilt dasselbe Gleichheitsprinzip wie bei allen anderen ethnischen SWA/Namibia-Bataillons: gleicher Sold (umgerechnet pro Monat 1300 DM pro Soldat), gleiche Verpflegung und gleiche Dienstränge wie in der südafrikanischen Armee.

Was bei den Buschmännern noch hinzukam, das waren die zahlreichen Familienangehörigen, die sich am Rande des Camps – das einen eigenen Flughafen besitzt – ansiedelten. Buschmänner sind zum Großteil Analphabeten. Verschiedene Armbindenfarben zeigen die Kompaniezugehörigkeit an, weil die Männer sonst nicht wissen, zu welchem Haufen sie gehören. Es wird ihnen beigebracht, wie man Minen findet und entschärft oder sie anderswo eingräbt, wo sie dem Feind schädlich sind. Außerdem hat man diese Buschmänner auch als Fallschirmjäger ausgebildet, was oft zu heiteren Zwischenfällen führte. An Bord von Transportmaschinen, mit umgeschnalltem Fallschirm, drängen sich die Buschmänner wie verschreckte Hühner in einer Ecke zusammen. Zum richtigen Zeitpunkt ist nur ein kräftiger südafrikanischer Korporal notwendig, der die kleinen Buschmänner mit ihrem ganzen Gepäck bei der offenen Flugzeugtür hinauswirft. Mitabgesprungene Soldaten berichteten, daß die Buschmänner in der Luft, an ihren Fallschirmen baumelnd, ein heftiges Gekicher und Rufen von Namen begannen, was sich in der klixereichen Buschmannsprache äußerst heiter anhört. Sie fallen sicher wie Katzen zu Boden und sind blitzschnell wieder im Busch »daheim«. Werden Buschmänner auf SWAPO-Spuren angesetzt, so kommt dies einem Todesurteil der Verfolgten gleich. Vielleicht spielt da auch noch der gegenseitige abgrundtiefe Haß eine gewisse Rolle.

Mit dem monatlichen Wehrsold – der für diese Naturmenschen einen unfaßbaren Reichtum darstellt – kaufen die Buschmannsoldaten für ihre unweit von den Baracken und Zelten hausenden Sippen säckeweise Nudeln, die sie mit einer unersättlichen kindlichen Begeisterung verschlingen. Außerdem erstehen sie für ihr Geld in dem Bataillons-Laden auch Quartz-Armbanduhren und möglichst große Radioapparate mit zwei Lautsprechern, die dann auf volle Lautstärke eingestellt werden. Solch ein Buschmann-Militärcamp ist ein akustisches Chaos, jede noch so moderne Diskothek würde daneben verblassen.

Im Buschmann-Militärhospital in Omega müssen alle Betten ganz nieder gehalten sein, damit die bösen Geister darunter keinen Platz finden. Alle Türen in diesem Hospital sind einen Spaltbreit geöffnet und dürfen nicht geschlossen werden, weil das die Buschmänner nicht akzeptieren und weil geschlossene Türen von den Buschmännern nicht geöffnet werden können.

Das Buschmannmilitär wird selten in großen Verbänden, sondern in kleinen Gruppen eingesetzt. Entweder bekommen andere Militärverbände einige Buschmänner als Spurensucher zugeteilt, oder aber kleine Buschmanngruppen (sechs Mann) werden mit Fallschirmen über Gebieten abgeworfen, wo Terroristen gesichtet oder vermutet werden. Sie haben zwar Konservenverpflegung für eine gewisse Zeit mit, doch spielt das Ernährungsproblem bei den Männern überhaupt keine Rolle, weil sie sich Wochen und Monate voll und ganz vom Busch allein ernähren können.

Tsumkwa ist die »Hauptstadt« des Buschmannlandes im Nordosten von SWA/Namibia. Außer einer kleinen Landepiste und einigen verstreut liegenden »Regierungsgebäuden«, einer Sanitätsstation und einer Schule sucht man vergeblich nach Häusern oder Hütten dieser »Hauptstadt«, die nicht einmal den Titel »Dorf« verdienen würde. Dennoch ist dies das offizielle Zentrum der Buschmänner von SWA/Namibia. Dieses seltsame Nomadenvolk lebt aber auch jenseits der Grenze in Botswana, einer Grenze, die durch einen hohen Draht-Wildzaun von den einstigen Kolonialmächten schnurgerade nach Längen- und Breitengraden gezogen wurde. An diesem Grenzzaun sind in bestimmten Abständen Leitern angebracht, damit die Buschmänner mit ihren Sippschaften ungehindert die Grenze passieren können.

In Tsumkwa wollten die Weißen den »armen« Buschmännern helfen. Das war ein typischer Fall von Entwicklungshilfe, der völlig fehlschlug. Man baute den Buschmännern zahlreiche kleine gemauerte Häuser mit Wasserleitungen, aber die Buschmänner gehen nicht hinein, sondern lagern davor im Freien. Man baute ihnen eine moderne Schule, aber sie wird nur sehr spärlich und auch nur zeitweise von Schülern besucht. Für uns Weiße wäre es eine Zumutung, wenn nicht Beleidigung, wenn wir uns einem fremden Kulturkreis unterordnen müßten, wir würden dies auch empört und strikte zurückweisen. Wir Weiße maßen uns aber, wenn auch mit den besten Absichten, das Recht an, ein Volk – wie es die Buschmänner sind – in unsere Denkschablone einzupressen. Wir beschließen auf Schreibtischen, was den Buschmännern guttut, und wir setzen mit unserer weißen Überheblichkeit die Maßnahmen fest, wie diese Leute glücklich zu machen sind.

In der Praxis zeigen sich bereits die verheerenden Auswirkungen. Wo die Buschmänner in ständigem Kontakt mit unserer weißen Zivilisation sind, beginnt der rapide Niedergang dieses Volkes. Bekommen sie Geld in die Hand, für das sie kein Gefühl und keine Wertvorstellungen haben, wird alles in Alkohol – auch wenn die Flasche noch so teuer ist – umgesetzt. Sie saufen sich buchstäblich zu Tode, die Straßenränder sind gesäumt mit leeren Alkoholflaschen. So wie einst bei den Indianern richtet Alkohol unter diesem Volk ein unbeschreibliches Chaos an, das kaum wieder gutgemacht werden kann. Dazu kommen noch Krankheiten wie Tuberkulose oder Geschlechtskrankheiten. Man hat versucht, die Buschmänner ansässig zu machen, und gab ihnen kleine Farmen mit Rindern. Sie aber aßen die Rinder auf und machten sich wieder als Nomaden auf den Weg. Nur das Buschmannmilitär bildet vorläufig eine Ausnahme, weil in den Camps kein Alkohol geduldet wird. Aber auch da taucht die Frage auf, was mit diesen Buschmännern eines Tages geschehen soll, wenn es einmal kein Buschmannmilitär und kein Geld für diese Männer geben wird. Niemand zerbricht sich den Kopf darüber, wie man diesem Volk wirklich helfen kann, sondern man versucht, es für eigene Interessen zu nützen. Ein Privileg haben die Buschmänner: Sie dürfen das ganze Jahr hindurch jagen, aber nur mit Pfeil und Bogen.

In SWA/Namibia leben schätzungsweise 26.000 Buschmänner, die durch die geschilderten äußeren Umstände größtenteils nur noch den Eindruck eines verkommenen Lumpenproletariates erwecken. Die Buschmänner sind ein Überbleibsel unserer Urgeschichte, ein Volk, das schätzungsweise 20.000 Jahre als Nomaden und Jäger im südlichen Afrika gelebt hat; ein Volk, das trotz seiner Einfachheit und Primitivität überlebt und eine viel ältere Kultur aufzuweisen hat als alle schwarzen und weißen Völker Afrikas. Und wir Weiße mit unserer Zivilisation machen dieses faszinierende Buschmännervolk kaputt. Und es scheint keinen Ausweg zu geben. Anstatt einem anthropologisch interessanten Volk mit allen nur möglichen Mitteln zu helfen, seine Eigenart zu bewahren, wird durch uns Weiße bis zur Vernichtung »zivilisiert«. Wir schützen zwar mit dem Brustton der Überzeugung jede vom Aussterben bedrohte Vogelart mit pompösem Aufwand weltweiter Vereinigungen, aber ein aussterbendes und zugrunde gehendes Volk wie die Buschmänner lassen wir bedenkenlos vor die Hunde gehen.

Die Buschmänner haben in SWA/Namibia noch keine ethnische Provinzregierung, die zwar beabsichtigt, aber noch nicht verwirklicht wurde. Es gibt auch bis heute kaum einen Buschmann, der zumindest eine bescheidene allgemeine Bildung besitzt. Doch sitzt ein Buschmann im Ministerrat, Geelboi Kashe, der manchmal nach Tsumkwa zu seinen Leuten kommt. Aber sein erster Weg führt in die Kantine der dortigen Naturschutzbehörde, um eine Flasche Whisky leerzutrinken. Die Naturschützer bekommen dann von ihm den Auftrag, ein paar Wildschweine für seine Stammesangehörigen zu schießen, die rund um Tsumkwa in kleinen Sippengruppen im Busch leben. Dadurch gewinnt er an Ansehen und Popularität. In Windhoek, wo dieser Buschmannvertreter in einer eleganten Villa lebt, fällt er eher peinlich auf, weil er auch dort häufig angetrunken ist. Man hat aber keinen anderen oder besseren Buschmann für diesen »Regierungsposten«, und so ist man immer froh, wenn Geelboi Kashe ins Buschmannland zu seinen Leuten abreist, und in Tsumkwa ist man erleichtert, wenn der »hohe« Buschmann endlich wieder auf dem Weg in die Hauptstadt Windhoek ist. Eine menschliche Tragödie für diesen Mann, die mit der Tragik seines Volkes parallel zu laufen scheint.

Es gibt einen Weißen, der mit den Buschmännern der Urzeit auf recht eigenartige und selbstaufopfernde Art eng verbunden ist: den Österreicher Harald Pager. Er hat nach dem Zweiten Weltkrieg in Graz Graphik studiert, wanderte später nach Südafrika aus, wo er sich in der Werbegraphik einen Namen machen konnte. Durch Zufall traf Pager mit einem Wissenschaftler zusammen, der ein wissenschaftliches Buch über die Buschmann-Felsmalereien in den südafrikanischen Drakenbergen machen wollte, für das Harald die Illustrationen liefern sollte. Bald darauf starb dieser Wissenschaftler, und so entschloß sich Harald Pager, das gesamte Buch allein zu machen, was für einen Laien auf diesem Spezialgebiet ein waghalsiges Unterfangen darstellte. Der Österreicher mußte sich in diese neue Materie erst hineinknien. Er lebte einige Jahre hoch droben in den Drakenbergen und schaffte nach mühevoller Arbeit ein großformatiges und durch zahlreiche Farbabbildungen illustriertes Prachtwerk mit dem Titel *»Ndedema«*, das nicht nur auf der internationalen Frankfurter Buchmesse, sondern auch in der Fachwelt aufhorchen ließ. Damit hatte sich Harald Pager als Experte einen Namen gemacht, man lud ihn zu einschlägigen Vorträgen, Kongressen oder Tagungen ein – bis nach Australien.

Dieser österreichische Graphiker hat einen gutbezahlten Beruf als Werbegraphiker an den Nagel gehängt und verschrieb sich Hals über Kopf der recht abenteuerlichen, entbehrungsreichen Forschungsarbeit an der Buschmann-Felsmalerei. Von einer westdeutschen Universität erhielt Pager schließlich einen Forschungsauftrag, um die Buschmann-Felsmalereien am Brandberg in SWA/Namibia zu dokumentieren.

Sieht man ihn vor sich, wenn er gerade wieder einmal für wenige Tage von SWA/Namibias höchstem Berg herunterkommt, hat man unwillkürlich den Eindruck, als würde man einem Wesen aus einer ganz anderen Welt begegnen. Seine zerschlissene Hose ist mit Flicken aller Größen und Farben gepflastert, sein Hemd hat etliche Risse, sein sichtlich jahrelang benützter Hut spendet dem wie Leder braungegerbten, bärtigen Gesicht einen kümmerlichen Schatten. Seine Figur ist eher schmächtig, aber drahtig, kein überflüssiges Gramm Fett ist unter der Haut vorhanden. Für Äußerlichkeiten hat er nichts übrig, und selbst die Verpflegung scheint für ihn lediglich ein notwendiges Übel zu sein, um seine Körpermaschine in Gang zu halten. Es ist, als hätte er der ganzen hektischen Konsumwelt längst abgeschworen.

Er ist kein Aussteiger oder schrulliger Sonderling und auch kein abenteuerlustiger Tourist, der für einige Tage oder Wochen in diese beklemmende wilde Felseneinsamkeit flüchtet, sondern ein Wissenschaftler an der vordersten Front, der sein Leben nicht am Schreibtisch oder an Universitäten verbringt, sondern sich seine Forschungsergebnisse mühselig und unter unsagbaren Strapazen und Risken in einer Umgebung erarbeiten muß, die jeden Besucher umkehren läßt. Seit fünf Jahren lebt Harald Pager in diesem unwirtlichen, 30 Kilometer langen, 25 Kilometer breiten und 2606 Meter hohen, zerklüfteten Granitfelsmassiv, in dem sich einst die Buschmänner – von allen anderen gejagt und vertrieben – versteckt haben. Eine trostlose Fluchtburg, die aber gegen alle Angreifer und Verfolger leicht verteidigt werden konnte. Sie hausten unter Felsüberhängen, und an den Felswänden prangen noch heute unzählige – zum Teil schon stark verwitterte – Felsmalereien, die Menschen, Tiere oder Jagdszenen darstellen.

Zwei schwarze Helfer schleppen für Harald ständig mit Plastikflaschen das Wasser bis hinauf in die schwindelerregenden Höhen, wo der einsame Österreicher von Sonnenaufgang bis Sonnenuntergang arbeitet. Wasser ist auf dem Brandberg eine rare Kostbarkeit am Rande der Namib-Wüste, wo es nur relativ wenig Niederschläge gibt und wo man die wenigen Wasserstellen kennen muß. Zweieinhalb Liter Wasser pro Kopf und Tag muß reichen für Kochen, Getränk und Körperhygiene. Gebrauchtes Wasser muß von diesem »weißen Buschmann« weiterverwendet werden, was dann so ausschaut, daß Harald sich mit dem Zahnputzwasser noch zweimal die Hände wäscht.

Ein deutscher Student von 23 Jahren verdurstete vor einiger Zeit am Fuße des Brandberges, weil er – wie im

Schwarzwald gewohnt – einfach drauflosmarschierte und keine Ahnung von den Schwierigkeiten hatte: Man fand ihn tot auf, und Harald wurde zur Identifizierung gerufen, weil man annahm, daß der junge Bursche irgendwie zu ihm gehörte oder zu ihm wollte.

Es ist nicht allzu lange her, daß sich Harald Pager oben auf dem Brandberg in einer Geröllhalde ein Bein brach und von seinen zwei Schwarzen mühsam sieben Stunden lang zu Tal geschliffen und getragen wurde. Wäre dort kein Helfer zur Stelle gewesen, hätte der einfache Beinbruch das Todesurteil bedeutet.

Seine beiden schwarzen Helfer klettern, wenn sie zwischen dem Wasserschleppen eine Pause haben, durch die Steilhänge und Wände des Brandberges, um neue Fundstellen auszukundschaften, denn für jede neue Fundstelle bekommen sie eine Prämie von einem Rand ausbezahlt; ein Zusatzverdienst, der sich bezahlt macht. Ursprünglich nahm man an, daß auf dem Brandberg vielleicht 200 Felsmalereistellen vorhanden seien, aber Harald ist schon bei 800 angelangt – es ist die größte Dokumentation über Buschmann-Felsmalereien, die je geschaffen wurde.

Dieser Wissenschaftler hat sich eine eigene Technik zurechtgelegt, indem er eine blaue Folie über die Felsmalereien spannt, dort provisorisch befestigt, alle Figuren auf diese Folie kopiert und anhand eines Farbrasters den exakten Farbton vermerkt. Die Farben sind mit rötlichem Eisenoxyd aufgetragen und teilweise durch eine Versinterung der Felsen gut konserviert und erhalten geblieben. Außerdem muß Pager zu jeder Fundstelle noch Plan- und Aufrißzeichnungen anfertigen, in die auch die Streufunde, Aufenthaltsplätze, Schlafstellen etc. genau eingezeichnet werden.

Um einen Begriff von diesem mühevollen Arbeitspensum zu bekommen: Wenn man alle diese Kopien (1,20 Meter breit), die Harald innerhalb der letzten fünf Jahre angefertigt hat, aneinanderreiht, ergibt dies eine Länge von etwa fünf Kilometer! Aber nicht die Länge ist imponierend, sondern das Leben mit all seinen Entbehrungen, Risken und Strapazen läßt aufhorchen. Harald lebt wie die Buschmänner unter den Felsvorsprüngen, er hat kein Zelt, sondern nur einen Schlafsack, und als Verpflegung stehen nur Konservendosen zur Verfügung. Die einzigen Bewohner auf diesem unheimlichen Berg sind eine Menge Giftschlangen – unter anderen schwarze Kobras – sowie etliche Leoparden, die mitunter nachts bis in das Lager schleichen und einmal bereits einen Rucksack mit leeren Konservendosen stahlen, die allerdings einen sehr appetitlichen Duft ausgestrahlt hatten und für den Abtransport ins Tal bestimmt waren. Ein anderer Leopard schlich nachts an den noch vollen Gulaschtopf und versuchte, den mit einem Stein beschwerten Deckel zu öffnen, der aber kippte und schlug auf die Schnauze des Leoparden, worauf sich das Tier in wilder Flucht davonmachte und das Gulasch gerettet war.

Wohl am bekanntesten von diesen Buschmann-Felsmalereien ist die »Weiße Dame« (White Lady), eine Figur, die nicht größer als etwa 25 Zentimeter ist und deren Beine weiß sind. Die tollsten und unmöglichsten Interpretationen entstanden um die »weiße Dame«, die in sämtlichen Landkarten verzeichnet ist und seit kurzer Zeit durch ein Eisengitter gesichert wurde, weil kindische Touristen ständig bemüht waren, ihre albernen Autogramme neben oder in diese Felsmalerei hinzuschmieren. Warum diese Abbildung ausgerechnet weiße Beine hat, wird sicherlich ein Rätsel bleiben. Eine mögliche Lösung: Viele Schwarze bemalen sich für verschiedene Rituale ihre Beine oder andere Körperteile mit weißer Farbe.

Alle vier bis sechs Wochen beginnt Harald mit seinen beiden schwarzen »Schatten« den Abstieg ins Tal, wo er hinter riesigen Granitblöcken seinen Landrover versteckt hält. Die Fahrt durch das wüstenähnliche Gebiet bis zur kleinen Zinnminenstadt Uis ist 50 Kilometer lang und bedeutet lediglich eine kleine Verschnaufpause von wenigen Tagen. Alle kennen ihn, und sie grüßen ihn etwas scheu, denn wie er kommt kein »Weißer« daher. Die Minengesellschaft hat diesem eigenwilligen Forscher einen winzigen Raum zur Verfügung gestellt, der als einzigen Luxus ein kleines Waschbecken mit fließendem Wasser und eine Glühbirne, die verloren von der Decke baumelt, aufweist. Der Raum ist vollgerammelt mit Kartons, Konserven, Zeichenrollen und einem kleinen Tisch mit einer Schreibmaschine, deren Farbbandschrift man kaum noch lesen kann. Harald leert sein Postfach, erledigt alle schriftlichen Arbeiten und verschickt gelegentlich seine Skizzenrollen. Nur sehr selten nimmt er sich die Zeit und fährt mit dem Landrover nach Windhoek zu seiner Frau und zur reizenden kleinen Tochter Cara, um aber gleich wieder zurück nach Uis zu preschen.

Irgendwie hat man das Gefühl, daß Harald Pager mit seinen nahezu 60 Lebensjahren direkt froh ist, wenn er seine zwei Schwarzen und einen Sack voll Konserven wieder im Wagen hat und zum Brandberg fährt. Der Aufstieg dauert mindestens zehn Stunden, und der steile Bergmarsch führt über abschüssige Hänge, die mit waggongroßen Granitblöcken übersät sind. Eine beklemmende Einsamkeit, die in schroffe Felsgipfel mündet; ein riesiges Felsmassiv, das unvermittelt aus der Wüstenebene emporragt und bei Sonnenuntergang glutrot von den letzten Strahlen übergossen wird und von diesem faszinierenden Anblick seinen Namen erhielt. Es scheint, als würde dieses Felsmassiv buchstäblich brennen.

Für einen Außenstehenden wird es wahrscheinlich sehr schwer sein, einen Harald Pager, einen zivilisierten Mitteleuropäer, zu verstehen, der sein bisheriges Leben abgestreift hat und wie ein Eremit unter den schwierigsten Bedingungen in dieser unvorstellbaren Felseinsamkeit lebt. Das ist ja nicht allein ein physisches, sondern vor allem auch ein psychisches Problem, weil diese absolute Einsamkeit einen Menschen auffressen kann. Um so höher ist der Einsatz des Forschers einzuschätzen, der für seine Arbeit und Idee alles andere vergißt, an dem wir alle hängen; der nur von seiner Idee und seinem Willen beherrscht wird, dieses gewaltige Dokumentationswerk der Buschmann-Felsmalerei fertigzustellen. Es steht keine Rekordsucht wie bei Bergsteigern dahinter, keine publicityträchtige Tätigkeit im Rampenlicht der Medien. Wie ein (wissenschaftlicher) Guru im Himalaya, so haust Harald auf SWA/Namibias höchstem Berg als sein Alleinbewohner und zugleich auch Alleinbeherrscher. Er trotzt dem Berg seine Geheimnisse ab, muß dafür aber einen hohen Preis bezahlen: so primitiv und einfach in dieser wilden Natur zu leben wie ein Buschmann vor Jahrhunderten.

Felsmalereien sind – von einigen Gräberfunden ausgenommen – das einzige Beweisstück von diesem rätselhaften und faszinierenden Volk der Buschmänner, das Jahrhunderte zurückreicht. Buschmänner haben keine anderen Kulturbeweise, keine schriftlichen und keine mündlichen Überlieferungen aus längst vergessenen Zeiten. Merkwürdige Ähnlichkeiten mit den Felsmalereien im nördlichen Afrika und in Europa (Frankreich) werden nur Ahnungen, Vermutungen oder Thesen, aber keine klaren Auskünfte geben können.

Harald Pager, dieser »weiße Buschmann« vom Brandberg, kennt keine Sehnsucht nach uns und unserer Welt, er ist in sich glücklich. Er schafft die größte Dokumentation und Forschungsarbeit über die Buschmänner und hat gleichzeitig auch die Erfüllung seines Lebens gefunden. Für Harald sind diese kleinen Felsmalereifiguren lebendige Wesen, die ihn nicht mehr loslassen, sie zehren an seiner Kraft und an seinem Leben.

Der Schwarze und der Marxismus

Es stimmt, was der Pastor in Windhoek gesagt hatte: »Alle Menschen sind eben nicht gleich, auch nicht gleichartig, sondern gleichwertig!« Dr. T. M. W. Schumann schreibt dazu in »Surrender of last African Stronghold« (»Übergabe des letzten afrikanischen Bollwerks?«):

> »Wenn da immer noch eine gläubige Seele den Aussagen der Vereinten Nationen Bedeutung beimessen will, so soll sie auf die Worte einer weltweit anerkannten Persönlichkeit hören: Der verstorbene Dr. Albert Schweitzer erklärte 1961 während des Kongokrieges, in dem die Vereinten Nationen eine tätige, aber höchst zweifelhafte Rolle gespielt haben:
> Mein Leben habe ich dem Versuch gewidmet, die Leiden Afrikas zu erleichtern. Alle Menschen, die wie ich hier leben, müssen eine Sache lernen und kennen: Jene Lebewesen sind eine Unter-Rasse! Sie haben weder die verstandesmäßigen noch geistigen oder gefühlsmäßigen Fähigkeiten, sich in irgendeiner der Aufgaben unserer Zivilisation an die Seite des weißen Mannes zu stellen oder sie ihm gleich anzupacken.
> Mein Leben habe ich dem Versuch gewidmet, ihnen die Vorteile darzubringen, die unsere Zivilsation zu geben hat, aber ich bin mir nur allzusehr darüber klar: wir müssen den Status bewahren: Der Weiße ist der Überlegene, und sie sind darunter. Denn wenn ein weißer Mann es versucht, unter ihnen zu leben wie ein ihnen Gleicher, so werden sie ihn entweder vernichten oder fressen. Und sein gesamtes Werk werden sie zerstören.
> Wer auch aus der weiten Welt herbeieilt, um Afrika zu helfen, der muß daran denken, immer den Rangunterschied zu wahren: Du bist der Herr und Meister, sie stehen niedriger, wie Kinder, denen du helfen oder die du lehren willst! Verbrüdere dich nie mit ihnen, als seien sie gleich! Du darfst sie auch nicht als dir gesellschaftlich gleich anerkennen! Sonst werden sie dich fressen, sie werden dich vernichten« (»Mensch und Maß«, Nr. 20/1977).

173

Der weltbekannte Urwalddoktor Albert Schweitzer, der als Hilfspfarrer Medizin zu studieren begann und dann als Missionsarzt nach Afrika ging, 1952 den Friedensnobelpreis erhielt und sein ganzes Leben den Schwarzen im Urwaldhospital von Lambarene opferte, steht sicherlich nicht im Verdacht, ein Rassist gewesen zu sein. Um so mehr sollten seine Ausführungen zu denken geben, wenn sie auch nur aus der Zeit, in der sie geschrieben wurden, verstanden werden können.

Der »Rheinische Merkur« vom 17./18. Feber 1973 brachte zum Problem der Kolonisierung einen weiteren Aspekt in die Diskussion ein:

»Christliche Kirchen nehmen sowohl bei der Propagierung des Begriffs ›Dritte Welt‹, der angeblichen Notwendigkeit und Berechtigung der sogenannten Entwicklungshilfe, wie bei dem einseitig apostrophierten ›Rassismus‹ allzuviel ›Unfehlbarkeit‹ in Anspruch. Wird doch bei all dem völlig übersehen und übergangen: Es waren die europäischen Völker, die außer ihren wissenschaftlichen Erkenntnissen und Leistungen – Elektrizität, Fliegen, Mikroskop, Hygiene und allem, was sich daraus ergab und ergibt – auch das Christentum in die Welt hinausgetragen haben. Ohne daß Europäer – angefangen bei Portugal und Spanien über die Meere bis zu den Moskowitern über die asiatische Landmasse bis nach Alaska – mit dem prometheisch-faustischen Drang der weißen Völker ›die Welt entdeckt‹ hätten, stellten sich überhaupt nicht die Fragen alle, die heute unter dem Vorwand ›Entwicklungshilfe‹ Unruhe stiften und positive Arbeit lähmen oder verbrauchen.

Was eigentlich hat im Laufe der Jahrhunderte und Jahrtausende die Afrikaner und die Rothäute daran gehindert, ihrerseits Europa zu ›entdecken‹? Sie taten es nicht! Darf aber die Entdeckungstat des weißen Mannes darum als ›Kolonialismus‹ verteufelt werden, wie es heute so üblich ist? Colere heißt bebauen, pflegen, versorgen, siedeln; Colonus ist der Anbauer, Pfleger, Siedler – die Colonia ist Siedlung! Ist es nicht eine Perfidie, vor aller Welt diese ausschließlich positiven Begriffe zu verteufeln? Jeder Mann, der zu schreiben und zu reden versteht, sollte dem Widerstand leisten!

Denn welche Hintermänner arbeiten hier mit einem heimtückischen ›nomen est omen‹ und wollen des weißen Mannes Kultur- und Zivilisationsleistung aus Jahrhunderten verleumden oder gar auslöschen? Welche Macht soll an ihre Stelle treten? Gewiß, auch der weiße Mann ist nie fehlerfrei gewesen, noch hat er's von sich behauptet. Man darf über früherer Jahrhunderte Taten nicht mit dem Maßstab des 20. Jahrhunderts messen oder mit allerjüngsten Erkenntnissen. Der Kernpunkt dürfte die eindeutig größere Arbeitsleistung des weißen Mannes sein . . .«

So leicht dürfen wir es uns heute aber doch nicht machen, wenn auch im zitierten Artikel verschiedene nicht opportune Wahrheiten enthalten sind. Der Kolonialismus lastet wie eine Hypothek noch heute auf dem Image der einstigen Kolonialmächte, denn es gab da auch sehr negative Erscheinungen, die mit dem Kolonialisieren und Pflegen absolut nichts gemeinsam hatten. Irgendwie liegt natürlich der Verdacht nahe, daß die heutigen westlichen Industriestaaten auf Kosten des »Rohstoffbunkers« Afrika ihren Standard, aber auch ihre Abhängigkeit gefunden haben. Sicherlich haben wir Weiße aus Afrika weit mehr genommen als dorthin gebracht. Es ist aber eine Illusion, zu glauben, daß irgendein afrikanischer souveräner Staat allein zum volkswirtschaftlichen Gleichgewicht finden könnte. Wirtschaftsräume nach Währungen orientiert, Weltmärkte und Weltmarktpreise, Protektionismus, westliche Länder oder Ostblockstaaten, all dies spielt mit, und letzten Endes bleibt für die schwarzen Staaten nur noch die Wahl, ob sie sich für einen westlichen oder marxistischen »Ausbeuter« oder »Helfer« oder »Abnehmer« entschließen. Länder mit einer marxistischen Regierung haben keine Wahl, ihnen ist der Weg zwingend vorgeschrieben.

Wie sieht es heute aber in Schwarzafrika aus, da das Argument des Kolonialismus weggefallen ist und bereits schwarze Akademikergenerationen nachgewachsen sind? Keine einzige afrikanische Mine, kein einziges afrikanisches Ölfeld kann bis jetzt auf die weißen Ingenieure und

Fachleute verzichten, weil die schwarzen Akademiker ganz einfach nicht in der Lage sind, voll verantwortlich an ihre Stelle zu treten.

In der westdeutschen Zeitung »Die Welt« vom 6. November 1973 wurde folgender Leserbrief von Herrn Otto Kanold, 1 Berlin-Zehlendorf, veröffentlicht:

> »Von Erik von Kuehnelt-Leddihn brachten Sie in der *Geistlichen Welt* vom 20. Oktober den Beitrag ›Westkultur gleich Weltkultur?‹. Mir scheint, das Fragezeichen bei dieser Überschrift ist – in Europa gedruckt – falsche Bescheidenheit. Alle Völker der Erde wollen genießen, was ausschließlich europäischer Geist auf allen Gebieten schaffte . . .
>
> Warum ist es weder den Schwarzafrikanern noch den Rothäuten jemals eingefallen, zu merken, die Erde sei rund und könne ›entdeckt‹ und besiedelt werden. Nein, das taten ausschließlich die Europäer. Was andere Völker vergleichbar in den Jahrtausenden bekannter Geschichte unternahmen, ist demgegenüber winzig. Sogar das volksgewaltige China hielt seine Menschen daheim . . .
>
> Auch das ›Christentum‹, das ganz gewiß den Europäern seine Weltweite zu verdanken hätte, tut dies, indem es sogenannte ›Befreiungsbewegungen‹ unterstützt, die die Weißen, die für die Andersrassigen sorgen, abschlachten. Der Kommunismus, der noch nie seine Welteroberungspläne in Europa und draußen aufgegeben hat, kann da nur grinsen und tut es gewiß auch.«

Verblüffend ist auch die Tatsache, daß an den westlichen Universitäten und Hochschulen nur wenige der schwarzen Studenten Medizin, technische oder naturwissenschaftliche Fächer belegen, sondern hauptsächlich Philosophie, Politologie oder Jus studieren. Es gibt keine logische Erklärung dafür, doch müssen diese Studienrichtungen zu denken geben.

Noch ein anderer Faktor ist unverständlich für uns Weiße: Die schwarzafrikanischen Länder hatten während ihrer Kolonialherrschaft einen Agrarüberschuß, der in den gewinnbringenden Export ging. Heute können sich die meisten selbständigen schwarzafrikanischen Staaten trotz idealster Bodenverhältnisse und bester klimatischer Bedingungen nicht einmal selbst ernähren und sind auf Nahrungsmittelimporte angewiesen. Die Schwarzen sind nicht in der Lage, die vorhandenen funktionierenden Farmstrukturen, die von den Weißen hinterlassen wurden, weiter zu betreiben. Alles verkommt schon nach kürzester Zeit, sobald die Weißen abgezogen sind und die Schwarzen die Alleinverantwortung übernommen haben. Zu technischen Dingen scheinen Schwarze ein gestörtes Verhältnis zu haben. Eine Maschine, ein Motor, läuft eben, so lange er läuft, ein Wartungsdienst scheint in ihren Augen verlorene Zeit und verlorenes Geld zu sein. Vollends bricht das Chaos aus bei Rundfunk, Fernsehen oder Luftfahrtgesellschaften, wenn Schwarze allein arbeiten und auf weiße Hilfe verzichten müssen.

Das soll keine abwertende Beurteilung sein, sondern nur eine Aufzählung von Fakten. Wahrscheinlich muß man es der ganz anderen und für uns fremden Mentalität zuschreiben.

So ähnlich sieht es auch mit der »Demokratie« in Schwarzafrika aus. Von ein bis zwei tolerierbaren Ausnahmen abgesehen, existiert doch in keinem schwarzafrikanischen Staat auch nur annähernd eine Demokratie nach westlichen Vorstellungen. Entweder sind es reine Militärdiktaturen oder die sogenannten »Präsidialdemokratien«, wo ein starker Mann oder eine Staatspartei ohne Opposition und ohne wirkliches Parlament die Macht im Land mit Gewalt durchsetzt. Die einzige »Religion«, die in Schwarzafrika gilt, angebetet und verstanden wird, ist die Macht. Exponenten wie Idi Amin, Kaiser Bokassa, Mobutu oder ähnliche »Häuptlinge« sind keine Seltenheit, sie scheinen nur die Regel in Schwarzafrika zu bestätigen. Wechsel und Veränderungen in den Regierungen oder Machtpositionen werden nie durch Wahlen, sondern einzig und allein durch blutige Putsche, Revolutionen oder Kriege vollzogen.

Abgesehen von den Befreiungskriegen gibt es eine lange Liste interner Konflikte in Afrika seit 1962:

1962:	Marokko–Algerien, Grenzkonflikt
1966–1982:	Tschad, Bürgerkrieg
1967–1970:	Nigerien, Biafrakrieg
1960–1967:	Kongokriege (Zaire)
1977–1978:	Zaire, Shabainvasionen
1959–1973:	Ruanda, Bürgerkrieg
1965–1973:	Burundi, Bürgerkrieg
1978:	Tansania, Grenzkonflikte
1979:	Tansania, Einmarsch in Uganda
Seit 1975:	Angola, Bürgerkrieg
1976–1977:	Mozambique, Grenzkrieg mit Rhodesien
Seit 1966:	Namibia, Guerillakrieg
1964–1979:	Simbabwe, Guerillakrieg
1952–1955:	Kenia, Mau-Mau-Aufstand
Bis 1972:	Sudan, Aufstände im Süden
Seit 1960:	Äthiopien, Bürgerkrieg (Eritrea)
1977–1978:	Äthiopien, Krieg mit Somalia

Mozambique und Tansania haben einen pausenlosen Guerillakrieg in ihren Ländern und sind nicht in der Lage, Ruhe und Ordnung zu schaffen.

Seltsam ist der Weg, den der Kommunismus (Sozialismus) in Afrika einschlägt, um dort Fuß zu fassen. Die marxistische Ideologie ist kaum für Schwarzafrika geeignet, weil es dort keine »Massen« an Arbeitern und Bauern gibt und weil man dort den nicht vorhandenen klassischen Kapitalismus eben nicht bekämpfen kann. Die Länder sind viel zu dünn besiedelt, um dieses politische Konzept zum Durchbruch zu bringen. Es fehlen die Industriezentren, in denen man die rote Fahne hissen könnte. Und wo der »Kapitalismus« vorhanden ist (Öl- und Diamantenkonzerne), kooperiert der Marxismus eifrig mit den kapitalistischen Konzernen oder kauft sich ein, damit die Produktion ungestört bleibt.

Der 1969 ermordete schwarzafrikanische Sozialist Tom Mboya aus Kenia definierte seine Vorstellung folgendermaßen: »Wenn wir vom afrikanischen Sozialismus sprechen, meinen wir die überlieferten Regeln der afrikanischen Gesellschaft, die jedem in jeder Lebenslage Sicherheit und Hilfe gaben.« Und er meinte weiter, die Regierungen der souveränen Staaten Afrikas sollten die Funktion der Clans und der Stämme übernehmen. Dazu ergänzte er: »Durch Genossenschaften kann ein Clan die alte Stammesstruktur in die moderne Geldwirtschaft übertragen.« Mit solchen Publikationen lebt man in Afrika allerdings nicht sehr lange.

Nicht über die Ideologie kann der Marxismus in Afrika Fuß fassen, sondern einzig und allein über schwarze Führer, die mit ihrer Bevölkerung »Probleme« bekommen. Moskau ist in solchen Fällen immer blitzschnell bereit, die entsprechende Militärhilfe zu leisten (Äthiopien, Mozambique, Angola, Benin, Kongo-Brazzaville etc.), um diese »Häuptlinge« innenpolitisch abzusichern. Dadurch unentbehrlich geworden, läuft alles wie am Schnürchen ab. Es folgen die »Spezialisten« auf allen Gebieten der Wirtschaft, Administration, Polizei, Militär und Politik, die den Staatsapparat systematisch in die Hand bekommen, ohne daß man an der Souveränität des betreffenden schwarzen Führers rüttelt. Funktioniert ein solcher Regierungschef nicht und versucht er, aufzumucken oder auszubrechen, dann fällt er dem »Zorn des Volkes« zum Opfer. Attentate oder rätselhafte medizinische Operationen in der UdSSR (Dr. Neto von Angola) schaffen Platz für willfährigere Genossen, die besser spuren. Spezialisten für den Auf- und Ausbau des Staatssicherheitsdienstes und der Geheimpolizei sind meist die Ostdeutschen, die schon nach geringer Zeit ein perfektes Sicherheitssystem einrichten. Sehr schwer wird es für den afrikanischen Staat jedoch, die marxistische Gesellschaftsform eines Tages wieder abzuschütteln, wenn sich die »Helfer« allzu präpotent benehmen und die Führung im Land de facto ausüben.

So vorbildlich auch die Militärhilfe des Ostblocks ist, so jämmerlich steht es um die Wirtschaftshilfe aus dem Ostblock. Ob es Vietnam, Afghanistan oder Angola betrifft, der Kreml ist anscheinend überfordert, er vermag nicht einmal seinem ausgehungerten Bruderstaat Polen mit ausreichenden Lebensmitteln beizustehen.

Es klingt zwar einladend und geradezu ideal, wenn in Parolen pausenlos verkündet wird, daß nunmehr mit der Ausbeutung durch die Kapitalisten, Kolonialisten und Imperialisten Schluß gemacht wird und die Ausbeutung der Bodenschätze dem Volk zusteht. Wie dann die Wirklichkeit und Praxis dieser Ideologie aussieht, sieht man am deutlichsten im nördlichen Nachbarland von SWA/Namibia, in Angola, dem Gastland der SWAPO.

Für jeden Entwicklungshelfer aus den Ostblockländern (Rußland, DDR, Kuba etc.) – ob er nun ein Arzt, Lehrer, »Berater« oder sonstiger Spezialist ist – muß die volksdemokratische Angola-Regierung in harten Devisen (Dollar, Pfund, DM) 1000 bis 2000 Dollar bezahlen. Da die Regierung aber über diese Devisen für die Helfergehälter nicht verfügt, bedienen sich die Russen und Kubaner selbst, indem sie die Hand auf die wenigen noch in Betrieb befindlichen Wirtschaftsunternehmungen halten. Cabinda-Oil verwalten die Sowjets, und die Kubaner haben die Kontrolle über die Diamantenminen im Norden, da bleibt nach Abzug der Kosten für die Besatzungsarmee kaum noch ein Rest für das Besitzerland Angola und seine Regierung übrig. Das geht aber noch weiter: Während der portugiesischen Herrschaft hat Angola pro Jahr vor seiner Küste 500.000 Tonnen Fische gefangen und zum Großteil exportiert. Nach dem Einmarsch der Kubaner »verzichtete« Angolas Regierung auf die Fischereirechte vor seiner Atlantikküste, und seither operieren dort sowjetische Fischereiflotten, die mit riesigen Saugrohren die Fischschwärme in die Schiffsrümpfe saugen. Diese so gefangenen Fische dürfen die Angolaner dann in Konserven mit russischen Etiketten kaufen.

Besatzungsmächte sind meist unbeliebt bei der Bevölkerung und ganz besonders die Kubaner, Russen und Ostdeutschen in Angola, weil die besten Lokale, Wohnungen oder Badestrände nur für die Ausländer reserviert sind, wie mehrsprachige Verbotsschilder verkünden.

So sieht dann die Wirtschaft in einer schwarzafrikanischen Volksdemokratie aus, wenn das »Volk« die Ausbeutung der eigenen Bodenschätze in Händen hat. Angola zählt heute zu den wirtschaftlich ärmsten Ländern ganz Afrikas, es ist nicht mehr Herr im eigenen Land, der eigentliche Nutznießer sind einige Ostblockländer.

Es gibt natürlich auch konträre Fälle in Afrika, wo keine Marxisten herrschen. So zum Beispiel in Zaire, wo ein Präsident General Sésé-Séko (Kuku-Ngbandu-Wa-Za-Banga) Mobutu, der gleichzeitig auch zuständig ist für die Ressorts Außenpolitik, Militär, Staatssicherheit und Veteranen, auf einem Hügel außerhalb von Kinshasa in einem Prachtbau haust und von einem Bataillon ergebener Fallschirmjäger bewacht wird, die den doppelten Sold der übrigen Zaire-Armee beziehen. Zaire scheint für sich den Weltrekord an Korruption gesichert zu haben, denn von unten bis hoch oben, von den Kaufleuten und Hotels bis zu den Importlizenzen wird nur mit Schmiergeld verhandelt. Mobutu selbst gilt mit den Kupferexporten aus seiner Shabaprovinz im Süden persönlich als einer der reichsten Männer der Welt, der seine Privatkonten in der Schweiz, in Frankreich und Amerika hat. Er hat es vom Unteroffizier in der einstigen Kolonialarmee im Laufe seiner blutigen Karriere bis zu seiner heutigen Stellung gebracht. Gnadenlos hat er alle Oppositionen ausgeschaltet und hält mit etwa 100 ihm ergebenen verwandten und befreundeten Familien die Schlüsselpositionen besetzt. Die aus dem kommunistischen Angola gestarteten Invasionen in Shaba haben bewiesen, daß Mobutus Thron bedenklich wackelt, denn der Despot wäre zweifellos hinweggefegt worden, wenn nicht der Westen (Frankreich, aufgrund eines Beistandspaktes) blitzschnell über eine Luftbrücke geholfen hätte.

Ein korrupter Diktator war dem Westen noch immer lieber als ein marxistisches Zaire.

Wo liegt da für die Bevölkerung von Angola und Zaire der Unterschied, wenn auf der einen Seite Ostblock-»Helfer« die Staatseinnahmen absahnen und auf der anderen Seite ein korrupter schwarzer Präsident mit höchsten Titeln sich persönlich an den Kupfereinnahmen jahrzehntelang gesundstößt? Im Grunde genommen gibt es da für die Völker keinen Unterschied, sie werden dort und da betrogen. Diese Regierungssysteme haben sich mittels Militär und dem Apparat des Staatssicherheitsdienstes so festzementiert, daß sie kaum von innen, sondern nur von außen her eines Tages verjagt werden könnten.

Die »Arbeiter«- und »Bauernparadiese« in Schwarzafrika sind wirtschaftlich am ärmsten dran und in keinem Falle durch freie Wahlen entstanden, sondern ausschließlich durch von außen lancierte Putsche mit direkter oder indirekter Kremlassistenz. Exportieren oder indoktrinieren kann man den Marxismus – soweit es Afrika betrifft – sicherlich nicht, so bleibt als einziger Weg für die kommunistische Expansion die Brachialgewalt. Ein Grundgesetz besagt, daß es in der Politik kein Vakuum gibt: Wenn nicht der Westen, dann eben der Osten!

Globalstrategie und Geopolitik

Es wäre naiv, anzunehmen, daß SWA/Namibia ein isoliertes nationales Problem darstellt, denn die Zusammenhänge und Hintergründe können nur in einem großen globalstrategischen und geopolitischen Konzept gesehen werden. Einer der profundesten Kenner der sowjetischen Taktik und auch der russischen politischen Denkart ist zweifellos der 1979 verstorbene General Reinhard Gehlen gewesen. Dieser legendäre Chef der Generalstabsabteilung »Fremde Heere Ost«, der deutsche Geheimdienstexperte im Zweiten Weltkrieg, der auch nach dem Krieg den Geheimdienst (Bundesnachrichtendienst) der Bundesrepublik Deutschland aufgebaut hat, gilt als unbestrittener Kenner militärischer und politischer Agitationen und verfügte über »Fäden« in die höchsten Kremletagen. Aus diesem Grund ist seinen Ansichten und seinem Urteil auch besonderes Gewicht beizumessen, denn seine Erkenntnisse kommen aus einer jahrzehntelangen praxisbezogenen Erfahrung abseits aller akademischen Theorie. General Gehlen führte in seinem Buch »Verschlußsache« konkret und weitblickend an:

> »Die Abhängigkeit der westlichen Industrienationen von den Rohstoffen Afrikas ist eine Tatsache, die für die globale sowjetische Strategie von größter Bedeutung ist. Deshalb haben die Sowjets die Loslösung der afrikanischen Völker und jungen Staaten von der Kolonialherrschaft westeuropäischer Länder in vielseitiger Weise unterstützt, allerdings in keinem Falle durch den Einsatz sowjetischer Soldaten.«

An anderer Stelle analysiert Reinhard Gehlen treffend:

> »Ich habe mit besonderem Interesse die sowjetischen Folgerungen und Konsequenzen aus dem Fehlverhalten und

Versagen der beteiligten westlichen Länder beobachtet. Während die Sowjets zunächst mit allen Mitteln bestrebt waren, auch den friedlich geregelten Übergang überall zum ›Befreiungskampf‹ umzufunktionieren, folgten bald andere Überlegungen. Sie enthielten die Planung, das eine oder andere afrikanische Land durch gezielte und größere Hilfen zu binden und zu einem sowjetischen Stützpunkt, zu einem Kristallisationspunkt als Ausgangsbasis für weiterreichende Maßnahmen aufzubauen.«

Klarer und präziser vermag man es nicht zu formulieren. Die Sowjets setzen mit Vorliebe ihre »Stellvertreter« ein und treten oft direkt überhaupt nicht in Erscheinung. 1982 standen bereits 55.000 kubanische Soldaten in verschiedenen afrikanischen Staaten, nicht nur als Instruktoren und Berater, sondern in geschlossenen Militärverbänden, denen oftmals auch kampfmäßige Ziele zugeordnet werden. In den letzten zehn Jahren traten immer häufiger Militärs aus der DDR in Erscheinung, die den Russen als absolut zuverlässig erscheinen und weit über dem üblichen Ausbildungs- und Intelligenzniveau anderer Satellitenstaaten stehen. Besonders in der SWA/Namibia-Frage wird die DDR sehr intensiv vom Kreml eingesetzt, weil diese ehemalige deutsche Kolonie und das dort noch vorhandene Deutschtum spezielle Ansatzpunkte bieten. Paradoxerweise werden die alten preußischen Militärhelden wie York, Gneisenau, Scharnhorst und Clausewitz in der volksdemokratischen ostdeutschen Armee noch heute hochgehalten. Die Disziplin liegt den DDR-Soldaten auch mehr als den Kubanern oder Tschechen, und außerdem beherrschen die Ostdeutschen sophistische Waffen (MIG-Jäger, Raketenwaffen etc.) wesentlich perfekter als die Russen selbst.

Der weltweite Proteststurm wäre unausbleiblich, würde beispielsweise die deutsche Bundeswehr in Ländern außerhalb Europas dieselbe militärische »Entwicklungshilfe« leisten, wie die DDR es tut (laut Grundgesetz ist dies der deutschen Bundeswehr verboten).

General Gehlen stellte ferner fest:

>»Die Schwerpunkte der sowjetischen Afrikapolitik und damit auch die Haupteinsatzländer der ›Stellvertreter‹ liegen seit Jahren fest. Sie ergeben sich, wie könnte es anders sein, beinahe zwangsläufig aus der sowjetischen Globalstrategie. Ihrzufolge sind die nördlichen und südlichen Länder des schwarzen Erdteils wichtiger als das weite Zwischenfeld, das von der Sahara bis zu den sogenannten ›Frontstaaten‹ gegenüber der Südafrikanischen Republik reicht.«

Die sowjetischen Bestrebungen in Afrika und besonders im südlichen Afrika haben sehr einleuchtende reale Ziele, denn es geht nicht nur um militärisch-strategische Stützpunkte oder um politische Ausgangsbasen für weitere Expansionspläne. General Gehlen:

>»Im Süden Afrikas gilt das vorrangige sowjetische Interesse selbstverständlich den Gebieten, die für den Westen unverzichtbare Bodenschätze besitzen: Platin, Uran, Gold und Chrom, um nur einige der wichtigsten zu nennen...
>... Aber ich tue dies in der festen Überzeugung, daß ein Verlust Südafrikas ganz entscheidend zur Unterwerfung der gesamten freien Welt unter die Herrschaft des sowjetischen Kommunismus beitragen würde.«

Wenn vom südlichen Afrika die Rede ist, so versteht man darunter die ganze Region, also die Republik Südafrika mit SWA/Namibia zusammen. Das südliche Afrika wird nicht umsonst als der »Persische Golf« der Bodenschätze bezeichnet. Die USA sind bei 32 Bodenschätzen mit 24 Bodenschätzen zu mehr als 50 Prozent von ausländischen Quellen abhängig. Diese Tatsachen enthüllten eine strategische Verwundbarkeit der Vereinigten Staaten, die gefährlicher als die Energiekrise sein kann. Das US-Repräsentantenhaus hat einen ausführlichen Bericht über diese strategisch wirtschaftliche Schwachstelle angefordert. Sieht man sich nun die Tabellen mit den wesentlichsten Rohstoffreserven an, bekommt man einen Überblick über die Abhängigkeit des Westens vom südlichen Afrika:

Prozentsatz der Weltreserven in Südafrika:

Platin 86%
Mangan 53%
Vanadium 64%
Chrom 95%
Kobalt 52%

*Südafrika lieferte 1978 die folgenden Prozent-
sätze der Importe der freien Welt:*

Chromeisenerz 40%
Ferrochrom 58%
Mangan 36%
Ferromangan 22%
Platin 91%
Vanadium 73%
Gold 67%

USA-Importe:

	Insgesamt	Davon aus Südafrika (in %)
Chrom........	92	48
Platin	91	82
Mangan.......	98	87
Gold.........	54	67
Vanadium	27	73

Wenn man sich vor Augen hält, wieviel Kilogramm
Chrom allein für ein Flugzeugtriebwerk notwendig sind,
wird diese Abhängigkeit immer deutlicher. Es gibt nur
einen einzig alternativen Lieferanten für diese wichtigen
Rohstoffe: die Sowjetunion. Würde das südliche Afrika
dem kommunistischen Machtbereich zufallen, wäre dies
das Ende der westlichen Industriestaaten, unsere Lichter
würden verlöschen. Das sind Fakten und Zahlen, die
jederzeit überprüfbar sind und tödliche Konsequenzen

nach sich ziehen können. Unter diesen Aspekten sind sämtliche von der UNO verhängten Boykotts, Embargos oder sonstige »Verurteilungen« gegen Südafrika – bei denen die westlichen Staaten meist auch fleißig mitstimmten – völlig sinnlos und nichts anderes als verbale Kraftakte. Ganz abgesehen davon, daß sich Südafrika alle nicht im eigenen Land vorhandenen Waren oder Waffen über legale und illegale Hintertüren mühelos beschaffen kann, müßte der Westen froh sein, wenn Südafrika den Spieß nicht einfach umdreht, weil es am längeren Ast sitzt und wir von den südafrikanischen Bodenschätzen weit mehr abhängen, als Südafrika vom Westen abhängt. Ob uns nun die Apartheidpolitik der Südafrikaner gefällt oder nicht, *wir* brauchen Südafrika aus geopolitischen und globalstrategischen Gründen.

Selbstverständlich wird die Apartheidpolitik vom Westen entschieden abgelehnt, aber wir lehnen auch im Osten Menschenrechtsverletzungen, unmenschliche Gesellschaftsformen und diskriminierende Gesetzgebungen ab, ohne daß sich viel ändert. Nur bei Südafrika sehen die UNO und die Weltöffentlichkeit das Haar in der Suppe, nur Südafrika gibt den internationalen politischen Prügelknaben ab. Wenn Polizisten bei einer verbotenen Demonstration in Johannesburg drei Schwarze niederschlagen, berichten am nächsten Tag alle Schlagzeilen in den Medien von dieser »unmenschlichen« Tat, und es fehlt nicht an Protesten und Drohungen. Daß aber zwei oder drei Millionen Kambodschaner von den kommunistischen Roten Khmer umgebracht wurden, kümmert die Weltöffentlichkeit und die UNO überhaupt nicht, es wird als völlig interne Angelegenheit Kambodschas betrachtet, in die sich niemand einzumischen habe. Die Roten Khmer sind noch heute in der UNO voll anerkanntes Mitglied (mit Ausnahme von Großbritannien, das seine Anerkennung zurückzog). Was ist das für eine Objektivität? Sicherlich kann man Unrecht nicht aufrechnen und die drei erwähnten niedergeknüppelten Schwarzen sind schon zuviel, aber eine derart einseitige Be- und Verurteilung entspringt einer nicht zu verstehenden doppelbödigen Moral.

Südafrika hat sowohl die finanziellen als auch militärischen Mittel, um jede noch so massive schwarzafrikanische Aggression abzuwehren bzw. so zurückzuschlagen, daß alle künftigen Angriffe unterbleiben. Es erscheint auch Reinhard Gehlen höchst unwahrscheinlich, daß die Sowjets sich direkt – also nicht nur mit ihren »Stellvertretern« – in einen Konflikt einlassen würden, der so weit vom Mutterland und von allen Basen entfernt liegt wie das südliche Afrika. Die russische Hilfe gehört aber allen subversiven Aktionen und Tätigkeiten, die sich gegen Südafrika richten, wobei die »Frontlinienstaaten« besonders bevorzugt werden.

General Gehlen über die militärische Potenz der Südafrikaner:

»Da den Südafrikanern die Mittel zur Herstellung von Atombomben mit Sicherheit zur Verfügung stehen, würden sie gewiß nicht davor zurückschrecken, diese Waffe notfalls auch einzusetzen. Eine südafrikanische Kapitulation vor Schwarzafrika wird es jedenfalls nicht geben.«

In dem Augenblick, in dem der Westen von den Rohstoffen aus dem südlichen Afrika abgeschnitten ist und die Kontrolle der Schiffsbewegungen um das Kap der Guten Hoffnung (Öl-Nabelschnur) verliert, ist der Kampf um den Kontinent Afrika verloren. Ein beliebiger Krisenfall irgendwo auf unserer Erde könnte durch sowjetische Maßnahmen dem Westen die rote Karte bringen.

Und ein letztes Zitat von Reinhard Gehlen:

»Aus zahlreichen Gesprächen, vor allem mit Südafrikanern selbst, ergibt sich zwingend, daß allein die jetzige oder eine kommende südafrikanische Regierung imstande ist, die internen Spannungen abzubauen und damit die Gefahr innerer Unruhen, die von außen geschürt werden, zu verhindern. Die weißen Südafrikaner werden weitere Konzessionen machen müssen. Dies wird ihnen leichter fallen, wenn die wichtigsten westlichen Staaten, die USA an der Spitze, die einseitige Verdammung Südafrikas aufgeben und sich zu der gemeinsamen Erkenntnis durchringen würden, daß Südafrika im Interesse der ganzen freien Welt aus wirtschaftlichen und strategischen Gründen gehalten werden muß. Ohne Wenn und Aber.«

Das südafrikanische Rassenproblem muß zweifellos stufenweise abgebaut werden, darüber sind sich nicht nur die Kritiker, sondern vor allem auch der Großteil der Südafrikaner einig. Die Verlogenheit der schwarzafrikanischen Staaten, die in der UNO Südafrika lauthals anklagen und beschimpfen, zeigt sich in Afrika mit einer ganz anderen Haltung gegenüber Pretoria: 42 afrikanische Staaten betreiben mit Südafrika einen sehr regen Handel und sind froh, wenn die Südafrikaner bei Ernährungsengpässen mit Mais-Hilfssendungen Hungersnöte vermeiden helfen. Nahezu 300.000 schwarze Afrikaner aus acht souveränen schwarzafrikanischen Ländern arbeiten in den Bergwerken der so verhaßten und verteufelten weißen Südafrikaner, weil sie da bessere Löhne und bessere Sozialbedingungen haben und daheim arbeitslos wären. Die betreffenden Regierungen helfen dabei eifrig mit, weil sie dadurch begehrte Devisen ins Land bekommen, die diese »Gastarbeiter« an ihre Familien daheim überweisen. Die Schwarzafrikaner in Südafrika besitzen mehr Privatautos, als in der ganzen Sowjetunion Personenkraftwagen auf den Straßen laufen. Damit soll nur angedeutet und erwähnt sein, daß das Pro-Kopf-Einkommen und der Lebensstandard der Schwarzen in Südafrika und SWA/Namibia beträchtlich höher als in allen anderen schwarzafrikanischen Ländern sind. Sicherlich ist dies keine Entschuldigung dafür, daß es in Südafrika heute noch eine Reihe von rassendiskriminierenden Gesetzen und Zuständen gibt, die jeder Weiße aus dem Westen ablehnen muß; aber auch positive Fakten sollte man deshalb nicht unter den Teppich kehren.

Der UN-Hochkommissar für Flüchtlinge, der Däne Poul Hartling, hat festgestellt, daß es in Afrika im Frühjahr 1981 etwa fünf Millionen Flüchtlinge gegeben hat, davon einige Hunderte aus Südafrika.

Ein typisches afrikanisches Beispiel unmenschlicher Vorgangsweise setzte Nigeria Anfang 1983, als über Nacht mehr als zwei Millionen schwarzafrikanische Gastarbeiter über die Grenze gejagt wurden und es an den Grenzübergängen zu unbeschreiblichen Szenen kam. Ohne Verpflegung, ohne Wasser und nur mit dem mitzutragenden Hab und Gut in den Händen mußten die schwarzen »Brüder« das Land verlassen. Wehe, wenn eine weiße »Kolonialmacht« eine solche Greueltat auf sich geladen hätte! – Bei afrikanischen Dritte-Welt-Ländern spielt das anscheinend keine so große Rolle, UNO und Weltöffentlichkeit gehen nach wenigen Tagen bereits wieder zur Tagesordnung über.

Es gibt aber auch prominente Schwarze, die aus schwarzafrikanischen Ländern nach Südafrika fliehen, wie den schwarzen Luftwaffenpiloten Adriano Bomba, der am 8. Juli 1981 mit seiner MIG-17 aus Mozambique nach Südafrika floh, obwohl er mit seiner Berufsausbildung in seiner Heimat alle nur erdenklichen Privilegien besaß. Die MIG sollte dann von einem anderen Piloten abgeholt und nach Mozambique zurückgeflogen werden, aber auch der zweite Pilot zog es vor, im südafrikanischen Exil zu bleiben.

1982 traf am Johannesburger Jan-Smuts-Flughafen der 30jährige George Costa, Direktor der nationalen Sicherheitspolizei – einer der hochrangigsten Regierungsbeamten –, aus Mozambique ein, nachdem er seine Flucht monatelang vorbereitet hatte. Er war mit dem kommunistischen System in seiner Heimat nicht länger einverstanden und floh deswegen nach Südafrika.

Was sich heute in Afrika an Krisen und Konflikten abspielt, ist nichts anderes als ein Stellvertreterkrieg, bei dem es um Hemisphärenausweitungen des Kremls geht und wobei mit einem ganz bestimmten System der westliche Einfluß aus Afrika verdrängt werden soll. Die Interessen der betroffenen Völker oder »Befreiungsbewegungen« kommen da weniger zum Zug, und selbst eine SWAPO wird natürlich nie begreifen, daß sie eigentlich nicht Inhalt, sondern nur Werkzeug in dieser globalen Auseinandersetzung ist.

Die Gefahr in diesen Ereignissen liegt in der Tatsache, daß die Sowjets eine klar umrissene Afrikapolitik mit einem Expansionskonzept haben und die Satellitenländer in diese Spur eingeschwenkt sind, während der Westen völlig uneinig zu keiner gemeinsamen Afrika- und Verteidigungspolitik finden kann. Darin ist auch die Ursache der bisherigen Kremlerfolge in Afrika zu sehen.

Mit dem allzuhäufig gebrauchten politischen Slogan »Afrika den Afrikanern!« kommt man nicht sehr weit, denn im Norden von Afrika leben 80 Millionen Araber, die es entschieden ablehnen, als Afrikaner bezeichnet zu werden, und im südlichen Afrika müßte es dann – strenggenommen – heißen: »Südafrika und SWA/Namibia den Buschmännern!«, denn sie sind ja die Urbevölkerung dieser Region gewesen. Weiße und Schwarze kamen erst viel später dorthin. Könnte man da nicht auch gleichzeitig rufen: »Amerika den Indianern!«?

UNO-Hilfe für die SWAPO-Nujoma

Es gibt keinen einzigen Fall in ganz Afrika, wo ein Staat nach UNO-Vorschriften seine Unabhängigkeit gefunden hätte. Nur bei SWA/Namibia versucht die UNO helfend und diktierend einzugreifen.

Daß die UNO-Generalversammlung der SWAPO bereits im voraus die »authentische Alleinvertretung des namibischen Volkes« bescheinigt hat, war politisch weder klug noch verständlich, weil die in den Statuten vorgesehene strenge Unparteilichkeit der UNO damit verletzt und die UNO selbst in diesem Streitfall zur »Partei« wurde. Darüber hinaus gewährt die UNO der SWAPO eine Reihe politischer, materieller und propagandistischer Hilfen. Allein im Jahre 1979 gewährte die »unparteiische« UNO der SWAPO materielle Hilfe in der Höhe von über 15 Millionen US-Dollar, und zwar über die verschiedenen Sonderorganisationen, den regulären UN-Haushalt, das UN-Entwicklungsprogramm, den UN-Fonds für SWA/Namibia und das UN-Ausbildungs- und Schulungsprogramm. Daneben gibt es noch Mittel für die Öffentlichkeitsarbeit und propagandistische Projekte der SWAPO. Da die SWAPO einen regulären Beobachterstatus in der UNO-Generalversammlung (Resolution 31/152 vom 20. Dezember 1976) besitzt, wird auch das New Yorker UNO-Büro der SWAPO-Delegation mit jährlich 182.000 Dollar finanziert. Das schien der SWAPO-Delegation jedoch als nicht ausreichend, und sie verlangte eine Erhöhung auf 230.500 Dollar, was sofort bewilligt wurde und auf keine Schwierigkeiten stieß, obwohl der überwiegende Teil dieser für die SWAPO verwendeten UNO-Mittel aus den westlichen Ländern kommt.

Die politische Hilfestellung der UNO reicht im Detail noch weiter, es heißt in der vorzitierten Resolution, Paragraph 2, daß die SWAPO unterstützt wird »in ihrem Kampf, mit allen Mitteln, einschließlich des *bewaffneten Kampfes,* Selbstbestimmung, Freiheit und nationale Unabhängigkeit zu erreichen«. Mit anderen Worten: Die UNO bekennt sich offen zur Unterstützung eines »bewaffneten Kampfes«. Es wäre nicht auszudenken, wenn dieser klar formulierte Grundsatz nun jeder Befreiungsbewegung zugute käme, die gegen Unterdrücker und Menschenrechtsverletzer und für Freiheit kämpft.

Es ist auch noch eine Frage, ob die SWAPO-Mittel von der UNO der ganzen Bevölkerung SWA/Namibias zugedacht sind oder nur einer Gruppe von SWA/Namibia-Leuten, die im Ausland leben und agitieren. Unverständlich scheint es auch für jeden Beobachter, daß alle anderen Bevölkerungsgruppen und demokratischen Parteien SWA/Namibias bei der UNO nicht gehört werden, während man der SWAPO-Gruppe alle Rechte blanko bescheinigt und nur sie anhört. Es bringt auch nichts, wenn die politischen Parteien SWA/Namibias, die immerhin aus freien Wahlen hervorgegangen sind, von der SWAPO als Marionetten der Südafrikaner bezeichnet werden, denn die andere Seite sieht in der SWAPO die Kreml-Marionetten. So steht Marionette gegen Marionette, von welcher Seite man das Problem auch betrachtet.

Für die Bevölkerung eines Landes ist es aber unverständlich – wie aus allen Aussagen der SWA/Namibia-Politiker hervorgeht –, wenn dem Land von der UNO eine völlig undemokratische Gesellschaftsform aufgezwungen werden soll, da die SWAPO-Führer unzweideutig ankündigten, daß sie die Macht mit niemandem im Lande teilen wollen. Genügt der UNO und der Weltöffentlichkeit das Nachbarland Angola nicht, wo nicht durch Wahlen (obwohl vereinbart und festgelegt, aber bis heute nicht durchgeführt), sondern durch kubanisches Militär die SWAPO-gleiche marxistische MPLA an die Macht gehievt und gehalten wird? Daß an einer derartigen Entwicklung im südlichen Afrika der Ostblock ein begreifliches Interesse hat, ist verständlich, aber absolut unverständlich bleibt die Einstellung des Westens, der von der Fiktion einer globalen Entspannung ausgehend sämtliche sowjetische Expansionsschritte widerspruchslos toleriert und die Sowjets geradezu zu weiteren Schritten animiert.

Die SWAPO hat noch keinen einzigen westlichen Reporter nach Südangola zu ihren Basen eingeladen, wie dies nahezu alle Befreiungsbewegungen machen, die daran interessiert sind, um glaubhafte Beweise ihrer Schlagkraft zu liefern. Man erhält auch auf zahlreiche, an die bürokratisch aufgeblähte SWAPO-Führung gerichtete Briefe keine Antwort und keine Informations- oder Propagandaschriften, obgleich eine kommentarlose Wiedergabe verbindlich zugesichert wird. So hüllt sich die SWAPO in einen undurchdringlichen Mantel des Schweigens, der Überheblichkeit und Arroganz, den sie nur lüften muß, wenn vom Ostblock Publizisten angeflogen kommen. Oder aber – was näher zu liegen scheint – sie darf nicht eigenmächtig handeln, wenn der große Bruder nicht vorher seinen Segen dazu gibt. Bei einem Empfang in einer afrikanischen Hauptstadt zog in gehobener Stimmung auf meine Frage hin ein ostdeutscher Journalist triumphierend seinen Reisepaß heraus und klopfte unentwegt mit seinem Zeigefinger auf die Paßseite 16, wo neben dem Angolavisum auch ein sowjetischer Stempel prangte, und erläuterte fröhlich: »Die Angolaner und Kubaner haben da nichts zu melden, wenn du dort hinunter nach Südangola zur SWAPO willst – verstehst du –, der Iwan muß einverstanden sein – der Iwan und sonst keiner!«

Der südafrikanische Geheimdienst hat durch Spionage und Luftbildaufnahmen südlich der Benguela-Bahnlinie beachtliche Mengen von modernstem schwerem Kriegsmaterial (Panzer, Pioniergeräte, Artillerie, Helikopter etc.) festgestellt, die in getarnten Depots unbenützt lagern und in dieser Masse kaum für einen »Inlandsgebrauch« gedacht sein können, sondern mit den sowjetischen Waffendepots in Brazzaville (Volksdemokratie Kongo) vor der kubanischen Invasion in Angola zu vergleichen sind. Die Aussagen eines gefangenen russischen Offiziers in Südangola bestätigten die Annahme, daß es sich dabei um strategische Waffendepots für spätere Operationen handelt.

Trotz dieser Zusammenhänge kann die SWAPO mit UNO-Segen tun und lassen, was sie will. Und die sonst ständig in finanziellen Nöten befindliche UNO ist in Sachen SWAPO absolut nicht kleinlich und finanzierte mit 80.000 Dollar z. B. auch die im September 1980 in Paris stattgefundene SWAPO-Konferenz, die unter dem Slogan »Solidarität mit dem Kampf des Volkes von Namibia« als Selbstbeweihräucherungsfestival abrollte.

Der Namibiarat der UNO stellte auf seiner Plenarsitzung in Algier im Frühsommer 1980 wohlwollend fest:

> »Der Rat spricht dem heroischen Volke Namibias seine Anerkennung dafür aus, daß es unter der Führung seiner Befreiungsbewegung, der SWAPO, den bewaffneten Kampf zur Befreiung seines Landes von der illegalen Okkupation durch Südafrika intensiviert hat. Zugleich wertet der Rat es als Zeugnis des staatsmännischen Verhaltens und der Friedensliebe der SWAPO, daß die SWAPO während des Verhandlungsprozesses Aufrichtigkeit, Flexibilität und Kompromißbereitschaft gezeigt hat und stets ihre Bereitschaft erklärte, an fairen und freien Wahlen teilzunehmen« (A/35/285).

Die UNO und ihr Generalsekretär haben aber bisher die durch die SWAPO verursachten terroristischen Aktivitäten gegen die schwarze und weiße Bevölkerung – die ja immerhin auch zum »Volk Namibias« gehören – weder erwähnt, geschweige denn kritisiert, sondern es wurden immer nur die Folgereaktionen, die südafrikanischen Angriffe gegen SWAPO-Basen in Südangola, gebrandmarkt. Was das Volk von SWA/Namibia im eigenen Land durch die über die Grenze kommende SWAPO erleiden muß, sieht in Ziffern so aus:

Anzahl der	1982	1981	1980	1979	1978	1977
durch SWAPO ermordeten Zivilisten	139	199	220	188	33	117
Landminenvorfälle	108	223	196	88		
Entführungen	63	113	308	474		
Sabotagefälle	?	37	84	54	31	
durch SWAPO getöteten Soldaten u. Polizisten	77	61	95	50	41	
getöteten SWAPOs	1268	1494	1447	915	140	

In dieser Statistik sind alle den Behörden bekannten Fälle festgehalten. Wie weit da noch eine Dunkelziffer dazugezählt werden müßte, kann nicht näher angegeben werden. Bei der Ziffer der Entführten handelt es sich zum Großteil um Todesopfer, weil die verschleppten Personen – wie aus Untersuchungsprotokollen von gefangenen SWAPO-Leuten hervorgeht – meist umgebracht werden. Diese Zahlen sind für beide Seiten eine erschütternde Bilanz, wobei in erster Linie die hohe Zahl der Opfer von Zivilisten – die faktisch zwischen zwei Fronten stehen – zu bedauern ist.

Gerade deshalb erscheint die parteiische UNO-Haltung bedauerlich. Es ist einmalig in der Geschichte der UNO, daß die Vereinten Nationen einem vor der Unabhängigkeit stehenden Land durch ihre Parteilichkeit von außen her eine politische Gesellschaftsform aufoktroyieren wollen und ein künftiges Wahlergebnis schon vorwegzunehmen versuchen. Die Bevölkerung von SWA/Namibia hat das alleinige Selbstbestimmungsrecht für seine Zukunft und nicht die UNO; so steht es zumindest in der Charta der

Vereinten Nationen, was für alle Völker und Länder gültig sein müßte.

Die Parteilichkeit der UNO im SWA/Namibia-Konflikt ist letzten Endes zum größten Problem und vielleicht auch Hindernis für eine endgültige und für beide Seiten akzeptable Lösung geworden.

Verheizen die Deutschen
die Deutschen in SWA/Namibia?

Für Vietnam gab es auch auf westdeutschen Straßen Massendemonstrationen, aber für Kambodscha oder Afghanistan trug keiner mehr ein Transparent. Als das SWA/Namibia-Problem immer mehr in die Schlagzeilen der Medien fand, wurden in der Bundesrepublik kaum ernstzunehmende Emotionen für die zirka 30.000 in SWA/Namibia lebenden deutschstämmigen und deutschsprachigen Weißen – die dortigen Deutschen – frei. Über Motivation oder Manipulation der öffentlichen Meinung kann man verschiedener Meinung sein, dennoch sollte die traditionsgebundene ehemalige deutsche Kolonie, gerade wegen der dort lebenden deutschen Bevölkerungsgruppe, in einem besonderen Nahverhältnis zur BRD stehen. Fast das Gegenteil davon ist deprimierende Wirklichkeit.

Der UN-Kommissar für SWA/Namibia, Sean MacBride, bezeichnete die Namibia-Deutschen als »die schlimmsten und konservativsten Rassisten und Kolonialisten in der ganzen Welt, weit schlimmer als die rund 50.000 weißen Afrikaner niederländischer Abstammung«, und ermunterte die BRD, doch Lehrer nach SWA/Namibia zu schicken, weil die SWA/Namibia-Deutschen »für das gegenwärtige Jahrhundert umerzogen« werden müßten. Als anschauliche Ergänzung fügte MacBride noch hinzu: »Die Deutschen in Namibia feiern noch heute Hitlers Geburtstag, sie schwingen noch Hakenkreuzfahnen und haben in Windhoek noch eine Göring-Allee« (»Frankfurter Rundschau« vom 10. Oktober 1974. Die »Göring-Allee« in Windhoek ist nach Reichskommissar Dr. Göring [1885] und nicht nach dessen Sohn, dem Hitler-Marschall Hermann Göring, benannt.).

Diese massiven Vorwürfe wurden von der Bundesregierung zwar zurückgewiesen, treffen aber für eine Minderheit wirklich zu. Ein Herr W. R. Schirmer bringt in Swakopmund ein achtseitiges unabhängiges Monatsblättchen mit dem Titel »Der Deutsch-Südafrikaner« heraus, auf dessen Zeitungskopf links und rechts (Ausgabe Nr. 33) zwei Zitate stehen:

> »Politik ist die Kunst des kalkulierten Betruges, aber so, daß die Betroffenen nichts davon merken.«
>
> (J. R. Schlesinger, Friedenspolitiker der USA)

> »Europa ist eine untergehende Welt. Demokratie ist die Verfallsform des Staates.« (F. Nietzsche)

Auf Seite zwei wird es dann konkreter:

> »Kaum war Adolf Hitler zum Reichskanzler ernannt worden, erklärte im März 1933 das Weltjudentum Deutschland den totalen Krieg und mobilisierte die ganze schafsdumme Welt gegen ein Volk, das Anstalten gemacht hatte, sich von seinen Ketten zu befreien.«

Daraus kann man die Geisteshaltung des Chefredakteurs, Herausgebers und Eigentümers W. R. Schirmer schon erkennen. Auf Seite sechs heißt es weiter:

> »Seitdem es kein Deutsches Reich mehr gibt, ist es kaum noch möglich gewesen, die Deutschen als Gesamtgruppe unter ein Dach zu kriegen. Es heißt mit Recht, man könne drei Deutsche nur unter einen Hut bringen, wenn man zwei erschlage...
> Die Südwester Deutschen könnten leicht ihre Unentbehrlichkeit als politisches Druckmittel in die Waagschale werfen. Statt dessen überlassen sie diese Trumpfkarte einigen liberalistischen Hiwis, Rotariern und anderem volksfeindlichen Gesindel, das sich ihnen als Sprachrohr und Vertreter für alle deutschen Belange wie Schmeißfliegen aufdrängt. Statt einmal selbst in die Tasche zu greifen und dafür Herr im eigenen Haus zu sein, lassen sie sich von dieser Lumpenbande Almosen von Bonn aufschwatzen für ihre Privatschulen,

selbstverständlich mit der Bedingung, daß alle diese guten Gaben den farbigen Volksgruppen zugute kommen müssen. Seit wann ist das Kulturgut eines Volkes Marktware, die beliebig exportiert und als Entwicklungshilfe ausgeteilt werden kann!? ...
Deshalb dürfen wir diese Jugend so wenig im Stich lassen, wie wir das Reich vergessen dürfen. Unsere Kinder müssen sich wieder ihres deutschen Blutes bewußt werden. Wir müssen sie lehren, die geistige Rückwanderung nach Deutschland anzutreten und jede deutsche Sache stets zu der ihren zu machen. Unsere deutschen Schulen erziehen unsere Kinder zu tüchtigen Industrieameisen, aber nicht zu Deutschen ...«

Auf Seite sieben kann man unter dem Titel »Quo vadis Südwest?« in einem Absatz u. a. lesen:

»Eine Umkehrung findet hier statt – der Weiße wird runtergetreten – der Schwarze künstlich aufgebaut. Die Schwarzen in der Regierung sollen nun wissen, was für uns Weiße gut ist! Des weißen Mannes Feiertage wurden abgeschafft und andere eingesetzt. Und so geht es weiter. Frechdreist wird der Weiße erniedrigt. Neuerdings wurden auch die Befugnisse über die Dritte Ebene der weißen Administration weggenommen. Wie geduldig und dämlich sind doch die Weißen.«

Nach der achten Seite dieses »Monatsblattes« hat man auch als Ausländer genug von dieser Lektüre, aber einen Absatz will ich abschließend noch zitieren:

»Der größte Irrsinn dabei ist, daß man die SWAPO bittet und bettelt, sich doch an der demokratischen Wahl zu beteiligen. Glauben unsere Führer wirklich ehrlich an die Möglichkeit, die SWAPO im Wahlkampf besiegen zu können? Dann sind sie die größten Phantasten! Stellen Sie sich bitte mal vor, Israel bereite eine Wahl vor und lüde die PLO ein, an dieser Wahl teilzunehmen. Müssen Sie dabei nicht grinsen? Ja, und genau diesen Unsinn wollen Sie hier zulassen! Also spätestens im März nächsten Jahres soll die Wahl stattfinden – unter Aufsicht der UNO –, im Rahmen der Resolution 435, die Sie zur Genüge kennen. Wenn das nun Wirklichkeit wird, dann wissen wir, daß Mudge und Botha Verräter sind, denn nur Verräter liefern Menschen einer Verbrecherorganisation aus...«

In Schirmers Geschäftsauslage in Swakopmund kann man zu bestimmten Jahrestagen tatsächlich Hitlerbilder und Hakenkreuzfahnen sehen. Hinter Schirmer steht aber eine relativ kleine Gruppe Ewiggestriger und keineswegs die Mehrheit der in SWA/Namibia lebenden Deutschen. Rückschlüsse von dieser Gruppe auf die Gesamtheit können nicht gezogen werden, doch ist für das Gesamtbild der innenpolitischen Palette auch diese Variante erwähnenswert.

Äußerst seltsam hat sich die deutsche Bundesregierung mit einer einschneidenden Maßnahme gezeigt, als sie dem Druck der SWAPO nachgab und – Sam Nujomas Wunsch und Drohung zufolge – am 31. Oktober 1977 das deutsche Konsulat in Windhoek schloß, das bisher die konsularische Betreuung der SWA/Namibia-Deutschen besorgte, was angeblich künftig von Südafrika aus besser und wirkungsvoller besorgt werden soll. Diese Unterwürfigkeit gegenüber einer »Terroristenorganisation« brachte die politischen Parteien in Bonn auf harten Konfrontationskurs. Obwohl das deutsche Konsulat geschlossen wurde, richtete man dort gleichzeitig ein deutsches »Beratungsbüro« ein, das den SWA/Namibia-Deutschen weiterhin zur Verfügung steht, ohne damit den Kniefall vor der SWAPO und UNO wirkungslos gemacht zu haben.

Als Bundesaußenminister Genscher mit den Außenministern Großbritanniens und Kanadas in Windhoek aufkreuzte, wurde er vor seinem Hotel von einer großen Menge Schwarzer und Weißer mit einem ohrenbetäubenden Pfeifkonzert empfangen. Gruppen ansässiger Deutscher beschimpften ihn aus der Nähe, wobei so wenig schmeichelhafte Rufe wie »Lump!«, »Verräter!« und »Schwein!« fielen. Bei der Mehrheit der nichtkommunistischen Farbigen und Weißen gilt Genscher als verhaßt. Er hat bei seinem damaligen Besuch in Windhoek den Saal aschfahl verlassen und wich sogar – was bei Genschers Pressefreundlichkeit als Seltenheit gilt – den Journalisten und Reportern aus.

Die SPD in Deutschland hat allem Anschein nach die in SWA/Namibia seit Generationen lebenden Deutschen abgeschrieben. Selbst die DDR lobte in dieser Frage den SPD-Bundestagsabgeordneten Hans-Jürgen Wischnewski (Ben Wisch) wegen seiner überaus klaren Abgrenzung gegenüber Rassentrennung und Kolonialismus. Schon am SPD-Parteitag (1973) heißt es im verabschiedeten Beschluß: »In ihrem Kampf gegen Kolonialismus und Rassismus steht die SPD an der Seite der Völker der Dritten Welt . . .«

In der späteren Folge wurden SWAPO-Delegationen mit Pomp und allen Ehren nach Bonn eingeladen, wo man bemüht war, den SWAPO-Funktionären lukrative Finanzhilfeprojekte schmackhaft zu machen. Andererseits wurde SWA/Namibia abgeblockt, und sogar die Max-Planck-Gesellschaft verzichtete darauf, ein Millionenprojekt in SWA/Namibia zu errichten, weil man ängstlich bemüht war, die SWAPO und die UNO in keiner Weise zu verärgern. Fassunglos und empört sahen die SWA/Nambia-Deutschen, wie die SPD-Regierung bei der SWAPO hofierte und unterwürfig alle Wünsche zu erfüllen bestrebt war, während dieselbe SWAPO in SWA/Namibia deutsche Farmer bestialisch ermordete.

Wie liebedienerisch sich die SPD gegenüber der SWAPO benahm, geht auch aus einem Interview des SPD-Bundesgeschäftsführers Egon Bahr (»Deutsches Allgemeines Sonntagsblatt«) hervor: »Ich habe mit Vertretern der Exil-SWAPO gesprochen und habe ihnen den Kontakt angeboten. Die wollen sich das überlegen und werden sich dann äußern . . .« Die SWAPO war aber an diesen Kontakten nicht sehr interessiert und nahm eher eine feindselige Haltung gegenüber Bonn ein, was Egon Bahr zu verstehen schien und entschuldigte: »Die (SWAPO) haben für dieses Mißtrauen Gründe, die bei uns liegen . . .« (»Deutsches

Allgemeines Sonntagsblatt«, 10. Juli 1977). Vielleicht am deutlichsten artikulierte Willy Brandt die Meinung der SPD: »Wir wären von allen guten Geistern verlassen, wenn wir uns nicht einstellen auf die, die – ich hoffe eher morgen als übermorgen – die Verantwortlichen sein werden als Vertreter der Mehrheit ihres Volkes in Namibia...« (»Frankfurter Rundschau«, 10. Jänner 1978).

Obwohl Bonn alles unternahm, um bei der SWAPO akzeptiert zu werden, und auch mit großzügigsten finanziellen Zuwendungen nicht sparte, beschuldigten und beschimpften SWAPO-Führer die Bundesrepublik als »Hauptstütze und wichtigsten Geldgeber für das rassistische Regime in Südafrika« oder sahen in ihr den Täter für »kriminelle Aktivitäten in SWA/Namibia«. Aber dies störte Bonn in keiner Weise, man spendete an die SWAPO weiter. Egon Bahr zeigte sich 1977 in der SWA/Namibia-Frage fast gleichgültig: »Wenn jemand – aus welchen Gründen auch immer – sagt, er will dort einen kommunistischen Weg einschlagen, dann soll er es tun« (»Deutsches Allgemeines Sonntagsblatt«, 10. Juli 1977). Er milderte anschließend seine Aussage mit dem Hinweis, daß der Weg der Völker im südlichen Afrika ja nicht für alle Ewigkeit kommunistisch sein werde. Egon Bahr plädierte auch dafür, daß man an die SWAPO Geländefahrzeuge und Walky-Talkies (Funkgeräte) liefern solle.

Man rechnet in der BRD, daß eines Tages der Ansturm der SWA/Namibia-Flüchtlinge – der dort lebenden Deutschen – einsetzen werde und hat auch bereits gesetzliche Vorkehrungen für diese »Heimkehrer« getroffen, die man gesetzlich den Ost-Flüchtlingen gleichstellen will. Ein deutscher Farmer in der Nähe von Windhoek meinte dazu sarkastisch, als er von dieser Gleichstellung hörte: »Ich bin nur froh, daß sie uns in Bonn nicht mit den vietnamesischen Boat-People gleichsetzen. Wissen diese roten Bonzen in Bonn überhaupt, daß Tausende deutsche Familien seit Generationen in Südwest geschuftet haben, um ihre Farmen zu erhalten!?«

In manchen Punkten liegt die Einstellung der SPD weit näher den Grundsätzen der DDR als einer Partei in der BRD – soweit es das SWA/Namibia-Problem und die dortigen Deutschen betrifft. Die SPD wäre nach ihren Standpunkten ohne Wimpernzucken bereit, der SWAPO zu einem marxistischen Machtantritt in SWA/Namibia zu verhelfen oder dies zumindest zu akzeptieren, obwohl Sam Nujoma in einem Interview (»Frankfurter Allgemeine Zeitung«, 12. Juli 1977) erklärte, daß er für die Deutschen in einem unabhängigen Namibia keine Verwendung habe (»I have no use for the Germans in independent Namibia«). Ein führender Politiker (Dr. M.) der »Interessengemeinschaft der Deutschsprachigen Südwester«: »Das ist nicht zu fassen – diese sozialdemokratischen Parteiführer in Bonn verheizen uns skrupellos, nur um sich bei den schwarzen Terroristen Liebkind zu machen. Sind denn das noch Deutsche, die da in Bonn am Ruder sitzen . . . die SPD sieht uns alle schon auf dem Friedhof und verzichtet darauf, am Begräbnis teilzunehmen . . .«

Die »Freie Demokratische Partei« (FDP) in der Bundesrepublik weicht in der SWA/Namibia-Frage eher aus und hat nur einen sehr schwer zu definierenden Standpunkt. Sie wünscht zwar kein kommunistisches Afrika und kein kommunistisches SWA/Namibia, aber sie setzt überhaupt keine Maßnahmen, um dies zu verhindern. Vielleicht hat die FDP etwas verschwommene und illusionistische Vorstellungen, die mehr von einem Wunschdenken her geleitet werden. Bezüglich der Schließung des deutschen Konsulates in Windhoek geht die FDP mit der SPD jedoch konform und faselt ständig nur von der Bereitschaft, am Aufbau eines unabhängigen SWA/Namibia mitzuarbeiten. Zu einer fairen und wirklichen Unabhängigkeitsfindung hat auch diese politische Partei kaum etwas beigetragen. Sie sorgte eher für Unmut und Zorn unter den SWA/Namibia-Deutschen, wenn Genscher in Erscheinung trat. Im deutschen Bundestag sprach Genscher allerdings davon, daß es in bestimmten Teilen Afrikas auch einen schwarzen Rassismus gebe und man auch über das sowjetische Engagement in Afrika und das Wirken seiner Helfershelfer aus dem Warschauer Pakt, aber auch aus Kuba, sprechen müsse. Allerdings ist es bei Worten geblieben, von Taten wurde nichts bemerkt, denn die FDP mußte sich dem damaligen Koalitionspartner SPD anpassen.

Hat die SPD ihre Sympathien anscheinend restlos für die SWAPO reserviert, haben die beiden christlichen Parteien CDU und CSU schon allein von ihrer Ideologie her konträre politische Ansichten in der SWA/Namibia-Politik. Sie unterhalten rege Beziehungen zur DTA-Regierung in Windhoek. Die Einschätzung der Situation in Afrika charakterisierte der CDU-Abgeordnete Dr. Werner Marx im Bundestag so:

»Die globale sowjetische Strategie versucht, indem sie sich, oft gleichsam mit einer Tarnkappe, westlicher demokratischer Forderungen und Parolen bedient, den südafrikanischen Bereich – zunächst indirekt und dann direkt – ihrer eigenen Kontrolle und Einflußnahme zu unterwerfen.«

Die kraftvollste Sprache führte der CSU-Vorsitzende und Ministerpräsident Bayerns, Franz Josef Strauß. Für ihn ist die SWAPO eine Terrororganisation:

»Es ist doch der Gipfel der Blindheit, der Naivität, der Heuchelei, der Selbstzerstörung, terroristische Bewegungen anzuerkennen und legitime Häuptlinge als Kollaborateure zu verleumden. Afrika ist kein Experimentierfeld für pervertierte Vorstellungen von parlamentarischer Demokratie. In Afrika ist die amerikanische Lebenslüge von der Brauchbarkeit der parlamentarischen Demokratie in allen Kontinenten, zu allen Zeiten, in allen Entwicklungsphasen leider mit sehr kurzen Beinen eines frühen Todes gestorben.«

F. J. Strauß schreibt in seinem Leibblatt »Bayernkurier« u. a.:

»*Schutzlose Deutsche* / Es ist geradezu beklemmend, ja empörend, daß dieser SWAPO zuliebe die Bundesrepublik das deutsche Konsulat in Windhoek geschlossen und damit die dort lebenden deutschen Staatsbürger ohne Rechtsschutz gelassen hat. Es ist ein Treppenwitz der UN-Unterwürfigkeit Bonns, daß man die konsularische Vertretung dem deutschen Generalkonsulat in Kapstadt übertragen hat, d. h. die Jurisdiktion Südafrikas über Südwestafrika damit bestätigt hat.

Es ist unglaublich, aber wahr, daß die UN die SWAPO als die einzig rechtmäßige Vertretung Namibias anerkannt hat, ohne daß auch nur die geringste demokratische Legitimation vorliegt. Es bewegt sich auf der gleichen Linie, daß die SWAPO-Führer in Bonn als Ehrengäste vom Außenminister persönlich empfangen wurden, während der Chef aller Hererohäuptlinge, Chief Kapuuo, an nachgeordnete Beamte verwiesen wurde. Dabei ist dies der Mann, der für die friedliche Koexistenz eintritt, der partnerschaftliche Zusammenarbeit mit den Weißen predigt, der in langjähriger Arbeit für freie Wahlen mit gleichem Stimmrecht für alle gekämpft hat, der aber den Verbleib der Weißen im Lande als notwendig auch für den wirtschaftlichen und sozialen Aufstieg der Nichtweißen bezeichnet hat. Er ist der natürliche Häuptling aller Häuptlinge seines großen Stammes.«

Die Bücklinge der Bonner Regierung vor der SWAPO sind der CDU/CSU zuwider, und speziell die Schließung des deutschen Konsulates ist in den Augen der Christlichsozialen nichts anderes als das Faktum, der Erpressung einer Terroristenbewegung nachgegeben zu haben. Besonders die Konrad-Adenauer-Stiftung sowie die Hanns-Seidel-Stiftung intensivierten ihre Bemühungen deshalb, das Deutschtum auf der bildungspolitischen Ebene wahren zu helfen. Mit 4,5 Millionen DM kaufte so der Verleger Diether Lauenstein die beiden Zeitungen »Allgemeine Zeitung« und »Windhoek Advertiser«.

Für viele Kreise stellt jede westliche Hilfe oder Unterstützung eine »westliche Einmischung« in SWA/Namibia dar, während kommunistische Aktionen aus dem Ostblock merkwürdigerweise kommentarlos zur Kenntnis genommen oder sogar als selbstverständlich angesehen werden.

Sam Nujoma, der mehrmals in der BRD als offizieller Gast eingeladen war und mit allen protokollarischen Ehren bedacht wurde, holte sich bei der CDU/CSU eine nachdrückliche Abfuhr, indem man ihn wissen ließ, daß man die SWAPO nicht so sehe wie die damaligen Regierungsparteien SPD und FDP. Minen legen, Frauen und Kinder umbringen, gleichzeitig auf die Charta der Menschenrechte pochen und in westlichen Ländern mit freundlichem Gesicht Ministern die Hände schütteln, das erweckt weder Verständnis noch Sympathie.

Die Wertvorstellungen der politischen Parteien unterscheiden sich natürlich aufgrund der Weltanschauungen, was bei einem solchen Konflikt – wie SWA/Namibia – ganz besonders kraß zum Ausdruck kommt. Es gibt aber kein einziges Beispiel in unserem Jahrhundert dafür, daß sich eine ehemalige Kolonialmacht gegenüber ihren Landsleuten in den früheren Kolonialgebieten derart schäbig benahm, wie dies die deutsche SPD/FDP-Regierung mit den in SWA/Namibia lebenden Deutschen gemacht hat.

Wofür sich heutzutage in der Bundesrepublik Deutschland Menschen zu begeistern vermögen und auf die Barrikaden klettern, um so gegen ein vermeintliches oder wirkliches Unrecht anzukämpfen (Atomkraftwerke, Walfang, Robbenjagd, Umweltverschmutzung, Flugplatzstartbahnen oder zur Rettung der Silberreiher etc.), ist wirklich bewundernswert und erstaunlich, doch das Schicksal ihrer Landsleute in SWA/Namibia scheint die deutsche Öffentlichkeit gänzlich kalt und unbewegt zu lassen. Jeder noch so winzige Funke der Solidarität wird vermißt. Ist die geographische Distanz zwischen der BRD und Südwestafrika die Ursache für die Beurteilungsunterschiede ein und derselben Sache? Denn Terroristen mit einem ähnlichen ideologischen Hintergrund (Baader-Meinhof-Gruppe oder die verschiedenen Roten Brigaden) werden in Europa verfolgt und bestraft. Die SWAPO, die außerhalb der BRD gegen die Deutschen in SWA/Namibia genau denselben Terror ausübt und ebenso wie die Terroristenbanden in Europa gleichfalls alles zerstören will, Morde verübt, entführt, foltert und gegen Zivilisten tödliche Landminen verlegt, die empfängt man in Bonn mit allen Ehren. Dabei muß man noch hinzufügen, daß der SWAPO eine demokratische Wahlbeteiligung – also ohne Kampf – angeboten wurde, ein Vorteil, den Terroristen in Europa Gott sei Dank nicht haben!

Wenn man sich vor Augen hält, wie entbehrungsreich deutsche Farmer diesen kargen Boden der landwirtschaftlichen Nutzung erschlossen haben und was es allein kostet, einen derartigen Besitz durch jahrelange Trockenperioden hindurchzuretten, dann kann man wohl kaum noch mit anklagenden und diskriminierenden Bezeichnungen wie Kolonialismus oder Imperialismus aufwarten. Das ist härteste Arbeit mit größtem Risiko.

Es gab ein Regierungsprogramm in SWA/Namibia, dem zufolge die Regierung Grund und Boden zum Verkauf stehender Farmen von Weißen aufkaufte und diese schwarzen Farmern übergab. Es war ein Schlag ins Wasser! Schon nach kürzester Zeit waren diese nun schwarzen Farmen in einem heruntergekommenen Zustand, obwohl den Schwarzen jede nur erdenkliche Hilfe und Unterstützung gewährt wurde. Selbst wenn man den Schwarzen einen tadellos funktionierenden Wirtschaftsbetrieb überließ, konnten sie nicht weitermachen. Ist es wirklich die traditionsgebundene Mentalität, oder sind auch andere Gründe dahinter? Eine Erklärung kann man für dieses Fehlverhalten kaum finden, man muß sich mit den Fakten zufrieden geben. Es scheint immer deutlicher zu werden, daß so manche »weiße« Hilfs- und Entwicklungsmaßnahmen im schwarzafrikanischen Siedlungsbereich in bedauerlichen Pleiten enden, obwohl die Absichten ehrlich gemeint waren, aber eben nach »weißen« Denkschablonen durchdacht wurden. Zu denken geben müßte – bei der Gegenüberstellung schwarzafrikanischer und weißafrikanischer Landwirtschaftsbetriebe – die Tatsache, daß 40.000 südafrikanische Farmer heute 70 Prozent aller Hauptnahrungsmittel von ganz Afrika erzeugen!

Pläne, Voraussetzungen,
Kombinationen und Vergleiche

Im Dreiphasenplan ist genau vorgesehen, wie die UNO-Truppen (UNTAG) die südafrikanischen Streitkräfte entflechten, die Truppenstärkereduzierung sowie die SWAPO-Verbände kontrollieren sollen. Die erste große generalstabsmäßig ausgearbeitete Studie über den Ablauf dieser Phase machte der österreichische General Hannes Philipp zusammen mit einigen Militärs aus anderen UN-Mitgliedsländern. Interessant ist der Zeitplan, den man erarbeitet hat, der sich vertikal und horizontal lesen läßt und unterschiedliche Interpretationsergebnisse zuläßt. Der österreichische General kam auch mit Sam Nujoma zusammen, der verlangte, daß die Südafrikaner drei Wochen vor dem SWAPO-Rückzug abziehen sollten. Die Verhandlungen mit der SWAPO brachten auch andere naive Vorstellungen ans Tageslicht, etwa daß die reduzierten restlichen südafrikanischen Truppen von den SWAPO-Guerillas kaserniert und bewacht werden sollten.

Die UNTAG sollte 7500 Mann stark sein, davon müßten aber schon 2300 Mann in logistischen Einheiten tätig sein (Transport, Sanität, Werkstätten etc.). Aus welchen Ländern diese UNO-Soldaten kommen sollen oder dürfen, ist bereits mehrmals erörtert und geändert worden, auch dabei herrscht ein gewisses Mißtrauen. General Hannes Philipp hat sich jedenfalls ehrlich für eine praktikable Lösung eingesetzt. Der österreichische General legte seinen Auftrag zurück, als er sah, daß er seine objektiven Vorstellungen nicht durchsetzen konnte; andere sagen wiederum, man habe den General hinausgeekelt, weil er nicht so marschierte, wie es verschiedene UNO-Politiker wollten. Dieser UNTAG-Operationsplan ist in seiner

Wirksamkeit eher problematisch, weil von diesem Kontingent lediglich 5200 Soldaten für die Frontüberwachung zur Verfügung stehen, was bei dem unübersichtlichen Gelände mit der Länge von 1554 Kilometern nur kümmerliche Stützpunkte in sehr weiten Abständen ergeben könnte. Was heute schätzungsweise 20.000 bis 25.000 südafrikanische Soldaten nicht vermögen, könnte diese UNTAG noch viel weniger.

Sam Nujoma erklärte längere Zeit, daß es in Südangola überhaupt keine SWAPO-Stützpunkte mehr gebe und daß er ausschließlich von SWA/Namibia-Boden aus operiere. Dies sollte die UNTAG-Überwachung der SWAPO-Basen in Südangola verhindern. Inzwischen hat man eine andere Überwachungsmodalität gefunden, indem Angola und Sambia die Kontrolle der auf ihrem Territorium stationierten SWAPO-Truppen übernehmen sollen. Auch eine sehr fragwürdige und unsichere Methode. Außerdem kaum zu realisieren, weil die marxistische Regierung Angolas weite Regionen ihres eigenen Landes – speziell Südostangola und Ostangola – nicht mehr kontrolliert und dort ihre Souveränitätsrechte längst eingebüßt hat, weil die antimarxistische Angolabefreiungsbewegung UNITA unter Führung von Dr. Jonas Savimbi die Macht in Händen hat und Hoheitsrechte ausübt. In jenen Gebieten Südangolas könnten weder die UNO-Truppe (UNTAG) noch die Angola-Regierungstruppen (FAPLA) irgendwelche Kontrollfunktionen ausüben. Absprachen mit der UNITA scheinen illusorisch, weil eine Regierung nicht mit den gegen sie kämpfenden Rebellen und die UNO nicht mit einer Befreiungsbewegung reden darf, die selbst gegen eine Befreiungsbewegung kämpft, die von der UNO voll und ganz anerkannt wird. Das ist ein zusätzliches Hindernis in diesem Plan, der eine faire Wahl ermöglichen sollte.

Nach demselben Zeitplan sollen die südafrikanischen Truppen auf 12.000 Mann reduziert werden, dann innerhalb neun Wochen auf 8000 und innerhalb zwölf Wochen auf 1500 Mann. Diese sollten nur mehr in den Militärbasen in Grootfontein oder (bzw. und) Oshivello stationiert sein. Eine Woche nach Festsetzung des Wahltermins müßten alle südafrikanischen Soldaten SWA/Namibia verlassen haben. Denn nur nach Abzug aller südafrikanischen Soldaten wäre eine faire Wahl möglich – so die UNO. In der Zeitplanspalte der SWAPO steht aber immer nur der lapidare Satz »Restriction to base continues« (Einschränkung der Basen wird fortgesetzt).

Während die südafrikanischen Militäreinheiten ziffernmäßig bekannt und die Standorte der verschiedenen Basen kontrolliert werden können, ist eine gleiche oder ähnliche Kontrolle bei der SWAPO unmöglich. Niemand weiß, ob trotz aller Zusagen und Kontrollmaßnahmen nicht doch noch die eine oder andere Kompanie oder Brigade im Busch operiert, um die Bevölkerung für die Wahlen unter Druck zu setzen. Die Entflechtung, Rückführung und Kontrolle der Südafrikaner und SWAPO hat ja letzten Endes nur den einen Sinn und Zweck, daß die Zivilbevölkerung ohne Angst und Zwang zu den Wahlurnen gehen kann. Der Begriff »faire Wahlen« ist mehr als zweideutig, weil allein die Anwesenheit der UNO-Truppen (UNTAG) in Nordnamibia, speziell in der Operationszone, für die Zivilisten ein Zeichen des SWAPO-Sieges wäre, denn die UNO ist durch ihre Parteilichkeit zu einem Synonym für die SWAPO geworden. Unter diesem Aspekt wäre die UNTAG-Kontrolle eine fragwürdige Garantie für unbeeinflußte und faire Wahlen. Sicherlich auch umgekehrt: Blieben die südafrikanischen Truppen in der Kriegszone, wäre das natürlich die entgegengesetzte unfaire Version.

Hat noch vor zwei Jahren die Regierung Südafrikas bei allen Verhandlungen in der SWA/Namibia-Frage einen hinhaltenden Widerstand geleistet, so änderte sich die Situation inzwischen. Jetzt ist es die SWAPO, die Prügel in den Verhandlungsweg legt. Diese Taktik der SWAPO ist verständlich, weil alle Lösungen zum Großteil von der Haltung der USA abhängen. Während Nixon und Carter noch von ihrem Vietnamtrauma geschockt waren und vor jeder Konfliktberührung mit dem Ostblock (Sowjetunion) ängstlich zurückzuckten, hat sich das Blatt seit dem Amtsantritt Präsident Reagans geändert. Reagan spricht die einzige Sprache, die vom Kreml verstanden wird – er unterstützt massiv alle antimarxistischen Länder und Befreiungsbewegungen, so wie die Russen alle marxistischen Staaten und Bewegungen unterstützen. Entspannung kann keine Einbahnstraße sein, bei der eine Seite ständig nachgeben muß, während die andere Seite mit brutaler Expansion oder pseudodemokratischer Tarnung ihren Machtbereich erweitert. Es wird zwar von allen beteiligten Seiten allzusehr dementiert, daß Präsident Reagan auch die UNITA in Südostangola massiv unterstützt, Tag für Tag rollen aber riesige Schiffscontainer mit Fernlastern nach Nordangola, wo sie nachts an bestimmten Stellen entladen und übergeben werden. Die USA haben die Volksrepublik Angola noch immer nicht diplomatisch anerkannt, weil das marxistische Regierungssystem in Angola nicht durch die vereinbarten freien Wahlen, sondern durch kubanische Panzer installiert wurde. Wenn der Kreml es als seine Pflicht ansieht, marxistische Bewegungen ins Leben zu rufen und zu unterstützen, dann kann man wohl dem Westen nicht den Vorwurf machen, daß er dieselbe Hilfe allen antimarxistischen Kräften gewährt.

Die SWAPO will offensichtlich die Reagan-Administration abwarten und erhofft sich als Nachfolger in den USA einen von der weichen Art Carters, mit dem man leichteres Spiel hätte. Da kommt es auf ein paar Jahre mehr nicht an, wenn die Gewinnchance dadurch steigt.

Für die Sowjets wäre ein homogener marxistischer Block Angola und SWA/Namibia die ideale Ausgangsposition gegen das restliche Südafrika, wobei auch der russische Wunschtraum von der afrikanischen Querverbindung bis nach Sambia und Mozambique (Westafrika – Ostafrika) für die Verwirklichung präpariert wird. Die beste Arbeit leistet da Moskaus KGB-Mann Botschafter Solodovnikov in Lusaka (Sambia), der mit Sambias Staatschef Kaunda bereits zu weitgehenden Vereinbarungen und Verträgen kam. Sambia ist heute schon in steigendem Maß von der Sowjetunion abhängig. Es ist nur mehr eine Frage der Zeit, ob die Russen für den offiziellen Kurswechsel Präsident Kaunda auswählen oder auf einen hochrangigen Offizier setzen (wie in Äthiopien), dessen Name in Sambias Hauptstadt schon jetzt in eingeweihten politischen Kreisen genannt wird. Diese West-Ost-Achse war auch während der deutschen Kolonialzeit eine strategische Notwendigkeit und wurde durch Verhandlungen mit Großbritannien als Querverbindung von Deutsch-Südwestafrika nach Deutsch-Ostafrika – der »Caprivi-Zipfel« (Caprivi-Strip) – geschaffen.

General von Caprivi war nach dem Sturz Bismarcks Reichskanzler im Deutschen Reich, er konnte während seiner Regierungszeit diese Koloniallandbrücke vertraglich erreichen. Genau dieselbe Strategie schwebt heute den Russen in Afrika vor. Die Sowjets haben mit Angola im Südatlantik und mit Mozambique im südlichen Indischen Ozean ihre Marinestützpunkte als strategische Klammern.

Aus diesem Grund werden die Südafrikaner die Exklave »Walfischbucht« mit ihrem 969 Quadratkilometer großen Territorium niemals aufgeben. Dieses Gebiet gehörte staatsrechtlich auch nie zum früheren »Deutsch-Südwestafrika«, sondern war zusammen mit den der SWA/Namibia-Küste vorgelagerten Inseln seit der Zeit der Entdeckung und Besitznahme britisches Hoheitsgebiet. Walfischbucht ist der einzige für Hochseeschiffe brauchbare Hafen, der in den letzten Jahren ständig und modernst ausgebaut wurde. Ein Verzicht Südafrikas auf diesen wirtschaftlich und strategisch äußerst wichtigen Stützpunkt ist nicht anzunehmen.

Die westliche Fünfergruppe, die mit den SWA/Namibia-Verhandlungen betraut ist, hat nicht nur eine äußerst undankbare Aufgabe, sondern zeigt auch kein engagiertes Interesse und ist zeitweise mit Diplomaten der zweiten und dritten Garnitur besetzt.

Vor kurzer Zeit knallte nun Südafrika eine völlig neue Forderung auf den Verhandlungstisch und verlangte vor dem Abzug der südafrikanischen Truppen aus Nordnamibia den Abzug der kubanischen Truppen aus dem benachbarten Angola. Damit wurde wieder einmal die Aussicht auf eine baldige Lösung zerschlagen. Nach einigen Verhandlungsrunden ging Südafrika von dieser Maximalforderung zwar nicht ab, aber es tauchte zumindest als Alternative auf, daß ein Streifen Südangolas – etwa 300 Kilometer tief – völlig entmilitarisiert werden könnte. Derartige entmilitarisierte Räume sind bei der heutigen Technologie einer Armee reinste Augenauswischerei, weil bei jedem echten oder manipulierten Notfall diese Strecken blitzschnell überwunden werden können: durch motorisierte Verbände, durch Helikopterstaffeln oder durch Fallschirmjäger. Jedenfalls entstand mit diesem neuen Verhandlungspunkt – Abzug der Kubaner aus Angola – eine völlig undurchsichtige Situation. Auf den Abzug der Kubaner haben weder die SWAPO noch die anderen Verhandlungspartner (Fünfergruppe und Frontlinienstaaten und Südafrika) einen Einfluß. Außerdem käme der Abzug Kubas aus Angola der Aufgabe des Landes durch Moskau gleich, weil sich die marxistische MPLA-Regierung allein nicht halten könnte. Die Sowjets hingegen werden Angola freiwillig niemals preisgeben, weil sie eine wesentlich konsequentere Politik als der Westen betreiben.

Andererseits herrscht seit Beginn der Reagan-Administration zwischen Südafrika und den USA eine intensive Zusammenarbeit, und es ist anzunehmen, daß sämtliche südafrikanischen Schritte auch in der SWA/Namibia-Frage mit dem Weißen Haus abgesprochen wurden.

Der bekannte General Heinrich Jordis von Lohausen beurteilte die Lage in Afrika, noch vor der Reagan-Amtszeit, sehr hart:

>»In ihrer Absicht, die Weißen Südafrikas ihrer Macht zu entkleiden, sind sich Kreml und Wallstreet vorbehaltlich einig. Ob man nun das Land selber will oder nur die

Dividenden – schwarze Regierungen sind bequemer als weiße, auch willfähriger im Niederknüppeln unliebsamer Aufstände (wie einst des Kupfers wegen in Katanga oder des Öles wegen in Biafra).

›Sie wollen das Öl‹ – sagte vor einigen Jahren ein russischer Diplomat zu seinem amerikanischen Kollegen – ›wir aber wollen den Sieg. Soweit wären wir einander gleich. Doch bleibt da ein feiner Unterschied: Wer den Sieg erringt, bekommt das Öl noch dazu.‹«

(»Nation Europa«, Heft 1/1979, S. 20.)

Die Situation in Afrika hat sich gewandelt. Gab es früher gegen die weißen Kolonialherren Bewegungen und Fronten mit »Black Power« auf den Fahnen, weil sich die Schwarzen unterdrückt fühlten, gibt es heute schon Gruppen und Bewegungen, die sich unter »White Power« einordnen lassen, als Reaktion und Selbstschutz gegen die schwarze Unterdrückung der weißen Minderheiten. Auch in SWA/Namibia kann man die eine oder andere weiße radikale jugendliche Rotte feststellen, die speziell nachts auf Straßen und in Lokalen beobachten, ob sich da etwa ein weißes Mädchen in Begleitung eines Schwarzen befindet. Wenn kein anderer »Eingreifgrund« vorhanden ist, suchen sich diese »Nationalen« einen schwarzen Taxilenker heraus, der ihnen nicht zu Gesicht steht, und verdreschen ihn grundlos. Wenn die Polizei noch rechtzeitig eintrifft, muß man allerdings feststellen, daß der zuschlagende Weiße im Führerhaus und der ungerechterweise zusammengeschlagene Schwarze hinter Gittern rückwärts im Polizeiwagen zur nächsten Polizeistation abtransportiert wird. Sicherlich eine Art versteckter Apartheid, über die sich aber die Mehrheit der Bevölkerung empört, wenn solche Vorfälle in den Zeitungen berichtet werden. Und es wird berichtet, weil es keine Zensur und keine Einschränkung in der Pressefreiheit gibt.

Es gehört in SWA/Namibia auch zur großen Mode, sich auf alle Fälle einen Zweitwohnsitz in Südafrika zu kaufen, wobei Kapstadt als die vornehmste und idealste Residenzregion gilt. Diese »Abseilstrategie« entsprechend vermögender SWA/Namibia-Bewohner wird auch von manchen führenden DTA-Politikern betrieben, die nach außen hin zwar strahlenden Optimismus zeigen, innerlich aber sichergehen wollen. Sicherlich ist es nicht die Mehrheit der heutigen SWA/Namibia-Politiker, aber immerhin eine beträchtliche Anzahl, deren Namen sich schnell herumsprechen. Häuser, Villen und Farmen kann man vor den Wahlen in SWA/Namibia relativ billig, günstig und in ausreichender Zahl kaufen. »Die Ratten verlassen das sinkende Schiff«, höhnen die Wissenden, während andere bereits für die ganze Familie ausreichend Waffen gekauft haben, um im Notfall ihr Leben so teuer als möglich zu verkaufen. Es gibt aber auch geradezu heroische Patrioten, wie den deutschstämmigen Südwester, der als hoher Diplomat des südafrikanischen Außenministeriums seine beneidenswerte Stellung gekündigt hat und sich bei der DTA-Regierung als Beamter des höheren Dienstes anstellen ließ. Er kaufte sich demonstrativ eine Villa in Windhoek, die ein führender Weißer wegen »Übersiedlung nach Südafrika« an ihn verkaufte. Solche Beispiele machen aber kaum Schule.

Gelegentlich wird auf das afrikanische »Musterbeispiel« Simbabwe (früher Rhodesien) verwiesen, wo der deutsche Außenminister Hans-Dietrich Genscher bei der Geburtsstunde des jungen afrikanischen Staates gleich mit einer 57-Millionen-DM-Entwicklungshilfe aufwartete und als Draufgabe noch fünf schwarze Mercedeslimousinen mitbrachte. Simbabwe kann aber schwer mit SWA/Namibia verglichen werden, weil ganz andere Voraussetzungen herrschen:

Simbabwe hat eine Bevölkerung von sieben Millionen Menschen, die zu 95 Prozent aus Schwarzen bestehen – *SWA/Namibia* hat eine Bevölkerung von einer Million – aus elf verschiedenen Völkern verschiedener Hautfarben.

Simbabwe hat in seiner ganzen Bevölkerung nur zwei Hauptstämme – während in *SWA/Namibia* die Bevölkerungsstruktur so vielschichtig wie in keinem anderen Land ist.

Großbritannien ist vom Schicksal seiner letzten Kolonie in Afrika *(Simbabwe)* 9000 Kilometer entfernt und nicht unmittelbar betroffen – *SWA/Namibia* stellt für Südafrika einen enormen Sicherheitsfaktor dar, weil sowjetische Satellitenstreitkräfte bis an die Landesgrenze vorrücken würden und von dort aus Guerillaverbände nach Südafrika einsickern könnten.

Die Weißen in *Simbabwe* erhielten verfassungsmäßig verankerte Sonderrechte – die Weißen in *SWA/Namibia* sind jedoch mehr an einem multirassialen System ohne speziellen Schutz für die Weißen interessiert.

In *Simbabwe* kontrollierten die Befreiungsbewegungen sogenannte »befreite Gebiete« – aber der SWAPO ist es nach 15 Jahren Kampf bis heute noch immer nicht gelungen, irgendwelche noch so entlegene Gebiete in *SWA/Namibia* zu kontrollieren.

Simbabwe bot mit seinen Buschwäldern die idealen Konditionen für einen Guerillakrieg – in *SWA/Namibia* sind offene Sand- und Weidegebiete, wenn man vom Norden absieht.

Die SWAPO hat nicht die geringste Chance, SWA/Namibia militärisch zu »befreien«, während Südafrika finanziell und militärisch durchaus in der Lage wäre, den Status quo noch jahrelang beizubehalten.

Der SPD-Politiker Wolfgang Roth:

> »Wenn in Simbabwe ein ähnliches wirtschaftliches Chaos entsteht, wie es in Angola und Mozambique stattgefunden hat, wird das in Europa emotional einen Rückschlag gegen die Befreiung bedeuten. Von daher kommt die Verpflichtung zu helfen« (»Das Beispiel Simbabwe – Aus der Sicht eines Parlamentariers«, in: Evangelische Akademie Bad Holl, Materialdienst 2/81, S. 40.)

Es bestehen auch keine Zweifel mehr, daß die pluralistische Regierungsform in Simbabwe langfristig in eine Volksdemokratie östlichen Zuschnittes münden wird, wie Regierungschef Mugabe deutlich erkennen läßt. Mugabe gab seine Pläne für eine »Einheitspartei« bereits bekannt. In einem Interview mit der »Frankfurter Rundschau« vom 27. August 1981 bekannte Robert Mugabe ganz offen:

> »Wir fühlen uns den Prinzipien von Marxismus und Leninismus verpflichtet, und deshalb glauben wir, daß die Ressourcen unseres Landes in erster Linie Eigentum des ganzen Volkes sein sollten.«

Im Februar 1981 kam es zu blutigen Gefechten in Bulawayo zwischen Angehörigen der rivalisierenden Guerillaarmeen *Zanla* und *Zipra,* wobei mehr als 500 Menschen umgebracht wurden. Mugabe ließ auch die weißen Armee-Einheiten einsetzen, um seine schwarzen Widersacher niederzukämpfen und erklärte öffentlich, daß er jeden Widerstand gegen seine Regierung auslöschen werde. Er ging sogar noch einen Schritt weiter und forderte nordkoreanische Militärberater für die Ausbildung einer 5000 Mann starken Spezialeinheit an, die zur »inneren Sicherheit des Landes« notwendig sei, um alle Aufstände niederzuschlagen:

> »Nordkoreanische Soldaten haben in den Bergen Ostsimbabwes ein Lager errichtet, in dem sie simbabwische Truppen ausbilden werden. Das berichtete am 8. August 1981 die amtliche Ziana-Nachrichtenagentur. Sie berief sich auf unterrichtete Kreise, die erklärten, die Nordkoreaner hätten die Kaserne in Inyanga, 160 Kilometer östlich Salisburys, nahe der mozambiquischen Grenze, übernommen. Die Größe des koreanischen Truppenkontingents war nicht angegeben worden, doch gaben die Quellen bekannt, in den kommenden Monaten würden Verstärkungen erwartet, durch welche die nordkoreanische Truppenstärke im Land zumindest auf einige Bataillone käme...« (Reuter vom 8. August 1981).

Sein Widersacher Nkomo war darüber erbost und bezichtigte Premier Mugabe, daß er sich damit eine »Privatarmee« schaffen wolle, um so seinen Einparteienstaat gewaltsam durchzupeitschen. Seinen politischen Gegnern im Land hatte Mugabe zugerufen: »Sie können genug Stricke haben, um sich selber aufzuhängen.«

Wer auch immer sich zu einer Kritik aufrafft, wird als Feind des Volkes bezeichnet. Massenverhaftungen, Versammlungsverbote und ähnliche Maßnahmen veranlaßten Pfarrer Ndabaningi Sithole, rhodesischer Nationalist ersten Ranges, zu einer bezeichnenden Äußerung:

> »Es scheint, als sei die Regierung so verzweifelt, daß sie gezwungen ist, in die Methoden zurückzufallen, auf die sich das vorige Regime gestützt hat« (Reuter 16. Oktober 1981).

Vor einiger Zeit wurden von Regierungstruppen gewaltige Waffenlager aufgedeckt, die zur Ausrüstung von zwei Brigaden ausgereicht hätten und einer rivalisierenden Partei gehörten. Alle Anzeichen deuten darauf hin, daß es in absehbarer Zeit zu innenpolitischen Auseinandersetzungen kommen wird, was in Afrika grundsätzlich niemals auf parlamentarischer Ebene, sondern immer in Form von blutigen Machtkämpfen ausgetragen wird.

Regierungschef Mugabe hat seine marxistische Ausrichtung schon vor seinem Machtantritt öffentlich kundgetan und benützt seine jetzige labile demokratische Plattform nur dazu, um den Weg zum Einparteienstaat und zur Volksrepublik östlicher Prägung leichter einzuschlagen. Speziell seine nordkoreanischen Militärs zeigen bereits deutlich, woher der Wind weht, denn ohne verläßliche Exekutive kann Mugabe diese gewaltsame Änderung kaum herbeiführen. Da in Simbabwe die Anhängerschaft der schwarzen Parteiführer außerdem noch tribalistisch orientiert ist, liegen alle Komplikationen von morgen schon heute offen.

Inzwischen ist es 1983 zwischen Mugabe und Nkomo zu blutigen Auseinandersetzungen gekommen. Mugabes Todesbrigaden – von den Nordkoreanern ausgebildet – haben in den Stammesgebieten Nkomos (Matabeleland) unter der Zivilbevölkerung ein grausames Blutbad angerichtet. Bei diesem Massaker sind mehr als 1000 Frauen und Kinder umgekommen. Joshua Nkomo konnte über Botswana nach London ins Exil fliehen. Wieder ein Schritt näher zum Einparteienstaat, dem politischen Wunschtraum Mugabes! Das »Musterbeispiel« der Zusammenarbeit in

Afrika ist wie eine Seifenblase geplatzt, und was noch folgen wird, ist nur noch blutige schwarzafrikanische Routine.

Simbabwe ist kein afrikanisches Musterbeispiel, sondern Mugabe praktiziert mit seiner Macht im Land nichts anderes als einen typischen afrikanischen Einparteienstaat, in dem die Opposition mehr oder minder brutal ausgeschaltet werden wird. Für SWA/Namibia ist Simbabwe jedenfalls kein Vorbild, denn Sam Nujoma will genau dort beginnen, wo Mugabe erst nach kraft- und machtvollen Umwegen hinkommen will: zur alleinigen Macht. Es gibt heute in Simbabwe bereits gegen die Regierung kämpfende Guerillaverbände.

Ob die DTA mit ihrem System im Vielvölkerstaat SWA/Namibia *die* Lösung ist, mag man bezweifeln oder zur Diskussion stellen, aber jedenfalls ist es ein Versuch, um alle Minderheiten – ohne Privilegierung der Weißen, die ja auch nur eine der Minderheiten sind – zu berücksichtigen und um einer machthungrigen Einparteienregierung auszuweichen. Schwarze Diktaturen, in denen jede Opposition von vornherein ausgeschaltet wird und wo nur mit einer Massenvolkspartei operiert und manipuliert wird, gibt es in Schwarzafrika sattsam genug. Warum sollte nicht einmal – bei den besonderen ethnischen Umständen – ein demokratisches Experiment versucht werden, das sogar seine politische Modellausstrahlung nach Südafrika werfen könnte? Es mag wahrscheinlich etwas überheblich klingen, daß das bevölkerungsmäßig kleine SWA/Namibia seiner großen Mutter Südafrika im Abbau der Apartheidpolitik als politischer Versuchsballon dienen könnte, doch würde es den Einsatz lohnen. Es scheint mir unzumutbar und unbegreiflich zu sein, daß man einem jungen Staat SWA/Namibia mit direkter und indirekter UNO-Autorität ein marxistisches Gesellschaftssystem aufzwingen will.

Sicherlich kann man bei einer diskriminierenden Rassenpolitik nicht als Argument anführen, daß der Lebensstandard der Schwarzen und Farbigen in Südafrika und

SWA/Namibia wesentlich höher ist als bei den Schwarzen in allen souveränen schwarzafrikanischen Staaten. Aber eine Tatsache bleibt es doch.

Eine nicht zu unterschätzende biologische Zeitbombe tickt außerdem im südlichen Afrika, die nicht im Augenblick, aber schon in wenigen Generationen einen gewaltigen Umsturz hervorrufen kann oder wird: Im günstigsten Fall kann sich die weiße Minderheit in SWA/Namibia (dzt. 100.000 Weiße = zirka 10 Prozent der Gesamtbevölkerung) verdoppeln; sie wird aber eher stagnieren oder sogar abnehmen. Im selben Zeitraum verdreifacht oder vervierfacht sich jedoch die schwarze und farbige Bevölkerung, so daß nach einigen Generationen 100.000 oder bestenfalls 200.000 Weißen drei oder vier Millionen Schwarze und Farbige gegenüberstehen werden. Die biologische Explosion wird in der Zukunft immer stärker zuungunsten der Weißen ausfallen. Wenn die Zeitspanne dazwischen nicht benützt wird, um zu einer echten Integrierung aller und zu einem aufrichtigen Verständnis aller ethnischen Gruppen zu gelangen, multiplizieren sich die Probleme bis zur Zerreißprobe oder gar zur Zerstörung, wie eine Übersicht des Bevölkerungszuwachses in der mittleren Hemisphäre zeigt (Tabelle der UNO):

Bevölkerungswachstum in der mittleren Hemisphäre

	1970	1980	2000	Wachstumsrate 1970—2000
	Mio.	Mio.	Mio.	%
Westeuropa (Norden)	330	345	370	0,4
Afrika (Süden)	330	440	760	2,8
Südafrika	22	28	45	2,4

Der Karren ist festgefahren

Wie ein Blitz aus heiterem Himmel wurde überraschend bekannt, daß Ende 1982 zum ersten Mal die Südafrikaner mit der marxistischen Angola-Regierung bilaterale Direktverhandlungen ohne UNO, ohne Frontstaaten und ohne Fünfergruppe auf den Kapverdischen Inseln aufgenommen haben, die sowohl die künftige Unabhängigkeit SWA/Namibias als auch den Abzug der Kubaner aus Angola und andere Punkte eines »Friedensvertrages« zum Gegenstand hatten. Einzelheiten wurden nicht bekanntgegeben, dafür begannen sich umso mehr Gerüchte um dieses Treffen zu ranken. Als sicher gilt jedenfalls, daß diese Initiative von Präsident Reagan (USA) ausdrücklich gutgeheißen, wenn nicht gar arrangiert wurde. Da die Regierung der Volksrepublik Angola bei so elementaren Grundsatzfragen zweifellos keine eigene Handlungsfreiheit besitzt, muß auch die Sowjetunion mit diesem »Ausrutscher« einverstanden gewesen sein. Vermutungen über neue Hemisphärenabgrenzungen der beiden Supermächte wurden laut, wobei auf der diplomatischen und politischen Gerüchtebörse nicht gänzlich ausgeschlossen wurde, daß Afghanistan eventuell das Faustpfand in diesem globalen Pokerspiel sein könnte. Im Klartext würde das heißen, daß die Sowjets in Afghanistan bleiben, sich aber nach einer bestimmten Frist mit den Kubanern aus Angola absetzen. Das hätte in der Folge aber auch Konsequenzen für die antimarxistische Angolabefreiungsbewegung UNITA, die bei einem solchen Agreement ihre Hilfe aus den USA und aus Südafrika gestrichen bekäme; Dr. Savimbi müßte entweder in die Angolaregierung aufgenommen werden, oder man müßte sich auf eine sezessionistische Kompromißlösung einigen.

Inwieweit die SWAPO mit Nujoma bei einer wirklichen SWA/Namibia-Lösung zurückgepfiffen, akzeptiert oder integriert werden könnte, bleibt offen.

Interessant ist nebenbei auch der Verhandlungsort, die Kapverdischen Inseln, die selbst zwar kein liberales Regime besitzen, aber in den letzten Jahren den Südafrikanern den Bau eines hochmodernen Großflughafens gestatteten. Die Südafrikaner mußten nämlich früher mit ihren Flugzeugen im Nonstopflug von Europa nach SWA/Namibia und von dort nach Südafrika fliegen, weil sie keine Überflugrechte von schwarzafrikanischen Staaten besitzen. Darum hatten die Südafrikaner eine Spezialversion des Jumbos B-747, in dem um 50 Passagiere weniger und dafür zusätzliche Treibstofftanks Platz fanden, in Betrieb. Mit dem auf südafrikanische Kosten gebauten Flughafen auf den Kapverdischen Inseln haben die Südafrikaner jetzt die Auftankmöglichkeit für ihre Verkehrsmaschinen, die sie früher – während der portugiesischen Kolonialherrschaft – in Angola (Luanda) hatten. Auch dieser Flughafen ist ein typisches Beispiel dafür, daß schwarzafrikanische Staaten ihre offiziellen politischen Überzeugungen und Frontstellungen gegenüber den verhaßten weißen Südafrikanern schnell vergessen, wenn es um lukrative Vorteile geht.

Faßt man zusammen, daß SWA/Namibia bis auf wenige Reste keine rassendiskriminierende Apartheidpolitik mehr betreibt und daher in dieser Frage mit Südafrika nicht in einen Topf geworfen werden kann, und zieht man außerdem in Betracht, was von Südafrika und der provisorischen DTA-Regierung an Zugeständnissen gemacht worden ist, dann ist es nur sehr schwer verständlich, daß sich die SWAPO den durchaus realistischen Angeboten verschließt. Angeboten wurde nämlich:

a) daß alle SWA/Namibia-Bürger, ob farbig oder weiß, das gleiche Stimmrecht ohne Privileg für die eine oder die andere Seite haben;

b) daß eine pluralistische Mehrheitsregierung unter Einbeziehung aller ethnischen Gruppen nach demokratischen Grundsätzen gebildet werden soll;

c) daß die Weißen ihre bisherigen Vorrechte und Privilegien verlieren;

d) daß alle Volksgruppen sich an der Wahl beteiligen können, sofern sie keine terroristischen Gewalttaten begehen, daß also auch die SWAPO an den Wahlen teilnehmen kann; und

e) daß die südafrikanischen Truppen auf 1500 Mann in SWA/Namibia reduziert werden sollen.

Wenn man die einzelnen Möglichkeiten einer Lösung analysiert, so sollten angebliche Befragungsergebnisse ausgeschaltet bleiben, denn demoskopische Hochrechnungen sind politische »Sterndeuterei« mit eingeflochtenem Wunschdenken. In Afrika gelten ganz andere Kriterien für eine Wahl als bei uns.

Der Schwarze (Farbige) wählt grundsätzlich immer den voraussichtlichen Sieger oder den, vor dem er am meisten Angst hat, weil er sich vor Vergeltungsschlägen fürchtet, wenn er ihn nicht wählt. Die Angst ist insbesondere in SWA/Namibia der wichtigste Faktor bei der Stimmabgabe. Tauchen also im Norden – in der Kriegszone – die UNO-Blauhelme auf, so argumentiert der Schwarze automatisch, daß die SWAPO bereits gesiegt hat, weil die UNO ja die SWAPO als einzigen legitimen Vertreter anerkennt. Es lassen sich die einzelnen Wahlvarianten daher gedanklich »durchspielen«:

Variante 1: Angenommen, die DTA gewinnt mit überwiegender Mehrheit die Wahlen. Damit würde sich die SWAPO zweifellos nicht zufriedengeben und würde trotz UNO-Überwachung Wahlschwindel und andere Vorwürfe für eine Nichtanerkennung vorbringen. Die SWAPO würde in einem solchen Fall ihren Guerillakrieg weiterführen, weil sie ein für sie negatives Wahlergebnis auch bei internationaler Überwachung nie akzeptieren könnte, da sie dezidiert erklärt hat, die alleinige Macht anzustreben und diese mit niemandem teilen zu wollen.

Variante 2: Wenn die SWAPO eine knappe Mehrheit erreicht, könnte die DTA mit Kalangulas Partei eine Koalition eingehen und hätte damit eine regierungsfähige Mehrheit. Solange Neef bei Kalangula bleibt, wäre kaum zu befürchten, daß sich Kalangula – trotz aller bisherigen Gegnerschaft und Todfeindschaft – mit der SWAPO verbünden könnte. Obwohl man in der politischen Landschaft Afrikas überhaupt nichts ausschließen kann, wäre eine politische Verbrüderung zwischen Nujoma und Kalangula höchst unwahrscheinlich.

Variante 3: Wenn die SWAPO mit überlegener Mehrheit gewinnt, würde dies einen blutigen Bürgerkrieg bedeuten, weil die Herero-Stämme niemals eine Ovambo-Herrschaft akzeptieren würden, und zwar auch dann nicht, wenn die SWAPO die Hereros mit in die Regierungsmannschaft nehmen sollte.

Wie man das Blatt auch wendet, es kann kaum zu einem halbwegs brauchbaren Resultat kommen. Die DTA würde nach einer überwältigenden Wahlniederlage komplett weg vom Fenster sein und sich wahrscheinlich innerhalb kürzester Zeit aufsplittern und auflösen. Sowohl die DTA als auch Südafrika wären bei einem SWAPO-Wahlsieg gezwungen, sich dieser demokratischen Wahlentscheidung zu beugen, weil sonst die ganze Welt vor Zorn aufheulen würde. Ein Exodus der Weißen würde einsetzen.

Die Forderung Südafrikas nach Abzug der kubanischen Truppen aus Angola wird in östlichen Kreisen kaum erwähnt, geschweige denn ernst genommen.

Die westliche »Fünfer-Gruppe«, die von der SWAPO abfällig nur als »Fünfer-Bande« bezeichnet wird, läßt weder ein inneres Engagement noch entsprechende größere Erfolge erkennen. Je mehr Verhandlungsberechtigte auftauchen und mitreden, umso trister sind die Verhandlungsergebnisse.

Dieser Konflikt läßt sich nur mehr auf internationaler

Ebene lösen, aber selbst unter Berücksichtigung aller Beteiligten taucht immer öfter die Frage auf, ob faire und unbeeinflußte Wahlen unter den angepeilten Phasen-Plänen überhaupt möglich sind.

Variante 4: Es kommt in absehbarer Zeit zu keiner Lösung der SWA/Namibia-Frage, und der augenblickliche Status wird beibehalten. Südafrika hat das finanzielle und militärische Potential zum Durchhalten, und es hat klar zu erkennen gegeben, daß es unbarmherzig auch künftighin die SWAPO-Basen in Südangola angreifen und ausmerzen will, wenn die Terroraktionen im Norden SWA/Namibias nicht eingestellt werden. Sollte es nichts nützen, die SWAPO-Camps innerhalb einer 200-km-Zone anzugreifen, so werde man nicht zögern, notfalls auch 300 Kilometer tief nach Angola vorzustoßen und diese SWAPO-Basen aufzustöbern. Sollte auch dies nicht genügen, müsse man eben weiter gehen.

Für Südafrika stellt SWA/Namibia allmählich einen sehr lästigen Klotz am Bein dar, der nicht nur beachtliche finanzielle Mittel verschlingt, sondern auch politisch große Anstrengungen erfordert. Daß Südafrika jedoch die bisherige und auch die künftige Hilfe nicht aus schlechtem Gewissen gewährt, ist klar, denn SWA/Namibia stellt in der Region des südlichen Afrika einen wesentlichen Partner dar und bildet einen lebenswichtigen Sicherheitsfaktor.

SWA/Namibia jedoch wirtschaftlich von Südafrika abzukoppeln wäre glatter Selbstmord und würde die Wirtschaft des Landes in arge Schwierigkeiten bringen.

Am 11. Jänner 1983 platzte die innenpolitische Bombe in SWA/Namibia und erschütterte das bisher mühsam zusammengebastelte Gefüge dieses in den Geburtswehen befindlichen Staates. Der Vorsitzende des Ministerrates von SWA/Namibia, Dirk Mudge, erklärte seinen Rücktritt, was zur Folge hatte, daß sich der gesamte Ministerrat auflösen und gleichfalls zurücktreten mußte. Die Begründung wirkt nach außen hin vordergründig und operettenhaft:

Der in Windhoek residierende südafrikanische General-administrator Dannie Hough – er wurde in SWA/Namibia wenig geliebt und ist inzwischen von seinem Nachfolger van Niekerk abgelöst worden – hat die Gesetzesvorlage für nationale Feiertage an die Nationalversammlung zurück-verwiesen. Mit anderen Worten: Der GA hat das von der SWA/Namibia-Regierung beschlossene Gesetz durch sein Veto abgelehnt.

Die Feiertage waren aber nicht der eigentliche Grund für den Rücktritt von Dirk Mudge, sie brachten den Topf nur zum Überlaufen, denn eine Kette von Zerwürfnissen zwischen Windhoek und Pretoria existiert seit Jahren. In der Erklärung von Dirk Mudge heißt es u. a.:

»Diesen Beschluß habe ich aus Protest gegen die erniedrigen-de Art und Weise gefaßt, in der der Generaladministrator und die südafrikanische Regierung in der vergangenen Zeit den Ministerrat und die Nationalversammlung behandelt haben, und die gleichgültige Art und Weise, in der mit der Zukunft der Einwohner dieses Landes verfahren wird durch ein Vorgehen, das die gemäßigten Einwohner Südwestafrikas dermaßen frustriert und aufreibt, daß den Weißen, in deren Interesse der Generaladministrator scheinbar diese und andere Entscheidungen getroffen hat, nach der Unabhängig-keit eine düstere Zukunft bevorsteht.
Stets hoffte ich, daß die Weißen die Zeit vor der Unabhängig-keit auf solche Weise nützen würden, daß sie aus eigener Erwägung bestimmte Zugeständnisse machen würden, die ohnehin nach der Unabhängigkeit nicht zu umgehen sind, anstatt es einer frustrierten Mehrheit zu überlassen, solche Zugeständnisse nach der Unabhängigkeit als Vergeltung zu erzwingen.«

Damit war die Katze aus dem Sack. Die bisherigen Spannungen zwischen Windhoek und Pretoria führten zum Bruch. Alle bisherigen Propagandagespräche der Gegen-seite, daß Dirk Mudge mit seiner DTA eine Marionette Südafrikas sei, zerplatzten. Eine relativ kleine Gruppe Weißer aus SWA/Namibia hatte sich via Südafrika – wo es parallele Parteigruppierungen nationalistischer Prägung gibt – schließlich durchgesetzt, sie sind an ihrer radikaleren Gesinnung erkenntlich.

Dirk Mudge sprach bei seiner Rücktrittsbegründung alles offen aus:

>Das Handeln des derzeitigen Generaladministrators – und ich gehe davon aus, daß er mit der Einwilligung und dem Wissen der südafrikanischen Regierung gehandelt hat – hat die Chance einer gemäßigten politischen Partei, eine Wahl zu gewinnen, dermaßen untergraben, daß eine Wahl und Unabhängigkeit ein schweres Risiko geworden sind. Wenn eine gemäßigte politische Partei erst unterminiert und dann in eine Wahl geschickt wird, dann ist das, nach meinem Dafürhalten, politischer Selbstmord.«

Der ehemalige Regierungschef hat damit auch alle Befürchtungen für jeden künftigen Wahlausgang deponiert. Daß das letzte südafrikanische Veto nur der »Tropfen« war, der das Faß übergehen ließ, wurde von Dirk Mudge den Südafrikanern Punkt für Punkt vorgehalten:

»Die Proklamation zur Durchführung der Wahlen von 1978 stellte in Aussicht, daß die gewählte Verfassungsgebende Versammlung eine Verfassung für SWA/Namibia erarbeiten und verabschieden sollte. Kurz vor der Wahl verpflichtete sich der heutige Ministerpräsident von Südafrika jedoch den Westmächten gegenüber, die gewählte Körperschaft zu überzeugen, keine Verfassung auszuarbeiten, dafür aber auf der Basis der UN-Resolution 435 zusammenzuarbeiten. Er gab ferner bekannt, daß die Wahlen dazu dienen sollten, gewählte Führer zu ermitteln, die im Namen der Einwohner von SWA/Namibia sprechen können. Auf Südafrikas Ersuchen hin, auf das Recht zu verzichten, eine Verfassung auszuarbeiten, erlitt die DTA ihren ersten Rückschlag. Gewissermaßen die Entschädigung dafür war, daß die gewählten Führer im Namen der Bevölkerung von SWA/Namibia sprechen sollten. Aus dieser Zusage ist recht wenig geworden. Die Regierung von Südafrika verhandelte weiter mit Minderheitsgruppen und Splitterparteien und dadurch, daß sie diesen den gleichen Status wie der DTA beimaß, leistete sie der weiteren Zersplitterung und der Belebung von noch mehr politischen Parteien Vorschub. Das schadete dem Image der DTA noch weiter.

Mit der Durchführung von AG 8 erlitt die DTA den nächsten Rückschlag. Obwohl die DTA im Prinzip AG 8 befürwortete, wurde hinterher deutlich, daß besagtes Gesetz, nämlich Proklamation AG 8, gewisse Schwächen und Ungerechtigkeit enthielt.«*)

Der südafrikanische Generaladministrator ist von der Funktion her eigentlicher Machthaber in SWA/Namibia, weil er jedes von der gewählten Nationalversammlung beschlossene Gesetz blockieren und durch sein Veto ablehnen kann. Südafrika behielt mit dieser Regelung den Finger am Drücker. Aber das ist noch nicht alles, was Dirk Mudge bei seinem Rücktritt vorbrachte, er wetterte weiter:

»Staatsvermögen wurde auf ungerechte Weise verteilt, und die weiße Volksgruppenvertretung kam in den Besitz wichtiger Immobilien und Einrichtungen, z. B. des Regierungsgebäudes (Tintenpalast), des Südwestafrikahauses, des Windhoeker Lehrerseminars und der wichtigsten staatlichen Versuchsfarmen, während die Zentralregierung ihr Amt in minderwertigen Gebäuden und unter erschwerten Umständen auszuüben hatte. Das war dem Bild und Status der DTA-Regierung keineswegs förderlich.

- Die Zentralregierung wurde mit keinerlei Befugnis ausgestattet, finanzielle Kontrolle über diejenigen Mittel auszuüben, die sie den Volksgruppenvertretungen zur Verfügung stellte.
- Die Volksgruppenvertretungen wurden vom Generaladministrator ermächtigt, bestimmte diskriminierende Praktiken fortzusetzen, z. B. im Bereich des (Schul-)Sports, der Bibliotheken usw.
- Das Recht einer Bevölkerungsgruppe auf freie Entscheidung, eine eigene Volksgruppenvertretung einzusetzen, und das Recht des einzelnen, sich als Mitglied einer Bevölkerungsgruppe registrieren zu lassen oder dies zu unterlassen, sind nicht in AG 8 enthalten.
- Das wichtigste Gesetz – nämlich das Gesetz gegen die Rassendiskriminierung – wurde auf Ersuchen der RSA-Regierung hin dermaßen verwässert, daß es destruktiv geworden ist.

*) Das AG 8 ist jenes Gesetz, das noch rassendiskriminierende Bestimmungen enthält; Anmerkung des Autors.

- Erst am 14. September 1981 wurde der Ministerrat mit Exekutivgewalt ausgestattet, und ungefähr ein Jahr später unterstellte der Ministerpräsident Südafrikas in einer Erklärung, daß die DTA-Regierung ineffizient und nicht repräsentativ sei.

  Es kann kaum einen verwerflicheren Ausspruch über eine politische Partei geben, die an einer Wahl gegen die SWAPO teilzunehmen hat. Die DTA-Regierung muß nun aufgelöst werden, während Regierungen der zweiten Ebene (Volksgruppenvertretungen), die sich gröblicher Vergehen schuldig gemacht haben, weiterbestehen dürfen.

- Besucher aus dem Ausland berichten uns des öfteren, daß südafrikanische Regierungsführer die Aussichten der DTA äußerst niedrig einschätzen – Äußerungen, die nicht dazu geeignet sind, das Bild der DTA im Ausland zu fördern.

- Hier im Land und in Südafrika wird das Image der DTA niedergemacht, und ich werde persönlich angegriffen. In einem Interview zwischen dem Außenminister Pik Botha und südafrikanischen Zeitungsredakteuren wurde dieser gemäßigten Partei, die den Kampf gegen die SWAPO aufgenommen hat, noch ein schwerer Schlag versetzt.

- Unkoordiniertes Vorgehen auf seiten südafrikanischer Staatsdepartments in SWA/Namibia führt häufig zu Problemen, deren Ursachen der DTA angelastet werden. Das jüngste Beispiel ist der Tod zweier Angehöriger der Kavango-Bevölkerung während ihrer Untersuchungshaft. Dafür wird die DTA-Regierung nun verantwortlich gehalten.«

Abschließend meinte Dirk Mudge noch in seiner Rücktrittsbegründung rätselhaft: »Es gibt viele Beispiele, die ich jetzt nicht erwähnen möchte, auf die ich aber zu gegebener Zeit zurückkommen werde.«

Südafrika hat damit die mit ihrer Billigung und Hilfe entstandene DTA kaltgestellt, weil ihm die liberalen Wege und Wünsche dieser politischen Partei anscheinend gefährlich erschienen. Seit Kalangulas Absprung von der DTA mit Hilfe Südafrikas war offensichtlich geworden, daß Südafrika die Leine für SWA/Namibia nicht zu locker halten wollte. Ob damit die DTA nur noch weiter zersplittert oder endgültig bedeutungslos geworden ist, wird die Zukunft zeigen. Aus politischen Gründen provozierte man diese Entwicklung noch schnell vor der Ablösung von Dannie Hough, um den neuen Generaladministrator van Niekerk unbelastet starten lassen zu können.

Die Stellungnahme des südafrikanischen Generaladministrators Dannie Hough zum Rücktritt des SWA/Namibia-Regierungschefs hört sich eher lapidar an und geht auf keine Einzelheiten ein:

> »Angesichts des Rücktritts des Vorsitzenden des Ministerrates und der darauffolgenden Auflösung dieses Rates und angesichts der Tatsache, daß die Funktionsperiode der Nationalversammlung am 28. Feber 1983 geendet hätte, habe ich beschlossen, daß:
>
> - die Amtszeit der Nationalversammlung mit 19. Jänner 1983 beendet wird;
> - der Generaladministrator mit diesem Datum die Regierungsfunktion übernehmen wird. Um eine Fortführung der Verwaltung des Landes ohne Schwierigkeiten und mit möglichst geringer Störung zu gewährleisten, werden folgende Maßnahmen getroffen:
> Bei der Ausübung seiner exekutiven Autorität wird der Generaladministrator von einem leitenden Verwaltungsbeamten von entsprechend hohem Rang unterstützt werden. Der Generaladministrator wird ihm die nötigen Verwaltungsaufgaben für die Bewältigung bestimmter täglicher Exekutivfunktionen der Behörde übertragen. Der Generaladministrator wird die einzige gesetzgebende Instanz auf der Ebene der Zentralregierung sein. Herr J. F. Greebe wurde für den oben erwähnten Posten ernannt und wird sein Amt am 21. Jänner 1983 antreten...«

Die verschiedenen Departments der Zentralregierung ließ Dannie Hough unverändert, und auch die Körperschaften bleiben gleich, ebenso wie die Ortsbehörden, Kommunikations- und Verwaltungskanäle. Was sich verändert hat, ist nur die oberste Instanz. Dannie Hough überließ die Ernennung der verschiedenen neuen Komitees seinem Nachfolger van Niekerk und betonte ausdrücklich, daß dies alles lediglich eine Übergangslösung darstelle. Abschließend erwähnte der Generaladministrator noch, daß Südafrika nach wie vor der Überzeugung ist, daß die Bevölkerung des Landes selbst über seine Zukunft entscheiden solle und daß der Erlangung der international anerkannten Unabhängigkeit SWA/Namibias hoher Vorrang eingeräumt werden müsse.

Die innenpolitische Situation ist damit völlig destabilisiert worden, die Ungewißheit hat zugenommen, ein härterer Kurs wird befürchtet, das politische Durcheinander hat sich multipliziert und viele noch Unentschlossene (Weiße) packen nun doch ihre Koffer, um nach der Republik Südafrika, Australien, Neuseeland oder Europa abzureisen.

UNO-kontrollierte Wahlen sind in weite Ferne gerückt, und so bleibt nur eine Interimslösung offen: in absehbarer Zeit zumindest wieder eine Wahl im Lande abzuführen, die allerdings international nicht anerkannt wird.

Je länger man in SWA/Namibia umherreist und mit den Leuten spricht und diskutiert, umso hoffnungsloser und unlösbarer erscheint dieser Konflikt. Das politische Kukkucksei in dieser Frage hat sich die UNO zweifelsohne selbst gelegt. Nichts wäre notwendiger als ein unparteiischer Schiedsrichter und Vermittler, aber das vermag die UNO nach dem bisherigen Verlauf der Dinge in der SWA/Namibia-Frage nie mehr zu sein. Schade! Dieser Karren ist festgefahren, und je mehr daran ziehen, umso fester bleibt er stecken.

Obwohl ich mich seit Jahrzehnten mit ähnlichen Krisenherden beruflich auseinandersetzen mußte, gebe ich zu, daß mir bisher noch kein Konflikt unterkam, der so vielschichtig und verworren ist wie das SWA/Namibia-Problem. Es gibt dazu sicherlich mehrere grundverschiedene Perspektiven und Überzeugungen, denn trotz aller Objektivität hängt die Einstellung letzten Endes davon ab, in welchem Boot man als Beobachter sitzt. Ein Journalist aus dem Osten wird ganz anders urteilen als einer aus dem Westen; ein Marxist oder Sozialist wird einen anderen Standpunkt in dieser Frage einnehmen als ein Liberaler;

und eine akademisch-wissenschaftliche Analyse wird ganz anders ausfallen als die Aspekte eines realpolitischen Beobachters. Eines sollte jedoch prinzipiell beachtet werden, daß SWA/Namibia kein für sich isoliertes Problem darstellt, sondern ein Mosaikstein in einem globalen Konzept ist, das kaum von Zufällen geprägt wird. SWA/Namibia ist ein Teil in der mehr oder minder blutigen weltweiten Auseinandersetzung zwischen der westlichen und der östlichen (marxistischen) Hemisphäre.

LITERATURNACHWEIS

Breyer K., »*Moskaus Faust in Afrika*«, Seewald-Verlag, Stuttgart 1979.

Brittan M., »*Discover Namibia*«, C. Struik Publishers, Cape Town/Johannesburg 1979.

Cubitt G., Richter J., »*Südwest*«, C. Struik, Cape Town/Johannesburg 1976.

Gehlen R., »*Verschlußsache*«, von Hase + Koehler Verlag, Mainz 1980.

Oberländer R., »*Fremde Völker*«, Verlag Julius Klinkhardt, Leipzig/Wien 1883.

Schultz-Ewerth E. (Herausgeber), »*Deutschlands Weg zur Kolonialmacht*«, Verlag Scherl, Berlin 1934.

Vedder H., »*Das alte Südwestafrika*«, SWA Wissenschaftliche Gesellschaft, Windhoek 1981.

Wannenburgh A., Johnson P., Bannister A., »*The Bushmen*«, C. Struik Publishers, Cape Town/Johannesburg 1979.

Von Weber O., »*Geschichte des Schutzgebietes Deutsch-Südwest-Afrika*«, SWA Wissenschaftliche Gesellschaft, Windhoek 1979.

Von Löwis of Menar H., Verschiedene Dokumentationen vom Forschungsinstitut für Politische Wissenschaft und Europäische Fragen der Universität Köln.

»*Der Fischer Weltalmanach*«, Jahrgang 1981, 1982 und 1983, Frankfurt.

»*GEO*«-Magazin, Heft Nr. 9/1981.

Informationen verschiedener Kirchen in SWA/Namibia.

Informationen der DTA (Demokratische Turnhalle-Allianz) sowie der SWA/Namibia-Regierungsstellen in Windhoek.

Informationen der SWAPO-Nujoma.

»*National Geographic*«, Vol. 161, Nr. 6/Juni 1982.

»*United National*«/Security Council, New York, Verschiedene Dokumente.

Einzelne Ausgaben des Nachrichtenmagazins »*Der Spiegel*«, »*Südafrikanischer Digest*« und »*Heute*« sowie der südafrikanischen Tageszeitungen »*Allgemeine Zeitung*«/Windhoek, »*The Windhoek Advertiser*«/Windhoek und der Wochenzeitung »*Windhoek Observer*«/Windhoek.